小团队管理

如何轻松带出1+1>2的团队

周辰 ◎ 著

内 容 提 要

本书从小团队管理的基本特征开始介绍，围绕小团队管理者在工作中实际遇到的管理事件，针对形形色色的小团队管理问题，逐条展开方法论述和实操讲解，旨在帮助读者轻松应对管理难题。

本书分为 3 篇，共 12 章。第 1 篇为基础篇，主要概述小团队管理的基本内容；第 2 篇为新手篇，主要讲解小团队管理的基础知识和实操案例，内容包括小团队的认知管理、目标管理、分工管理、沟通管理、绩效管理、阶梯管理、新人管理、离职管理、文化管理等；第 3 篇为进阶篇，主要针对空降管理者和创业管理者所面临的挑战，提出可落地执行的实用建议。

本书通俗易懂，案例真实丰富，能够解决实际管理问题，特别适合零基础管理者、10 人以下的小团队管理者和创业者、管理类专业的学生，以及对团队管理感兴趣的人员阅读。

图书在版编目(CIP)数据

小团队管理：如何轻松带出1+1>2的团队 / 周辰著. —北京：北京大学出版社，2023.3

ISBN 978-7-301-33708-0

Ⅰ.①小… Ⅱ.①周… Ⅲ.①团队管理 Ⅳ.①C936

中国国家版本馆CIP数据核字（2023）第008476号

书　　　名	小团队管理：如何轻松带出1+1＞2的团队 XIAO TUANDUI GUANLI: RUHE QINGSONG DAICHU 1+1＞2 DE TUANDUI
著作责任者	周辰　著
责 任 编 辑	刘云　孙金鑫
标 准 书 号	ISBN 978-7-301-33708-0
出 版 发 行	北京大学出版社
地　　　址	北京市海淀区成府路205号　100871
网　　　址	http://www.pup.cn　新浪微博:@北京大学出版社
电 子 信 箱	pup7@pup.cn
电　　　话	邮购部 010-62752015　发行部 010-62750672　编辑部 010-62570390
印　刷　者	天津中印联印务有限公司
经　销　者	新华书店
	720毫米×1020毫米　16开本　18.5印张　331千字 2023年3月第1版　2023年6月第2次印刷
印　　　数	4001—7000册
定　　　价	69.00 元

未经许可，不得以任何方式复制或抄袭本书之部分或全部内容。
版权所有，侵权必究
举报电话: 010-62752024　电子信箱: fd@pup.pku.edu.cn
图书如有印装质量问题，请与出版部联系，电话: 010-62756370

Preface
前言

学习小团队管理有什么用

小团队管理是管理工作的起点，很多人从管理小团队开始学习管理知识，并随着管理知识和经验的丰富，逐步走向更高的管理岗位。

如果你刚刚开始做管理者，那么学习小团队管理可以了解实际管理工作中会遇到的问题，并学习更好的管理方法，为以后更高岗位的管理工作打下良好的基础。

如果你目前不是管理者，而是从事小团队的具体执行岗位，那么更应该学习小团队管理者的思维，这将有助于你更好地理解上级的意图，增强职业竞争力。

作者的小团队管理体会

小团队管理通常指的是10人以内的团队管理。管理人数少是其表面的条件，在这个条件下，小团队管理有其自身的管理特征，如亲密度更高、信息传递速度更快、管理者的影响更大等。

小团队的管理方法是围绕小团队的管理特征展开的，在不同的小团队中，我们可以找到并学习具有共性的管理方法。然后围绕这些具有共性的管理方法，结合自身小团队的特点，进行实际的管理工作。

实际管理中，我们需要逐渐形成自己的管理理念和体系，并且只有不断地迭代调整，才能取得更大的管理效果。

本书为轻松带出 1+1>2 的团队所提供的帮助

本书涉及的小团队管理知识从简单的管理公式开始，读者通过公式去理解复杂的知识，可以快速找到重点，轻松构建起自己的管理知识体系，在实际管理工作中高效地回忆和应用。

本书针对具体的管理场景，提供了相应的管理实例，用简单的故事让读者置身其中，轻松掌握管理诀窍。对于管理工作中可能会使用的管理工具，如绩效考核、新人入职手册等，本书提供了实际使用的范本，读者可以直接应用到自己的团队管理工作中，轻松应对管理难题。

本书特色

◇ **公式总结** 用简单的公式解释复杂的管理知识，帮助读者学习和记忆重点内容。

◇ **实用图表** 提供小团队管理中实用的图表，方便读者直接在管理工作中使用。

◇ **真实案例** 结合大量真实案例，提出不同管理问题的解决方案，帮助读者更好地学会管理。

◇ **经验总结** 全面归纳和整理作者多年的小团队管理实践经验。

读者在阅读本书的过程中，如果遇到问题，可以通过邮件与作者联系。作者的常用电子邮箱是 dennisdates@163.com。

Contents 目录

第 1 篇 基础篇

第 1 章　小团队管理　　002
1.1　所有的管理都是小团队管理　　002
1.2　小团队管理七大特征　　004
1.3　小团队管理公式　　007

第 2 篇 新手篇

第 2 章　认知，如何调整管理角色　　010
2.1　调整管理角色　　010
2.2　以上级身份亮相　　019
2.3　全面了解自己的团队　　030

第 3 章　目标，如何保障目标一致　　044
3.1　制定团队绩效目标　　044
3.2　向上汇报团队成果　　063
3.3　团队目标没有完成怎么办　　069

第 4 章　分工，如何既合理又合情　　073
4.1　进行有效分工　　073
4.2　传递分工信息　　081
4.3　重大项目如何分工　　086

4.4	人手不足怎么办	092
4.5	员工休长假怎么办	095
4.6	"关系户"下属怎么分工	097

第 5 章 沟通，如何解决实际问题   100

5.1	通过沟通解决问题	101
5.2	开会怎么开才好	104
5.3	合理利用沟通工具	110
5.4	员工不配合工作怎么办	114
5.5	下属越级汇报怎么办	120
5.6	处理下属被投诉问题	127
5.7	处理部门外部冲突	133
5.8	处理内部员工矛盾	138
5.9	与"95后""00后"员工如何沟通	143

第 6 章 绩效，如何利用定期评估   146

6.1	绩效考核怎么评估	146
6.2	绩效谈话聊什么	153
6.3	绩效改进计划怎么做	160

第 7 章 阶梯，如何帮助员工成长   167

7.1	制定部门岗位阶梯	167
7.2	给下属争取加薪	171
7.3	员工能力很差要如何处理	175

第 8 章 新人，如何快速提高生产力   179

8.1	为小团队争取招人名额	179

8.2	收到简历如何评估	185
8.3	面试别人时问什么	189
8.4	帮助新人融入团队	198

第9章 离职，如何维持团队稳定　204

9.1	员工提离职怎么办	204
9.2	员工离职交接文档怎么写	211
9.3	员工提出离职之后消极怠工怎么办	215
9.4	员工竞业协议	218
9.5	辞退不适合团队发展的员工	221

第10章 文化，如何提高团队凝聚力　225

10.1	安排座位	225
10.2	组织团建	229
10.3	建立仪式	236
10.4	居家办公	239

第3篇 进阶篇

第11章 支招空降领导　244

11.1	接手前要了解什么	244
11.2	初次见面说什么	247
11.3	如何开展工作	249
11.4	业务不熟悉怎么办	252
11.5	实现快赢	256
11.6	被排挤、被架空了怎么办	259
11.7	接手时人员流动性大怎么办	262
11.8	遇到部门财务问题怎么办	265

第 12 章　写给创业小团队　　266

12.1　合伙人起冲突怎么办　　266

12.2　合伙人退出怎么办　　270

12.3　提高团队积极性　　272

12.4　维持团队人力稳定　　275

12.5　人才培养　　278

12.6　找到一人多职的平衡点　　279

12.7　对员工掌握核心秘密的措施　　281

12.8　培养员工的成本意识　　284

12.9　释放团队压力　　287

小团队管理
如何轻松带出 1+1>2 的团队

第 1 篇

基础篇

01

第1章
小团队管理

小团队管理通常指的是 10 人以内的团队管理。小团队管理有其自身的特征，围绕这些特征才有了小团队管理的特殊方法。具体而言，要如何学习小团队管理呢？

1.1 所有的管理都是小团队管理

很多管理者从小团队管理开始积累管理经验，并逐渐形成自己的管理方法和思路。通过对小团队的管理，管理者可以掌握小团队管理的技能，逐渐认识自己、认识团队和认识管理工作本身，是进阶到更高层管理岗位的基础。

一、主管 = 主要管自己

当管理者还是基层执行者的时候，往往在岗位上兢兢业业，被分配的绝大多数工作，都可以得心应手地完成。除了自己手头的工作，甚至还一直主动思考业务和公司发展方面的问题，因而，很容易迎来升职加薪的机会，比较典型的是从专员晋升为主管。

职称虽然已经变成了主管，但职称的变化并没有同时进行实际岗位的调整，主管等于主要管自己。销售主管、运营主管、产品主管、物流主管等，很多名义上是主管，实际上并不管人，主管只是职称，更多反映的是他们在公司的资历和潜在的晋升机会。那么主要管自己的时候，是不是也要学习团队管理的知识呢？答案是肯定的。

实际上，这个阶段开始学习小团队管理的知识，既能为真正进行团队管理做准备，也能了解当前的领导风格和公司的管理制度。其中比较重要的是了解管理角色和执行角色的区别，以及了解目标管理和沟通技巧。

二、只有 1 位组员

真正进行团队管理都是从管理 1 位组员或者管理实习生开始的，这个时候的小团队管理者是小组长的角色，在汇报关系上，他和组员一起将工作汇报给部门经理，并且最终的绩效考核也是由部门经理负责完成的。但是实际的工作安排和配合，主要还是由小团队管理者来具体负责。

虽然只有 1 位组员，但已经是从 0 到 1 的突破了。初次接手团队的管理者可能会有一些紧张，不知道如何开始。一些管理者试图用共同商议的方式和组员展开工作：收到经理的任务，先和组员沟通，优先满足对方的想法和建议；同时，又担心这样做自己会没有威信、缺少说服力、没有管人的样子。

管人和管自己终究是不一样的，能安排好自己的工作，不代表能安排好别人的工作。自己安排自己的工作只需要确认好事情是什么，按照规定的时间和要求完成即可；而安排别人的工作，需要让对方认可要做的事情，并认可你规定的时间和要求。让对方认可你的想法已经很困难了，还要确保事情的结果和你的预期保持一致，实属不易。

这个阶段，小团队管理者需要真正完成管理角色的转变，在分工和沟通问题上要进行更深入的学习和应用。如何转变自己的工作思维？如何推动分工顺利进行？如何与下属进行沟通？这些都是需要思考的问题。

三、3~5 人最难管

公司的业务发展很快，部门的人员也开始扩编，小组有了自己的招人名额（Head Count，HC）。这个阶段的小团队管理者可以扩充自己的团队，并且可以自行招聘组员。第一次面试别人的经历总是很神奇，被面试者可能比自己有更多的面试经验。而小团队管理者需要学习如何在面试中保持镇定，并学习对候选人做出精准判断的方法。一旦出现比较大的判断偏差，新入职的员工将给公司造成不小的损失，其中包括招聘和培训的成本，以及重复招聘耗费的时间与精力，等等。

人员的补充意味着团队存在了阶梯，对于绩效管理有了新的要求。平衡那些表现一般的员工的分工和绩效，是非常考验管理能力的一件事情。小团队管理者需要从这 3~5 个人的发展壮大中，逐渐明白如何真正了解团队里的每个人，如何进行组合使团队的力量发挥到最大，甚至要开始思考团队文化方面的问题，以及如何打造自己团队的特色，让团队更加具有凝聚力和发展动力等问题。

有人来，也有人走，小团队的成员不是一成不变的，小团队的管理者要学习如何应对员工离职的问题。面对员工的离职申请，管理者可能会错愕、不明所以，但是要学会接受，并且克服员工离职后遗留的困难。渐渐地，离职不再是被动离职，而是管理者主动思考团队里哪些员工已经不适应团队当下的发展、绩效表现很差、对团队影响恶劣等，优化团队组合成了一项需要关注的管理事项。

这个阶段是小团队管理者最重要的成长期。小团队管理者既有了更多的权力和更大的管理范围，也意味着要承担更多的责任、面对更大的挑战，这时需要在目标管理、团队分工、人员沟通、绩效管理、团队职级、新人招聘等方面花费更多的时间和精力。可以说，能否胜任这一阶段的管理工作，决定了小团队管理者是否合格。

四、10 全和 10 美

小团队随着人数增加，逐渐变成了一个大家庭，小团队管理者对于管理这件事也变得更加得心应手。当团队规模接近 10 人的时候，小团队管理者可以开始孵化新的小团队管理者，用最开始接触的分组方式对已有的小团队进行小组分工，指导新的小组长去调整思维，从基础执行者转变成新的小团队管理者。

10 人团队的管理者往往会在团队文化上花费更多的时间和精力。与此同时，小团队管理者还需要继续在目标管理、团队分工、人员沟通、绩效管理、团队职级、人员交替等管理内容上探索。等到晋升到下一个阶段，也依然需要运用这些管理方法来管理更大的团队。而这个更大的团队，可能是由更多的小团队的管理者构成的，即所有的管理都是小团队管理。

另外，小团队管理者可能还会面临自身的择业和创业问题，那将是更新鲜的挑战。一方面，小团队管理者需要复用曾经学习的管理知识和经验；另一方面，需要针对自身空降为管理者或自己创业的场景，做一些有针对性的调整。总之，当有了 10 人团队的小团队管理能力，就可以应对更多的管理挑战了。

1.2　小团队管理七大特征

小团队管理有其自身的管理特征，核心的有容易建立亲密关系、"个人影响力 > 职位影响力"、信息传递及时性强、更需要亲力亲为、随时调整一切、"对内个体化,对外整体化""资源有限,潜力无穷"等。

一、人情——容易建立亲密关系

小团队管理最突出的特点是更容易建立亲密关系,这是由于小团队的人员比较少,且通常接触较为频繁,无论是在物理意义上的空间接触,还是在实际的工作沟通中。

如果管理的团队超过了 10 个人,团队管理者可能很难对团队中每一个人的日常工作有比较充分的了解,以及对团队中每个人的工作能力和性格特质有比较清晰的认知,这将导致团队管理者无法对成员进行适配性更强的管理。

如果团队不足 10 人,团队管理者则更容易快速了解哪位员工最近有喜事;哪位员工工作积极性很高;哪些员工可能遇到了麻烦,并且会因此影响工作的顺利进行。所以,小团队管理者更容易跟团队成员建立比较亲密的关系,甚至会因为这种亲密关系推动一些事情的发展。而与没有这种亲密关系的员工共事,则事情进展可能没有那么顺利,当意见不合时,还容易起冲突。

二、威信——个人影响力 > 职位影响力

小团队管理建立在亲密关系的基础上,而不是建立在职位关系上。

管理者对于团队成员来说更像是老大,而不是领导。这就意味着,如果小团队管理者没有在小团队里建立起自己的影响力,那么布置下去的任务,员工完全有可能拖沓处理,甚至置之不理,尤其是当管理者没有聘用和解聘员工的权力时。

高级管理者,比如总监、总裁等,其职位本身就会对员工产生威慑力,他们布置的任务,员工大多都会作为第一优先级,尽心尽力地完成。无论高级管理者的个人实际情况如何,其职位影响力就能影响员工的工作态度和结果。小团队管理者的职位影响力有限,只能靠个人影响力去指挥员工。

总之,小团队管理者应该利用个人影响力,而不是依靠自己"芝麻官"那么点儿的权力去管理员工,否则就不能称为管理,而是"拿着鸡毛当令箭"。

三、执行力——信息传递及时性强

小团队由于人数少,且中间没有多余的信息中转环节,所以更容易完成信息的及时传递。一旦在工作中有难以处理的事情或员工存在问题,小团队管理者可以在第一时间进行沟通和调整。这也使得管理良好的小团队比大团队有更强的执行力,是所有项目落地环节的承接方。小团队能够根据具体的情况完成工作任务。

信息传递及时性强，可以让改变来得更快，但在实际的管理工作中，并不应该做过多的改变，毕竟人们都不喜欢反复折磨、不断返工。这需要小团队管理者对更高层管理者的工作方向进行了解和确认，再转化为行之有效的具体工作分工。

四、榜样——更需要亲力亲为

由于团队定位和规模的限制，绝大多数情况下，小团队管理者并不是完全的管理者。他们不仅要负责团队管理工作，而且是团队重要的执行者之一，要面对很多复杂、重要的工作。小团队管理者是唯一可以胜任的执行者。

对于小团队管理者而言，很多工作都可以且应该亲力亲为。一方面是为了团队目标的顺利达成，如果不亲力亲为，很多工作可能会因此暂停；另一方面，亲力亲为也是管理团队的需要，管理者需要作为榜样来引导团队的氛围，表现得越是积极负责，团队成员越斗志昂扬。而如果树立了错误的榜样，则会传递出负面的情绪，所谓"近朱者赤，近墨者黑"也就是这个道理。

五、灵活——随时调整一切

小团队是非常灵活的团队，因为可以随时调整一切，包括但不限于工作方向、内容分工、团队制度、人员结构等，甚至极端风险的情况，小团队整体可以随时组建或解散。

公司发展步伐较快的时候，团队扩张较快，而增加的成员会形成很多新的小团队。当公司发展举步维艰，甚至开始下滑时，一些公司就会采取人员优化的方式来节约成本，提高运行效率，这时很多小团队会因此而解散。

作为小团队管理者，面对各种调整的时候，需要沉着冷静，理性分析，做出对团队更有利的选择。

六、组织——对内个体化，对外整体化

对内个体化指的是小团队的内部管理，往往是针对每个员工不同的特点分别进行管理。例如，有些员工有自己独立的想法，小团队管理者就需要发挥他的主观意识；有些员工需要被安排、被鞭笞，就需要小团队管理者做更多的引导工作；有些员工比较感性、有些员工比较理性，小团队管理者要用不同的方法对待不同的员工。

对外整体化指的是小团队的外部表现，往往是作为整体来体现的。例如，对于

公司的兄弟部门来说，与其沟通的团队成员就代表了该成员所在的团队，他的工作态度和表现，代表了这个团队的整体工作能力和团队氛围，也反映了这个团队管理者的管理情况。

七、发展——资源有限，潜力无穷

小团队的资源往往是有限的，但是其发展潜力是无穷的。利用有限的资源发挥出最大的价值，是对小团队管理者的巨大考验。

小团队的人力、物力、资金等资源都被限定在一定的范围内，但会有更高阶的管理层规划好整体目标，各个小团队围绕这个整体目标进行自我团队的规划和管理。

这相当于命题作文，要写好这个命题作文，就需要管理者对团队中的每个人、每件事都有比较清晰的认知，然后利用小团队管理的知识，针对自身团队的特点进行调整，以调动团队成员的工作积极性，挖掘团队成员的工作潜力，让小团队朝着更好的方向发展。

1.3 小团队管理公式

要想在小团队管理者这一岗位上获得管理成就，就需要遵循一定的规律和公式。了解"管理成就"的定义，有助于小团队管理者判断自己管理团队的优势和劣势。

核心公式

【管理成就】=【团队能力】×【团队管理】-【管理成本】

【团队能力】包括小团队管理者在内的团队成员，在沟通、学习、知识、技能、特质、应急等方面的能力素养，是解决工作问题的基础条件。

【团队管理】小团队管理者在目标、分工、沟通、绩效、人员、文化等方面的管理实践，不同的管理手段和管理方法会导致不同的管理结果。

【管理成本】小团队管理者在管理团队的过程中所发生的综合管理成本，包括但不限于资金成本、沟通成本等。更小的综合管理成本能够形成更大的管理成就。

团队管理和团队能力交替影响，决定了团队管理成就的上限。同样的团队，如果有更好的团队管理，获得的管理成就也就更大，这就要求小团队管理者必须时刻学习并且提高自己的管理能力。

一、团队能力

1. 认识自己

小团队的管理者需要对自己有比较清晰的认知，一方面要对自己的工作能力有所了解，另一方面要清楚自己的管理能力。管理者是什么样的，很有可能管理的团队就是什么样的。管理好自己，很多时候也是在管理团队本身。

2. 认识团队

认识团队既包括对团队整体的了解，也包括对团队成员的了解。

对团队整体的了解，主要包括团队设置的背景、目标及团队所处的阶段；对员工的了解，主要包括员工的基础信息、工作背景、专业特长、性格特质、工作动机等。

二、团队管理

小团队管理者的核心管理内容主要包括以下 8 个方面。

（1）目标管理：包括团队及员工目标的管理，它决定了小团队的发展方向。

（2）分工管理：围绕目标进行分工和协作管理，明确员工的职责和日常工作。

（3）沟通管理：是小团队管理的核心手段，也是管理工作的主要内容。

（4）绩效管理：定期对工作产出、目标完成和价值观等情况进行评估。

（5）阶梯管理：通过职级体系的建立和完善，引导员工的发展方向。

（6）新人管理：招聘新人和帮助新人融入团队，使人力快速转变为生产力。

（7）离职管理：主要应对突发的员工离职和主动进行人员结构优化。

（8）文化管理：主要是团队的文化建设，通过文化管理来提高团队的凝聚力。

小团队管理
如何轻松带出 1+1>2 的团队

第 2 篇

新手篇

02

第 2 章

认知，如何调整管理角色

认知，代表着我们对世界的看法；角色，代表着世界对我们的评判。如何认知管理角色，将决定如何开展管理工作，进行管理决策，并且得到管理结果的反馈。

小团队管理是从执行者变成管理者的第一步，也是管理者职业生涯最重要的分水岭。如何调整认知适应这个新身份，如何全面地了解团队，如何让团队更好地接纳自己，是管理工作中首先要解决的问题。因此，本章将重点讨论小团队管理认知的相关知识和实操案例。

本章涉及的主要知识点

◇ **调整管理角色**：管理者与执行者的区别，以及管理风格有哪些。
◇ **以上级身份亮相**：如何准备第一次见面，开场白怎么说。
◇ **全面了解自己的团队**：如何了解团队里的人和团队本身。

2.1 调整管理角色

> 5年前，小李进入了一家行业排名前三的公司。为了得到这份工作，她做了不少努力。这是她的第一份工作，这段时期也是她的飞速成长期。在工作中，她认识了形形色色的同事，每天勤勤恳恳地工作，加班完成工作任务，偶尔因为工作的不顺利而抱怨，偶尔为自己的进步而喜悦。
>
> 5年后，由于成绩突出，小李多次受到公司领导的认可，终于升职为主管。

> 接下来的日子里，在这个小团队中，不再有人叫她小李，她终于有了比其他同事大一圈的办公桌和一张全新的带管理者职位的工牌。
>
> 小李会心一笑，一切都变得美好，充满希望。但是随之而来的还有一些担心，新主管的身份意味着新的挑战，她不再只是听命令运作的"螺丝钉"，不求有功但求无过的日子显然不再适合此时的她。

从员工到主管，从执行者到管理者，这个来之不易的机会，要如何顺利转变呢？

一、执行者 VS 管理者

首先恭喜从执行者变成管理者的你，这将是你整个职业生涯重要的分水岭。过去的你可能是一个领域的专家，一位精通各种销售技巧的业务员，能在一个月内完成上百万元的销售额，是团队的销售冠军；可能是灵活应用各种法例条文的律师，服务了若干客户且完成了高胜率的诉讼，是团队的精英骨干；可能是熟练掌握各种算法的程序员，攻克了很多技术难题，实现了稳定的平台运行，是团队的"开发大神"。但从这一刻开始，你有了一个新的身份：管理者，因此工作立场、工作定位、工作目标等都会发生巨大的改变。最为核心的一点是，管理者不再代表个人，要开始管理团队。执行者和管理者的具体区别如表 2.1 所示。

表 2.1 执行者 VS 管理者的区别

模块	执行者	管理者
工作立场	个人	团队
工作定位	技术专家	管理专家
工作职责	任务达成	任务达成 + 团队发展
工作范围	事	事 + 人
工作方式	助力	借力
工作评价	个人绩效	团队绩效
能力要求	专业能力	专业能力 + 管理能力
对象管理	自我管理	自我管理 + 团队管理
时间管理	被动支配	主动支配
衍生角色	沟通者	决策者 + 沟通者 + 辅导员 + 梦想家

1. 工作立场

执行者的立场是个人，出发点也是个人利益，这代表着执行者会围绕针对个人的奖惩机制来展开工作。例如，一个订单如果达成后，执行者能拿到更多的佣金，他就会考虑如何获取订单，而忽略其他人的业绩情况，甚至可能做出损害团队的选择。

而面对同样的情况，管理者可能会综合考虑团队的发展，针对同样的订单做出不同的选择。因为管理者的立场是团队，出发点是团队的整体利益。

2. 工作定位

执行者更多情况下的定位是技术专家，无论是销售、人力、生产、研发等，都是依赖自己的技术专长获取职位、开展工作、解决问题、获得结果。

管理者的工作定位是管理专家，这意味着技术不再是唯一的立足基础，更多的是围绕管理工作进行探索，处理的不是单一的技术难题，更多的是管理事项。

当然，如果说管理也是一种技术，那么管理者将从业务技术转向管理技术，并在这个领域深入钻研。

3. 工作职责

执行者和管理者工作职责的差异从其角色名称可窥一二。执行者的职责就是完美执行，比如完成客户拜访、会议纪要、页面开发，即围绕自己的工作任务，服从上级安排，确保任务达成，但不为决策结果负责。

管理者的职责除了任务达成，还需要关注决策结果和团队的发展情况。级别越高的管理者，其职责的范围越广，包括管理更庞大的团队，考虑更长远的发展。例如，主管只负责小团队的进步，总监管理某块业务的发展，总裁考虑整个公司的战略。

4. 工作范围

工作范围与定位和目标紧密相关，执行者的工作范围主要是"事"，管理者在"事"的基础上，还要关注"人"。相较于执行者只需要管好自己的"一亩三分地"，管理者需要考虑如何分配"一亩三分地"，如何让每个执行者在各自的"一亩三分地"上兢兢业业，甚至实现突破。除了已有的，对外和向上争取更多的"地"给团队成员耕耘，也是管理者需要努力的方向。

5. 工作方式

执行者的工作方式是助力，可以说执行者是靠自己发力，工作安排下来，就要想办法去实现、完成，这个时候就要发挥自己的专业能力、钻研精神，中间也会涉及向外求助，但总体而言是围绕个人任务去执行落地的。

管理者的工作方式是借力，这与助力有本质的区别。很多具体的任务是不需要管理者独立完成的，而是要借助团队的力量推动执行。这时管理者需要思考的是如何安排、如何激励才能将合力的作用发挥到最大。事必躬亲是一种工作方式，但借助他人的力量、帮助他人成长、实现团队进步是另一种工作方式。

6. 工作评价

执行者的工作评价主要来自管理者，而主要的评价内容是执行者的个人绩效，个人绩效好则评价高，个人绩效差则需改进。管理者的工作评价来自上一级的管理者，评价内容主要是团队整体的绩效情况。

如同一场篮球比赛，好的执行者可能是团队的得分王、助攻王，甚至是最有价值球员（Most Valuable Player，MVP）。但好的管理者是需要领导团队赢下比赛的，如果队伍中的得分王强于对手，但是团队比分落后，管理者就是不合格的；与之相反，队伍的个人表现可能不是特别突出，但是如果团队胜利了，管理者就会获得好的评价。

7. 能力要求

执行者要想胜任其岗位，就需要专业能力合格，并且能继续钻研。而管理者要想胜任管理岗位，除了专业能力合格外，更重要的是管理能力要合格，计划、组织、领导、控制等环节的管理都要到位。

比如在一个酒店的后厨，厨师要做的是按照菜单把菜品呈现出来，而厨师长除了要擅长烹饪，还要对整个后厨团队进行管理，包括但不限于菜品管理、流程管理、卫生管理等，这就需要更强的管理能力。

8. 对象管理

执行者的管理对象只有自己，根据工作安排调整自己的节奏，为自己的工作负责。好的执行者往往自律性很强，能够很好地实现自我管理，保质保量地完成工作任务。

而管理者一方面需要强化自我管理，树立比较好的团队榜样；另一方面需要对团队成员负责，做好团队管理工作。管理者的管理对象不再只是自己，这意味着要面对更多的挑战。

9. 时间管理

时间对于每个人都是一样的，无论是执行者，还是管理者，一天都是24个小时，法定工作时长都是 8 个小时。但对于时间管理而言，执行者更多的是被动支配，任务来了，截止日期也会相应而定，比如周五下班前要交某个报告。对于管理者而言，时间相对是自己主动支配的，各种会议、各种工作，需要自行判断轻重缓急，并且会对员工的时间安排有不同程度的影响。

10. 衍生角色

工作都是人来做的，好的执行者还是好的沟通者，不仅能够完成事情，而且能在事情完成的过程中进行良好的沟通。沟通能力是专业能力以外的重要能力。

相较于执行者，管理者有更多不一样的衍生角色。比如相较于具体执行，管理者更多是在做决策；相较于执行者为了完成事情而沟通，管理者需要为了完成管理而沟通，通过沟通激励员工、解决问题、争取资源等。

管理者同时还是辅导员，需要帮助员工成长，营造团队氛围。最重要的是，管理者是团队的梦想家，团队能发展成什么样，取决于管理者的想象力和为了梦想的付出。

二、"我"是什么类型的管理者

不同的管理者有着不同的背景、履历、专长等，其管理风格也会存在较大的差异。情商之父——哈佛大学心理学博士丹尼尔·戈尔曼在《情商（实践版）》一书中的论述，管理风格分为权威型、教练型、亲和型、民主型、领头型和高压型 6 类，如表 2.2 所示。

表 2.2　戈尔曼管理风格

项目	管理风格					
	权威型	教练型	亲和型	民主型	领头型	高压型
工作方式	构建愿景，激励员工奋斗	辅导员工完成工作任务	重视人际互动和团队氛围	鼓励员工参与意见讨论	设置标杆，要求员工靠拢	要求绝对服从指令
情商范式	激情、鼓励、引导，输出影响力	共情、辅导、协同，提升能力	沟通、共情、支持，和谐氛围	倾听、分析、互动，参与决策	鼓励、明确、单向，提供标准	直接、明确、单向，提供指令
典型案例	跟"我"走，一起上	"你"可以尝试	"你"怎么了	"你"怎么想	跟"我"这样做	按"我"说的做
组织氛围	积极	积极	积极	积极	消极	消极

续表

项目	管理风格					
	权威型	教练型	亲和型	民主型	领头型	高压型
适用的阶段和场景	创业期、变革期	培养员工，通常可长期使用	营造团队氛围，可长期使用	根据民主基础、员工能力适当使用	目标明确、需要快速产出的场景	存在危机或其他紧急状况，偶尔使用

1. 权威型

权威型管理者往往是充满激情和斗志的，清晰地了解愿景、目标和任务，能够带动员工的工作热情，随时可以输出能量。

《灌篮高手》里面的赤木刚宪就是典型的权威型风格，称霸全国的目标远大，不论球队所处的环境如何，都一直坚持且宣扬着梦想，感染全队成员奋发向上。

但是权威型风格不适用于所有的场景，比如与比自己有经验的专家共处，权威型管理者可能会因为挑战到对方的专业领域，而被认为盛气凌人、自命不凡。

2. 教练型

教练型管理者往往比较有耐心，能够共情。一方面把自己的知识传递给员工；另一方面能够理解员工在学习过程中的情绪。

《灌篮高手》里面的藤真健司就是教练型风格。他既是翔阳高中的王牌投手，又是球队的主教练，对球员能够循循善诱，帮助球员熟悉自己的优势和劣势。

但是在任务重、节奏快的场景下，教练型风格往往会因为无法立刻改变员工的状态或过于体谅员工而较难产出。

3. 亲和型

亲和型管理者往往心思细腻，以鼓励为主，经常赞扬员工，注重员工的情绪，追求员工的满意、团队的和谐，并由此获得员工的忠诚。

《灌篮高手》里面的安西教练就是典型的亲和型风格。他前期训练队员十分严厉，被别人称作"白发魔"，但总是呵呵地笑，逐渐演变成了亲和型的长者。

亲和型的管理容易忽略团队任务，对于犯错的员工给予较多容忍空间，相对难以树立威信。

4. 民主型

民主型管理者通常心态比较开放，能够集思广益，与员工沟通讨论，甚至鼓励员工参与决策，通过大家的参与而达成一致的意见。

但如果是面临一群想法比较少、经验不足的员工，民主型管理只会增加决策难度，降低决策的准确性。比如针对同一问题反复召开会议，同时又由于信息开放透明，而存在潜在的信息安全风险。

5. 领头型

领头型管理者通常自身能力较强，能够以身作则，推进事情发展；同时，对于员工也有较强的目标要求，需要员工向标杆靠拢。

比如很多的学科带头人都属于典型的领头型风格，他们在自己的专业领域有很深的建树，能够影响其他人的行为方向。

领头型管理风格的不足之处是容易追求完美，甚至提出远超员工能力的要求，不利于员工自信心的培养。

6. 高压型

高压型管理者通常比较受员工排斥，因为典型的高压型管理就是说一不二，命令直接、明确，属于需要下属高度服从的管理风格。

比较典型的如《亮剑》中的独立团团长李云龙，他以自己的思想决策为中心，行事不考虑他人感受。在关系生死、决策时机往往转瞬即逝的战场，这种高压型的管理能够起到比较好的作用。

但是，危机解除之后，日常管理中依然采用高压型风格，就会引起员工较大的负面情绪，不利于团队稳定。

总体来讲，这6类管理风格是以管理者为中心或以员工为中心。教练型、亲和型和民主型更多的是围绕以员工为中心展开管理的，更加重视员工的感受；权威型、领头型和高压型则更多的是以管理者为中心展开管理的，更加重视管理者的决策。

一个管理者不是只有一种管理风格，而是要根据实际情况调整。比如针对新业务进行决策，教练型风格可能没有办法提供有效产出，因此可以调整为领头型管理风格。再如组织团建时，高压型风格很容易引起紧张，给员工带来不适，因此可以试着往亲和型方向调整。

管理者的管理风格越多样，对团队的管理越有帮助。掌握4种以上管理风格，特别是权威型、民主型、亲和型、教练型兼备的管理者，他所在公司的团队氛围以及业绩表现都会很好。管理者可能有天然的风格倾向，要想学习其他管理风格，则可以从身边拥有其他管理风格的同僚或者上级管理者身上学习和模仿，并且在实际的管理工作中进行实践。

三、构建自己的管理理念

团队的管理者意味着更多的责任和动力,责任是对团队结果和团队成员负责,动力则是在自身管理岗位上大展拳脚,并且更上一层楼。要想在管理上更进一步,就需要从小团队管理开始,在行动中构建自己的管理理念,并在实践中不断丰富和迭代,找到适合自己的管理方法。

以下为笔者管理理念的迭代过程。

1. 版本 1.0:使命必达,共进共退

笔者是从管理实习生开始小团队管理工作的。那时笔者刚工作半年,在作为助理参与几个项目后,已经逐渐熟悉咨询工作的基本方法,并开始作为项目经理独立承接项目。

在项目推进的过程中,因为存在不少琐事,所以领导安排笔者招聘实习生,辅助完成工作。笔者招聘时,并没有站在管理者的角度去考虑,只是单纯从问题解决的思路出发,根据工作所需要的基本技能和实习生的沟通能力完成了招聘工作。

工作分工采用的是任务拆解模式,即将领导交代的事项分成自己能做的部分和实习生能做的部分,然后各自展开工作。执行过程中,及时指导实习生做尚不熟悉的内容;各自工作完成后,笔者汇总并检查。这一阶段,笔者总想着将工作完成得更好,因此投入了大量的时间,整体感觉比较累。

2. 版本 2.0:成就他人

正式成为小团队的管理者后,笔者在职级和职责上都成了一个主管,且没有太多管理经验。虽然只有一个下属,但需要对这仅有两个人的小团队负责,而且需要对下属负责。

有时下属会制造一些小麻烦,比如安排的事项不能按时完成,甚至还收到了其他部门的负面反馈。

当时笔者并不知道要如何处理,于是去询问了经验丰富的资深总监,他给笔者的答复是简单的 4 个字:成就他人。

管理,不是去约束他人,而是要成就他人,遇到管理难题首先要针对问题本身,从对方的立场思考,不要去鞭答,而要激发;要相信自己的伙伴,并且要挖掘其真实的需求。

笔者与团队中那个带来麻烦的伙伴促膝长谈，共同找到了工作安排和流程出现的问题，并进行了优化调整。在这个过程中，管理者和员工都获得了成长。"成就他人"这个管理理念对笔者影响至今，警醒笔者不要做傲慢的管理者。

3. 版本3.0

方向感：有明确的目标。

节奏感：有明确的计划、时间节奏。

信任感：构建信任。

专业度：规范、模式化。

价值成长：价值输出、个人成长。

经历过若干公司、团队和员工以后，笔者对管理的认识逐渐深入，并将自己的管理理念进行了迭代升级。

首先是方向感。无论是大船还是小船，团队的管理者都是把握方向的船长。有明确的目标，团队才不会偏航，并且能形成坚定的信念。

其次是节奏感。有了目标，接下来要做的是明确可落地的计划，并且有节奏地推进计划。很多时候员工追求更加平稳的挑战，而不是突发的变化。

再次是信任感。管理者需要与团队成员建立信任关系，这个信任关系是双向的，管理者要相信员工，也要让员工相信管理者。

接着是专业度。每个团队都是专业的团队，而要体现这种专业性，就需要管理者推进规范，程式化、模式化，如制定团队的执行手册。若能确保普通员工按照执行手册操作，其操作结果至少能达到优秀员工的80%。

最后是价值成长。所有的工作、努力，最终都是为了在价值输出和个人成长上有所进步。价值输出是指管理者清晰地了解工作的价值所在，并且在实践中输出；个人成长既是个人能力、思维等方面的成长，又是对这种成长的反馈，如各种激励。

四、思考问题

【问题1】你是如何理解执行者和管理者的区别的？你做好管理准备了吗？

【问题2】当前的你更倾向于哪些管理风格？哪些是你想要尝试的？你要怎么实现？

【问题3】你的管理理念是什么？管理工作中有哪些是你认为重要的事情？

2.2　以上级身份亮相

> HR走向空了不久的工位，进行了简单的整理，这个位置马上就会迎来它的新主人。
>
> "李哥，赵姐！"员工小王往那个工位一看，挑了挑眉毛示意，"希望来个美女主管带我起飞，工作第二年就能拿到优秀员工奖！"
>
> "管他新来的是男是女，别打扰我摸鱼。"员工老李拿起公司十周年纪念茶杯喝了一口水，继续切换网页，浏览微博。
>
> "哈哈，据我所知，新来的也不怎么样，才入行几年，换个公司就想做主管了，估计老板不会满意的。"赵姐心里暗自感叹，"好不容易熬走一个，轮到我上了，又空降一个来，烦！"
>
> "你们是说要来新主管了吗？挺好的，挺好的。"员工张烨默默打开文档开始整理近几次的项目情况，方便新来的主管熟悉，"看来今天得加个班了。"

假设你是这位新来的主管，面对这些新鲜的面孔，你要怎么做初次亮相呢？

2.2.1　核心公式

【好的开场白】=【特定的场景 × 合适的内容】+【外在形象 × 个人谈吐】-【减少噪声】

【特定的场景 × 合适的内容】即以上级身份亮相的核心内容，所谓特定的场景，指的是作为团队管理者的初次亮相，必须以工作场景为主要切口，只有比较少的亮相情况在生活场景内发生。工作场景又可以根据场景的性质和对象人数分为多种，比如临时的一对一场景、一对多场景和会议中的一对多场景等。小团队管理者的初次亮相通常以在小团队内部亮相为主，但面对不同场景下的开场白，需要有相应的内容作为支持。

【外在形象 × 个人谈吐】即以上级身份亮相的基础情况，是团队人员和一切外部人员对管理者的第一印象。心理学上的首因效应，指的是第一印象对于人后续交往的影响。良好的第一印象对于管理者后续融入团队、管理团队都会起到积极的影响；而比较差的第一印象则会增加管理者的管理成本。这里，好的外在形象不是指帅气凌人、美貌如花，但至少要干净清爽；好的个人谈吐不是指口若悬河、滔滔不绝，但至少要礼貌得体。

【噪声】即好的开场白的干扰因素，包括但不限于生物环境噪声和人文环境噪声。生物环境噪声，比如会议中途突然响起的电话铃声；人文环境噪声，比如团队人员的窃窃私语和抵触情绪等。

一、特定的场景 × 合适的内容

1. 临时场景

临时场景指的是非正式的亮相。比如在 HR 的带领下简单地认识大家，或者初次见面时，工位上只有一位同事。临时场景下，传递的核心内容有以下两点。

（1）让别人记住你叫什么

很多人在做自我介绍时都以"我叫×××"开场，对姓氏加以注释，如木子李、关耳郑；对名字的写法也会再说一遍，如早晨的"晨"、朝阳的"朝"等。这样做当然没有错，但是通常初次见面，别人很难记住你，这个时候一些有特点的称谓会更方便他人记忆，如李哥、谦儿。另外，现在很多公司流行花名文化，尤其是在互联网公司，起的花名千奇百怪，你也不妨给自己起一个花名，重要的是要让别人记住你叫什么。

（2）让别人知道你是做什么的

"我是做××的"，一方面要介绍自己的岗位；另一方面要告诉对方你们存在上下级的汇报关系。但表述的时候不能盛气凌人，切忌直接说"我是你的领导"；可以侧面传达，"今后我来负责财务部门的管理工作"。虽然表达的是同一个意思，但是给对方的感受是不一样的。

2. 会议场景

会议场景指的是通过会议宣读的正式亮相，是管理者第一次以上级身份在小团队内部的整体沟通。首次会议的成功与否，将影响最初的管理工作是否能够有序推行。会议场景下的亮相包括以下 5 点。

（1）开场

以礼貌性用语开场，比如"大家好""下午好""很荣幸和大家在这里相遇""很高兴和大家做同事""初来乍到"等。

（2）自我介绍

以简单、能给团队人员留下印象，并且可以建立威信的自我介绍作为核心，不同于面试阶段的自我介绍，此时需要全面展现自己的优势和能力。首次以上级身份亮相的自我介绍，需要更加简洁。

除了介绍姓名，还可以以两三句话概括一下自己的职业经历，比如"我从事人力资源工作10年，先后在阿里、华为等公司就职""我从事销售管理工作5年，曾拿过北区销冠"，突出自己能胜任的优势，并以此与员工建立信任关系。

（3）管理理念

传递自己的管理理念，这样能够进一步加强双方的信任，让大家更好地融合和互助。

阐述自己的管理理念，如何进一步带领团队创造业绩，比如"我属于结果导向，大家私下里是朋友，但是工作上主要看业绩"。

如果没有完整的管理理念，也可以讲一讲自己的座右铭，让大家进一步认识你，侧面也反映了你的价值观，比如"我的座右铭是——天道酬勤，我相信勤奋可以创造未来"。

（4）团队期望

团队期望指的是公司对于团队，以及管理者对于团队的期许，某种程度上，也是在巩固管理者的威信。管理者是代表公司来管理这个团队的，传递的是公司意志，而不仅仅是个人想法，团队成员配合管理者的工作，就是在执行公司的发展任务。

例如，"公司对我们财务团队的期望是不算错一笔账、不转错一笔钱""公司希望大家能够再创佳绩，下半年完成1000万元的销售任务"等。

（5）结语

以礼貌用语和祝福用语作为结语，比如"谢谢大家""期望和大家一起努力""祝愿大家合作愉快""希望大家多多关照"等。

另外，会议场景有两个可以为管理者初次亮相提供帮助的角色，一个是HR（人力资源），另一个是上级领导。在会议场景中，能够邀请到这两个角色，并且由他们来做任命信息的传递，有助于小团队管理者更轻松地打开局面，也有利于小团队管理者建立在公司的关系网络。

二、外在形象 × 个人谈吐

1. 外在形象

网易的创始人丁磊有一段时间要求员工不穿拖鞋而要穿相对正式的服装，理由是公司做的事情是一项严肃的事业，应该从着装开始认真对待。

整体而言，小团队管理者在外在形象方面主要需要注意以下 5 点。

（1）仪容整洁

干净整洁是第一要点，注重日常面部清洁。比如管理者与员工见面前一晚，可以敷一下面膜；注意指甲、胡子、头屑、口臭等细节问题。常备漱口水或口香糖是一个比较好的习惯。

（2）衣着得体

衣着不宜浮夸，根据岗位和公司需要，穿正装或相对正式的服饰，不要偏离所处的工作环境，不能过分休闲。搭配衣服的配饰以简洁为主，夸张的金链子等配饰要尽量避免。

（3）妆容适宜

女性管理者在第一次与员工见面的时候，不宜上艳丽浓妆，尽量以淡妆表现干练形象；香水不宜浓厚，木质调的淡香水为宜，或者不用香水。

（4）行立坐正

"站似一棵松，不动不摇坐如钟"，拿出学生时代站军姿的体态，展现自己正直阳光的形象，避免驼背弓腰，给员工留下松松垮垮的不良印象。

（5）保持微笑

微笑是外在形象的最后一样武器，伸手不打笑脸人，保持微笑能拉近管理者与员工的距离，让员工获得更好的沟通体验。

2. 个人谈吐

除了静态呈现的外在形象，交流中的个人谈吐也是管理者给员工留下印象的主要影响因素。与人交谈中，管理者需要注意以下 5 点。

（1）语速平缓

语速不要太快，不要像嘴里吃了烫包子，一口气都要吐出来。

（2）语音洪亮

声音不能太轻，否则会给人一种畏缩的感觉，要落落大方，声音洪亮。

（3）言语礼貌

多用礼貌用语，如"麻烦""辛苦""多谢"等。

（4）眼神交流

与人沟通除了语言以外，其他身体表达，尤其是眼神交流，能够增强与员工的互动。

（5）避免口头禅

无论是初次见面，还是长期相处，都应该尽量避免口头禅，尤其是言语比较粗俗的口头禅。

三、减少噪声

减少噪声的核心只有4个字："提前准备"。准备越充分，出现噪声的可能性就越小。这里提以下几个小建议。

（1）提前预订环境安静的会议室，并且安排好日程。

（2）提前关闭手机铃声，提醒参会人员将手机调至静音。

（3）提前错开公司集中清洁或施工时段。

（4）会议开始前约法三章。

（5）提前与唱反调的员工通气，告诉他自己的底线。

最后，如果发生意外情况，要保持冷静，尽量沟通协调，避免当场发生冲突。

2.2.2 内部升迁案例场景

初次任职小团队管理者，通常是因为个人业绩出色而获得了内部升迁的机会。比如原先的主管离职后，开始兼任并且逐渐转正，这种情况下，小团队管理者面对的团队成员都是曾经的同事。虽然沟通管理方面比较有优势，但也有劣势的地方，即管理者与团队成员彼此知根知底，管理者非常了解团队成员的信息，团队成员也知道管理者在公司的作为。这时开场白特别提示如下。

（1）真诚，不能骄傲，也不能摆谱。

（2）寻找共同点，尤其是过往合作中的亮点。

（3）寻求利益点，讲述管理理念时直击痛点。

案例 1 销售团队

开场：大家下午好。

自我介绍：都是老朋友了，我是郑远，加入公司3年，连续两个季度的销冠，跟小孔、老李都有很多合作。

管理理念：这次很幸运，公司让我来管理销售团队，一切我们照旧。老李，南区还是归你；小孔负责超市；斌总负责北区。咱们这行，天道酬勤，有多少努力就有多少收获。

团队期望：公司希望我们下半年再接再厉，能够突破300万元的销售大关，这需要咱们大家一起努力，一起流汗。如果能完成，咱们一起喝酒吃肉。

结语：祝我们销售团队的业绩越来越好，加油！

案例 2 市场团队

开场：尊敬的各位领导、各位同事上午好，在这里特别感谢公司对我的信任。

自我介绍：4年前我以实习生的身份加入了NT大家庭，从实习生、助理到市场经理，再到现在接任市场负责人一职，离不开各位领导和同事的鼓励和帮助，非常开心能和公司一起成长。此刻我感觉到更多的责任和压力，但我有信心可以与公司一起更进一步。

管理理念：我们NT一直是家庭文化氛围比较浓厚的公司，市场部门更是紧密团结，分工有序。我希望在今后的时间里，进一步发扬我们互助、学习、创新的团队精神，相互协作、共同前行。

团队期望：营销大师科特勒说："营销的宗旨是发现并满足需求。"我们作为市场部门，精确找到市场定位和自己的优势、拿出更多的优秀市场方案、主动发现并满足需求、帮助公司实现用户增长是我们的使命，希望大家一起努力。

结语：最后，祝NT欣欣向荣，祝大家身体健康、万事如意，再次感谢！

案例 3 运营团队

开场：各位同事好。

自我介绍：我加入OC这个大家庭已经有一段时间了，加入OC前在阿里做了两年运营小二，我非常热爱运营这份工作，工作之余也会参加运营行业的论坛。

管理理念：回望在 OC 的这段旅程，个人最大的感受是，思维碰撞出火花。去年我们大获成功的"8·18"大促，就是我跟阿牛、大宝一起讨论策划的。我们尝试了新的转盘福利、预定抽奖等活动，都取得了不错的点击率和转化率。

团队期望：接下来我希望能够继续和大家进行思想的碰撞，争取让用户更愿意留在我们的平台，形成更强的黏性，并且可以打开 OC 私域流量运营的新局面。

结语：祝愿大家一切顺利，加油！

案例 4　研发团队

开场：各位领导、各位同事下午好。

自我介绍：我是李想，非常荣幸在这次的晋升答辩中获得大家的认可。过去两年我参与开发的供应链管理平台，上线了库存预警、物流推送、账期管理等新功能，系统响应速度和稳定性能较好，得到了业务方和客户的好评。

管理理念：我希望在未来的时间，能够跟大家一起做更多有价值的开发工作，每个月都可以组织至少一场技术交流会议，一起研究新技术在我们产品中的应用。

团队期望：公司对我们团队的要求就是高效和稳定，这依赖于我们出色的技术，更重要的是我们主动进步的责任心。代码是活的，头脑也是活的，只要我们多上心，就没有不能解决的问题。

结语：希望跟大家一起进步，谢谢大家！

案例 5　生产团队

开场：各位领导、各位同事下午好。

自我介绍：我来公司有一年了，是大家一直以来的照顾，让我得以迅速成长，快速掌握我们原漆零件生产的操作，并且能够和大家一同改进部分生产工序。

管理理念：我们小组奋战在生产一线，每天两班倒，工作量很大、很辛苦。但是我们追求保质、保量、保安全地工作，绝对不给公司产品的生产和交付拖后腿。

团队期望：希望我们可以一起努力，继续按照公司的制度、生产手册作业，一丝不苟、兢兢业业地完成我们的生产任务。

结语：谢谢！

案例 6　财务团队

开场：大家好。

自我介绍：很开心能够担任公司的财务经理，此刻我感受到了巨大的责任和挑战，但也对自己和部门的未来充满信心。

管理理念：都说我们财务是"管家婆"，我觉得这个比喻很贴切。我们需要非常严谨、较真儿，一分钱掰成两半花。专业和诚信是我们这个岗位的基础，制度和责任是我们工作顺利的保障。

团队期望：我希望接下来和大家一起完善公司的各项财务制度，更高效地完成本职工作，努力规避风险，防止财务漏洞出现。

结语：希望我们都能做称职的"管家婆"，谢谢大家。

案例 7　人事团队

开场：各位同事下午好。

自我介绍：我从事 HR 工作已经 5 年了，非常喜欢 HR 这个职业。过去我在招聘、绩效、培训、文化等职位都轮过岗，去年曾化解 4 起劳动纠纷，为公司减少了数万元的损失。

管理理念：感谢大家的支持，我才能出任人事主管一职。这对我来说是一个全新的挑战，接下来我会和大家一起努力，主动分享我过去的经验，也希望多听听大家的意见。

团队期望：我们 HR 部门的主要工作是协助公司招人、用人、管人、留人，一切围绕人的事情都跟我们息息相关，服务好公司的各种人就是我们最大的宗旨，大家一起努力。

结语：再次谢谢大家，祝我们越来越好！

案例 8　供应链团队

开场：各位同事好。

自我介绍：从 2018 年加入 XT 集团至今已经 3 年了，我一直负责公司的肉品物流工作，去年肉品的物流时效提升了 20%，我也因此获得了优秀个人的荣誉。

管理理念：我很喜欢奥运会的口号："更快更高更强"，因为这和我们的工作要求很像：更快地把东西送到客人手上，获得更高的评价，我们在其中也变得更强。

团队期望：今年集团对于生鲜业务很重视，我们生鲜物流团队的压力也会比之前更大。希望我们一起努力，克服困难，努力向前，争取获得集团的优秀团队奖励。

结语：大家一起加油！

2.2.3 入职新公司案例场景

入职新公司是一个全新的开始、全新的团队、全新的岗位，这使得管理者和组员的初次见面显得非常重要。但相对而言，没有历史的包袱，不用考虑过往的人情，而且有更加充足的准备时间，可以提前演练要说的话。这种情况下，对于开场白特别提示如下。

（1）真诚，不轻浮，也不拘谨。

（2）突出自己的优势，体现自己能为大家提供的帮助。

（3）传递友好的信号，以合作的态度开始。

案例 1 销售团队

开场：大家下午好，我是咱们 MR 公司新"上架"的主管，很荣幸与各位伙伴共事。

自我介绍：我叫雷涛，很多朋友也叫我猎手，大家也可以这么叫我。过去 3 年我一直在 MT 集团担任销售主管，带领的团队出了好几个销冠。

管理理念：我不喜欢说狼性文化，更喜欢说"熬鹰"。什么是熬鹰？就是坚持不懈到把老鹰都能熬到驯服，我们也需要这种锲而不舍、大而无畏的精神。

团队期望：我希望我们面对新的市场、新的客户，都能随时准备，蓄势待发。这需要大家共同努力，今后我也会把过去的经验倾囊相授，希望大家一起发展。

结语：谢谢大家，祝我们业绩长虹！

案例 2 市场团队

开场：各位同事好，很高兴加入 CD 大家庭。

自我介绍：我叫王磊，三石磊，名字很普通，人也很普通，但我相信普通的人也能做出不普通的事情。我工作至今已有 4 年，上一家公司是 XC 集团，曾经策划了跨行一分购的活动，影响力覆盖了 X 市 60% 的目标客户。

管理理念：市场部是一个非常崇尚创意、崇尚挑战的部门，我也希望能够给大家带来更为宽松，能够发挥大家创造力、想象力的工作环境。

团队期望：对于公司来说，市场部需要扩大公司的影响力，在用户中建立良好的口碑，一切都是以最终的量化指标为准的：做了哪些活动，花了多少预算，投入产出比是多少。

结语：希望今后和大家一起努力，越来越好！

案例 3 运营团队

开场：各位领导、各位同事好，很高兴与大家相遇在 CA。

自我介绍：我叫陈静，耳东陈，安静的静，大家也可以叫我 Bela。我从事运营工作已有 5 年，先后在 X 公司、C 公司负责活动运营和用户运营相关工作。在 C 公司期间，我负责的母婴产品在亚马逊美国站健康大类目中从 Top10 做到稳定 Top1。

管理理念：加入 CA 是一个美妙的决定，我深深地被公司运用德国的科学理念设计产品来帮助备孕女性怀孕的使命吸引。我也刚刚有了自己的第一个宝宝，工作中有了很多亲身经验可以运用，我也把 CA 这份事业当作自己一次新的孕育。

团队期望：我希望我们能够围绕备孕女性真实存在的心理状态和实际备孕过程中的困扰，去做好运营活动策划案，深入了解用户现状，按需提供科学合理的帮助，辅助她们顺利健康好孕。

结语：一起加油，谢谢大家！

案例 4 研发团队

开场：各位同事好。

自我介绍：我叫丁震阳，大家可以叫我阿阳，我从事 Java 开发工作已有 5 年，先后在联安、道客公司任职，负责公司订单系统的后台开发工作。

管理理念：我对技术的理解就是要多学习、多思考，满足业务需求的前提下，尽量降低开发成本，提高开发时效。实践出真知，只有多 Debug（排错），才能减少 Bug（故障）。

团队期望：我了解到我们公司从今年开始，订单量增长比较迅速，需要有比较稳定的订单后台处理这些并发，我会和大家一起努力，提供更好的技术支持。

结语：谢谢大家！

案例 5 生产团队

开场：大家下午好，感谢朱总、毛总给我加入 WT 大家庭的机会。

自我介绍：我是韩鹏，从事消防栓生产工作已有 8 年，之前在 LT 公司、MA 公司分别从事生产管理工作，我非常热爱这个事业。

管理理念：来我们车间这么会儿，我发现大家的工作节奏都很紧密，很有干劲，我非常喜欢这样的氛围。

团队期望：我觉得我们做的工作很有意义，我们生产的消防栓能够为人们的安全提供保障，所以我们要有责任感，要将生产工作做到一丝不苟，把产品线当作生命线。

结语：希望我们一起努力！

案例 6 财务团队

开场：大家好。

自我介绍：我是王珺，Fiona，很幸运能够认识大家。我从事财务工作已经有 5 年了，先后在 A 公司、C 公司负责集团的财务管理工作。

管理理念：我觉得财务工作是一份非常具有挑战性的工作，每时每刻都要围绕业务运转，每个阶段都需要不断学习新的知识，如税法的调整、补贴的政策等。

团队期望：我希望和大家一起学习，一起推进并完善公司的财务管理制度，健全公司的财务分析体系。

结语：希望我们一起努力，谢谢大家！

案例 7 人事团队

开场：各位同事上午好。

自我介绍：我叫杨一，大家可以叫我一一，《一一》也是我最喜欢的一部电影的名字。我从 2010 年开始从事人力资源工作，从助理到专员再到人事主管，从事了与人力资源相关的各个岗位的工作。初来乍到，还有许多方面需要向大家学习，还请多多指教。

管理理念：我喜欢简单直接的沟通，工作中如果大家有什么疑问，可以随时找我，有任何意见和建议都可以一起讨论。

团队期望：我希望我们人力资源团队像一座座大桥，对外需要大桥，家园内部也需要大桥，我们通达每一个角落，变通无数条路！

结语：让我们一起打造美好的家园吧！

案例 8　供应链团队

开场：各位领导、各位同事好，非常开心加入 MC 公司。

自我介绍：我是李明宇，明天的明，宇宙的宇，之前在 Q 汽车公司负责零部件采购，对于供应商的管理有比较丰富的经验。

管理理念：我比较喜欢看数据，并且习惯通过数据寻找我们供应链中可能出现的问题。我希望我们可以做到每个环节都有监控，能够更顺利地完成交付。

团队期望：希望大家一起努力，确保生产供货正常合理，支持生产目标实现，控制退货和库存，一起完善公司的供应链网络。

结语：谢谢大家！

2.2.4　思考问题

【问题 1】如果你在 A 公司工作了 5 年，做过行政、人事和运营工作，现在被提拔为运营主管，团队的第一次发言你会如何准备呢？

【问题 2】如果你从事客服工作 3 年，其间获得过团队优秀个人，近期从 Y 公司跳槽到 Z 公司担任客服主管，开场白你会怎么准备呢？

【问题 3】公司开拓了一块新业务，任命你为负责人，你要如何准备第一次的亮相呢？

2.3　全面了解自己的团队

"听说你晋升了，恭喜恭喜！在新岗位怎么样？"

> "谢谢，上周才报到，手下的人完全不熟悉，还有点慌。"
> "完全不熟悉啊？"
> "有两位同事之前接触过，多少了解一点，其他的没有交集，不太了解。我找人事部门的同事要了简历。"
> "简历也是有帮助的，能对他们过往的背景比较清楚。"
> "嗯嗯，想尽快跟大家相处起来，每个人是什么样的，擅长什么，有什么忌讳，还是需要多聊聊，了解一下。"
> "加油，祝你顺利！"

假设你是这位新晋升的主管，面对没有头绪的信息，你要如何全面了解自己的团队成员呢？

2.3.1 核心公式

【完整的团队认知】=【员工信息】×【角色组合】×【团队阶段】

【员工信息】认识团队的第一步是认识团队里的人，毕竟所有团队工作都是人与人的工作；而人与人之间的关系，又是建立在信息互通的基础上的。只有对员工了解，沟通合作才能更顺畅。小团队管理相对而言，是离员工最近的管理，所以有更多的机会了解员工信息。

【角色组合】个人信息是相对独立的，每个人都有自己的性格特点。但是将一个人放在团队里面，他就有了相应的角色，整个团队也就变成了角色组合。了解当前团队的角色组合，把小团队的效用放到最大，并且在此基础上进行优化配置，是管理者需要努力的方向。

【团队阶段】除了对团队人员的了解程度会决定管理者的管理方向和管理重点外，团队所处的阶段也会决定管理方向和重点内容。比如接手一个全新的团队与接手一个已经合作了很久的团队，管理者要做的事情是不同的。团队初建期，需要磨合；团队上升期，需要合力。

一、认识团队里的人

认识团队里的人主要包括了解每个人的显性信息和隐性信息。显性信息指的是可以书面写下来的信息；隐性信息则主要通过观察、沟通等方式进行评估，这也可以称为软性信息。

1. 显性信息

（1）基础信息

团队成员的基础信息包括姓名（包括绰号）、生日、星座、生肖、家乡、婚恋状况、兴趣爱好等。

特别说明一下婚恋情况对工作的影响，刚参加工作的年轻人，恋爱的情绪容易带到工作中；而已育的员工，生活重心可能会围绕自己的家庭。

关心员工情况，开导员工的负面情绪，能够让员工更积极地面对生活和工作。

员工基础信息如表 2.3 所示。

表 2.3　员工基础信息

信息	人员		
	A	B	C
绰号	大陆	豪哥	团宠
生日	1988.7.1	1986.1.7	1993.4.13
星座	巨蟹座	摩羯座	白羊座
生肖	龙	虎	鸡
家乡	山东青岛	辽宁抚顺	浙江衢州
毕业院校	上海大学（本科），吉林大学（硕士）	江西财经大学	浙江大学
学历	硕士	本科	本科
专业	物流管理（本科），经济管理（硕士）	经济学	信息管理
婚恋状况	有女朋友，准备结婚	已婚，育有一子（上幼儿园）	单身，刚分手
兴趣爱好	篮球、LOL（网络游戏）、潮牌	足球	汉服、旅游
家庭情况	独生子女，父亲为银行职员，母亲为医生	有一个妹妹，父母退休	独生子女，父母为公务员
健康情况	健康	轻微脂肪肝	海鲜过敏

（2）工作履历

以入职现公司为界限，分为入职前简历上的经历和入职后在本公司的经历。

如果是管理者亲自招聘的员工，那么管理者对员工的工作履历会比较了解，对其入职后的情况也都知悉。但对于因其他情况变为下属的员工，管理者需要找 HR 和该员工的前领导了解相关情况。

管理者可以在员工的工作履历中了解员工的职业成长路径，从中发现其职业的闪光点，并且以此加以引导。员工工作履历如表 2.4 所示。

表 2.4　员工工作履历

信息	阶段			
	入职前		入职后	
公司	A	B	—	—
行业	车后管理	互联网金融	—	—
地点	北京	北京	杭州	杭州
职位	运营专员	运营专员	运营专员	运营经理
时段	2016年6月~2017年6月	2018年8月~2019年9月	2019年9月~2021年3月	2021年3月至今
时长	1年	1年	1.5年	0.5年
工作内容	商家运营	用户运营	用户运营	用户运营
项目经验	（1）商户合作：拓展两家供应商（2）商品库存清理：清理机油库存30万元	（1）用户画像：协助建设用户画像数据看板（2）满意度调查	（1）用户画像：主导建设用户画像数据看板（2）APP首页改版：点击率提升了20%	APP首页改版第二期：进行中
绩效情况	—	—	优秀	—
离职原因	更换行业	更换城市	—	—

（3）专业特长

工作本身是一件强调专业性的事情，岗位说明里也会注明该工作所需要的技能。通用技能如熟练操作 Office 办公软件，财务岗位对于 Excel 的操作技能要求更高，市场营销岗位对 PPT 的操作技能要求更高；专业技能如掌握不同的编程语言，包括 C++、Java、Python 等。新技术的发展，伴随着对更多新技能的要求。

员工的技能树构成了管理者的能力森林。员工专业特长如表 2.5 所示。

表 2.5 员工专业特长

擅长	人员		
	A	B	C
Python	√	√	√
Java		√	
Spark	√		
Hive	√	√	√
Hbase	√		
Flink		√	
ElasticSearch		√	
Tensorflow		√	
PPT	√		

2. 隐性信息

（1）性格特质

我们经常能听到一句话："性格决定命运"。面对不同性格的员工，管理者要采取不同的管理方式，对于内向的要引导交流，对于外向的要控制立场，对于自尊心强的要说话委婉，对于强势输出的要将其放到合适的位置。

性格特质在心理学上有很多分类方法，目前职业评定应用较为广泛的是 MBTI（Myers-Briggs Type Indicator）人格分类法。它从能量来源（E/I）、认知方式（S/N）、决策方式（T/F）和处事方式（J/P）4 个维度各拆分出两个类型，如表 2.6 所示。

表 2.6 MBTI 维度及管理

维度	类型		描述	管理
能量来源（注意力集中在哪里）	类型 1	外向（Extrovert, E）	注意力主要集中在人际交往沟通上，如聊天、讨论等社交型倾向	控制立场，建立红线规范
	类型 2	内向（Introvert, I）	注意力主要集中在独处思考的内部世界，如阅读、学习等思考型倾向	引导交流，避免引起误会
认知方式（如何收集信息）	类型 1	实感（Sensing, S）	凭借视觉、听觉、嗅觉、触觉等获取信息，如监理、审查等细节型倾向	设置方向，避免整体性错误
	类型 2	直觉（Intuition, N）	凭借灵感、预测、想象力获取信息，如写作、绘画等创作型倾向	控制节奏，避免无法落地

续表

维度	类型		描述	管理
决策方式（如何做出决定）	类型1	理性（Thinking, T）	客观、理智、公正地做出决策，如测量、标记等操作型倾向	注重沟通，避免出现冲突
	类型2	感性（Feeling, F）	主观、变通、共情地做出决策，如批评、引导等教育型倾向	强调原则，避免感情用事
处事方式（如何处理外部变化）	类型1	判断（Judgment, J）	按计划、重结果、按部就班，如项目、预算等计划型倾向	适当放松，避免钻牛角尖
	类型2	理解（Perceiving, P）	按变化、重过程、自由宽松，如活动、商务等运营型倾向	阶段复盘，避免精力分散

从每个维度里各取一个倾向，便组合成了性格特质，共有16种组合类型，如表2.7所示。例如，能量来源I+认知方式N+决策方式T+处事方式J，组合成了INTJ型人格。

表2.7 MBTI-16种人格类型

SJ 护卫员		NF 梦想家	
ISTJ 监察	ISFJ 护士	INFJ 顾问	INFP 社工
ESTJ 督导	ESFJ 销售	ENFJ 教师	ENFP 人事
SP 探险家		NT 分析员	
ISTP 匠人	ISFP 作家	INTJ 学者	INTP 律师
ESTP 创客	ESFP 演员	ENTJ 统领	ENTP 辩手

（2）目标动机

要想让员工做好一份工作，就需要清楚员工做好这份工作的动机和目的。例如，阿里巴巴提出"All In 无线"战略，时任COO（首席运营官）的张勇选人用人的标准是，有深厚的潜力或者优秀的特质，希望功成名就、财务自由。之所以有这样的标准，一方面，因为他需要被挖掘的人才能证明自己的能力；另一方面，也是更重要的，他希望被挖掘的人做事情的目的在于成就一项更大的事业。实际上，依照上述标准选出来的人才，也确实帮助阿里巴巴实现了移动互联网的战略转型。

对于员工，管理者可以尝试挖掘其工作的目标和动机。简单的工作动机分类如表2.8所示。

表 2.8 工作动机分类

项目	工作的动机			
	无动机	外在动机-惩罚性	外在动机-奖励性	内在动机
工作的原因	毫无兴趣和意愿	有惩罚,不做不行	有奖励,做了有好处	热爱本职工作,以实现自我价值
工作的行为	工作无目的,没有动力,行为懒散	工作以服从安排为主,极少提出自己的想法,积极性不高	工作以目标为导向,根据奖励评价标准做事,积极性较强	工作以热爱为动力,就想把事情做好,积极性强
工作动机评级	差	一般	较好	好

(3) 工作态度

与目标动机对应的,是员工的工作态度。态度是一种动机的自我调节,即当员工有了不同的目标和动机,会自然而然地产生不同的工作态度。

整体而言,工作态度(见表2.9)包括工作纪律性、责任心、认真度和主动性等。好的工作态度往往能弥补工作能力方面的不足。观察和了解员工的工作态度,利用态度积极的员工影响态度消极的员工,有助于团队整体工作效率的提升。

成功的阶梯是从"我不想做"到"我不能做",再到"我该怎么做",最后实现"我做到了",这就是工作态度转变对工作结果的影响。

表 2.9 工作态度分类

工作态度	评价			
	差	一般	较好	好
工作纪律性	总是不服从管理或者不遵守规章制度	偶尔不服从管理或者不遵守规章制度	忠于职守,遵纪守法,服从管理	在服从和遵守制度的基础上,提出有效建议
工作责任心	缺乏责任心,工作总是推诿	有一定的责任心,偶尔会有工作情绪	责任心强,分内工作勇于承担	拥有主人翁意识,对任何事情都有很强的责任心
工作认真度	工作不认真,总是出错	工作较认真,偶尔会出错	工作认真细致,保质保量完成	在工作认真的基础上,能够总结经验,培养他人
工作积极性	缺乏积极性,需要反复催促	有一定的积极性,偶尔需要催促	对待分内工作,积极处理,按时完成	对待任何工作都能积极地按时完成,甚至能提前完成

续表

工作态度	评价			
	差	一般	较好	好
工作主动性	缺乏主动性，害怕困难	有一定的主动性，偶尔能够尝试解决困难的任务	对待分内工作，勇于面对，主动解决	主动挑战困难任务，并且能取得成效
团队协作精神	团队意识差，不能合作	有一定的团队意识，能够配合工作	团队意识强，开放主动地进行协作	团队意识强，有强烈的集体荣誉感，能引导团队协作

（4）价值观

价值观是一个企业或者个人所信奉的基本信念，是企业判断是非价值的标准。大家熟知的华为、阿里巴巴等公司，都把价值观作为晋升的重要考核项目。

对于小团队管理而言，团队成员是否形成与团队、公司相同的价值观，对于团队凝聚力和发展方向都有较大的影响。与团队价值观背离的员工，管理者要重视并及时处理。常见的企业价值观如表2.10所示，仅供参考。

表2.10 常见的企业价值观

诚信	创新	激情	沟通	共赢	感恩
爱国	科学	自由	平等	共享	宽容
友善	求真	简单	廉洁	合作	理解
文明	成长	热爱	务实	高效	踏实
和谐	专注	责任	自律	开放	奉献
敬业	开拓	奋斗	健康	创造	价值

人是变化的，认识团队里的人也是一个动态的过程。作为小团队的管理者，要用变化的心理看待员工，应该做到主动沟通、定时更新员工信息，多听、多问、多观察。有时做一些有趣的心理测试，既能增强与员工的互动，也可以增加对员工的了解。

二、认识团队角色组合

团队角色理论之父R.梅雷迪思·贝尔宾，在著作《管理团队：成败启示录》

中提到，贝尔宾将团队中的角色分成三个大类九种角色，三个大类分别是行动型、社交型和思考型。

行动型角色以事为核心，执行落地，甚至雷厉风行，具体包括鞭笞者、执行者和完成者；社交型角色则更关注情绪需求，以人为核心，沟通协调，是组织的纽带和润滑剂，具体包括协调者、凝聚者和外交家；思考型角色以势为核心，往往更专注、理智，在方向判断上不易出差错，具体包括智多星、专业师和审议员。具体的角色描述如表 2.11 所示。

表 2.11 贝尔宾的团队角色

角色类型	团队角色	角色特征
行动型	鞭笞者（Shaper, SH）	团队里的烈马，充满干劲、活力，有极强的内在动力，勇于迎接挑战，但也容易引起冲突，不善于处理人际关系
	执行者（Implementer, IMP）	团队里的忠犬，服从安排，考虑执行，办事可靠，有较强的组织性和纪律性，但也不易变通，做事时缺少灵活性
	完成者（Completer Finisher, CF）	团队里的黄牛，默默做事，勤勤恳恳，注重细节，但比较内向，不喜欢别人介入自己的工作，容易焦虑
社交型	协调者（Co-ordinator, CO）	团队里的控场大师，能够集中团队的注意力，有较强的组织能力，促使团队人员围绕共同目标努力，但有时不能单独解决问题
	凝聚者（Teamworker, TW）	团队里的情感纽带，性格温和，善于倾听，有较强的共情能力，能够平息团队里的冲突，但有时心思过于细腻，做事优柔寡断
	外交家（Resource Investigator, RI）	团队里的社交达人，热情健谈，交际广泛，有较强的拓展能力，能够帮助团队获取外部信息和资源，但有时会三分钟热度，缺少持久动力
思考型	智多星（Plant, PL）	团队里的大脑，才华横溢，创意十足，想象力丰富，能够为团队引入新的思路和方案，但有时会忽略落地的可能性，容易骄傲自负
	专业师（Specialist, SP）	团队里的专家，专业知识丰富，专业能力强，在专业领域深耕，比其他人更专注，更能沉淀，但对于非擅长的领域可能一无所知
	审议员（Monitor Evaluator, ME）	团队里的参谋，三思而后行，理性客观，考虑周全，分析能力强，能够做出正确的决策，但有时不善于交际，难以融入团队

对于一个团队，绝大多数情况不可能只有一种团队角色。如果都是烈马，一味激情，则容易引起冲突；若都是社交达人，则容易缺少专心做事的员工，只浮于表面；如果都是专家，则容易陷入专业陷阱，脱离实际工作情况。总之，在结构合理的团队里，应该尽可能地包括这九种角色，这九种团队角色在团队中互为补充但同样重要。

小团队管理中，并不能完整独立地拥有九种角色，往往是一个成员身兼数角，比如既是团队的大脑，又要承担冲锋的责任。管理者需要基于对员工的了解，发挥其擅长的团队角色。如果有的成员擅长社交，但一直让其研究方案；或者有伙伴只擅长落地执行，却硬要他来做决策，这样都很有可能适得其反。

团队角色理论能够帮助管理者认识团队成员和成员在组织中的角色定位。将员工的潜力与绩效组合，可以形成团队的人才九宫格（见表2.12）。借助人才九宫格，管理者可以更好地了解人员管理方向，如对于高绩效、高潜力的"明星"员工，需要重点激励，形成榜样；对于低绩效、高潜力的员工，要及时了解情况，帮助其调整工作重点和方向，避免其长期处于低绩效状态。

表2.12 团队人才九宫格

潜力	绩效		
	低绩效	中绩效	高绩效
高潜力	待激活：调整方向	潜力"明星"：给予挑战	"明星"成员：重点激励
中潜力	有差距：绩效改进	中坚力量：持续关注	优秀员工：给予机会
低潜力	待优化：转岗优化	底线要求：加强培训	熟练老手：帮助规划

人才九宫格是动态存在的，当管理者将团队角色代入人才九宫格的时候，能够发现一些更有趣的信息，如表2.13所示。该团队的"明星"成员是智多星，优秀员工是专业师和凝聚者，潜力"明星"是审议员，几乎高绩效的员工都是思考型员工。协调者和外交家的绩效相对较低，而同样是社交型员工的凝聚者却是优秀员工之一。实际上，这是一个开发团队，整体方向都围绕"专业主义"，凝聚者在冲突上起到了比较好的润滑作用。

表2.13 团队角色代入人才九宫格样例

潜力	绩效		
	低绩效	中绩效	高绩效
高潜力	待激活：协调者	"潜力"明星：审议员	"明星"成员：智多星
中潜力	有差距：外交家	中坚力量：执行者、鞭笞者	优秀员工：专业师、凝聚者
低潜力	待优化：无	底线要求：无	熟练老手：完成者

三、认识团队发展阶段

认识团队发展阶段之前，管理者首先需要掌握团队的基础信息，加深对团队整体的认识和理解，包括但不限于团队的成立背景、成立时间、目标、人员配置等。

由于个人的变动、组织的变动等，每一个团队都会存在建立、磨合、发展和解散等阶段。针对不同的团队发展阶段（见表2.14），管理者需要调整自己的管理重点。

表2.14 团队发展阶段

内容	阶段			
	建立阶段	磨合阶段	发展阶段	解散阶段
特点	各自独立，难有产出，合作基于领导	开始配合，能做任务，合作基于规则	配合顺畅，能拿出结果，合作基于信任	配合完结，再次合作基于关系
重点	互相认识，破冰团建	制定规则，协调问题	结果优先，团队突破	好聚好散，关系维护
基础	成立背景、成立时间、目标、人员配置			

5个破冰团队小游戏

（1）自我介绍

每个人依次做自我介绍，比如姓名（包括绰号）、生日、星座、生肖、家乡、婚恋状况等。后一个人在介绍自己之前，要先复述前面所有人的自我介绍，比如第二个人复述第一个人的介绍，第三个人复述第一个和第二个人的介绍，以此类推。

（2）我的光辉史

每个人依次介绍一件只有自己做过、别人没有做过的事情，比如我从来没有烫过头。如果这个事情没有其他人做过，则记录为他的光辉史；如果这个事情也有其他人做过，则叙述者需要接受惩罚。

（3）真真假假

每个人依次介绍两件关于自己的事情，其中一件为真，一件为假。比如我喜欢游戏，并且我喜欢旅游；旅游是假，游戏是真。其他人猜测真假并进行投票，最后请分享的小伙伴揭晓答案，并可以详细介绍一下事情的经过。

（4）数字人生

每个人依次写下某个数字，这个数字必须是对自己影响巨大的数字，比如生日、纪念日等。其他人一起猜测这个数字代表的含义并展开讨论，最后请分享的小伙伴揭晓答案，并可以详细介绍一下数字的由来。

（5）模拟大亨

假设每个人有86400元，需要在一天时间内花掉，不能用于投资，只能用于消费。大家各自思考1分钟，并依次分享自己的方案，最后可以总结一下，比如86400秒构成了1天，1天内消费的86400也是大家的时间注意力分配，需要珍惜当下等。

2.3.2 案例场景

小团队管理者的3张表如下。

（1）团队汇总信息表，如表2.15所示。

（2）员工汇总信息表，如表2.16所示。

（3）员工个人信息表，如表2.17所示。

表2.15 团队汇总信息表

潜力	绩效		
	低绩效	中绩效	高绩效
高潜力	待激活：无	潜力"明星"（1人）：郑益华（审议员，*新入职员工）	"明星"成员（1人）：吴进（智多星+外交家）
中潜力	有差距：无	中坚力量（2人）：张富于（执行者），楼谦（鞭笞者，*新入职员工）	优秀员工（1人）：周彩霞（专业师）
低潜力	待优化（1人）：王磊（完成者，*绩效需要改进）	底线要求（1人）：赵一航（协调者）	熟练老手（1人）：汤倩（凝聚者）

续表

潜力	绩效		
	低绩效	中绩效	高绩效

背景：公司为了数据化运营成立了数据分析小组

成立时间：3年

部门目标：通过数据驱动业务增长

工作内容：制作数据报表，进行业务分析

团队阶段：由磨合阶段向发展阶段过渡，缺少工作指南，团队中2人为新人

人员配置：8位员工+1位管理者

表2.16 员工汇总信息表

员工	团队角色	团队位置	专业特长	工作分配	其他情况
吴进	智多星+外交家	"明星"成员	大数据处理	负责用户运营部门需求	—
周彩霞	专业师	优秀员工	PPT制作	负责市场部门需求	—
汤倩	凝聚者	熟练老手	—	负责供应链部门需求	2年薪资未调整
郑益华	审议员	潜力"明星"	规划制定	负责类目运营部门需求	新人，入职1个月
张富于	执行者	中坚力量	—	负责类目运营部门需求	—
楼谦	鞭笞者	中坚力量	—	负责财务部门需求	新人，入职2个月
赵一航	协调者	底线要求	项目管理	负责公司专项项目需求	—
王磊	完成者	待优化	—	负责公司专项项目需求	绩效改进

表 2.17 员工个人信息表

基础信息	教育信息	职业信息
姓名：吴进 绰号：金鸽 出生日期：1989.6.2 星座：双子座 生肖：蛇 家乡：江苏扬州 性别：男 民族：汉 婚恋状况：恋爱中，对象为公司同事 家庭情况：独生子女 兴趣爱好：咖啡、足球（皇马球迷）	最高学历：本科 毕业学校：南京理工大学 专业：统计学 英语：六级	职业性格：ESTP 创客 工作动机：热爱数据分析 工作态度：积极主动，偶尔缺少纪律性 工作价值观：创新驱动，数据驱动 其他信息：有创业倾向

工作履历	入职前			入职后
公司	携程	同程	滴滴	—
行业	旅游	旅游	出行	—
地点	上海	苏州	杭州	杭州
职位	数据专员	数据经理	数据经理	资深数据经理
时段	2014年7月至2017年8月	2017年8月至2018年7月	2018年8月至2020年9月	2020年9月至今
时长	3年	1年	2年	1年
工作内容	数据分析，报表开发	数据分析，报表开发	数据分析	数据分析
项目经验	（1）酒店推荐项目 （2）首页优化项目	—	（1）积分兑换项目 （2）区域用户分层 （3）价格测试	用户体验旅程
绩效情况	年度优秀员工	—	—	优秀
离职原因	工作3年，想更换环境	一直做旅游，想更换行业	公司业务调整	—

第 3 章

目标，如何保障目标一致

目标，小团队管理绕不开的话题，并且是第一个要确定的重点事项。公司和上级对整个小团队有什么期望？小团队管理者对自己的团队及成员有什么预期？员工自己想要在公司实现什么理想？

只有在准确回答上述问题的基础上，将公司、团队及个人的目标统一，使大家对于目标的理解不产生歧义，才能更好地凝聚团队的生产力，将共同目标落地。

目标管理是小团队管理的战略性事项，对于小团队管理的其他内容起着方向性指导作用。因此，本章将重点讨论小团队管理目标的相关知识和实操案例。

本章涉及的主要知识点

◇制定团队绩效目标：团队绩效目标的设置方法和实例。

◇向上汇报团队成果：汇报目的、对象、内容和时机。

◇团队目标没有完成怎么办：应对目标未达成时的方法和实例。

3.1 制定团队绩效目标

哈佛大学关于目标对人生的影响进行了25年的研究，13%目标清晰的研究对象都获得了不同程度上的成功，其中，目标长远的人获得了更大的成功。而27%没有目标的研究对象和60%目标模糊的研究对象，都处于社会的中下层，生活并不如意。

个人需要目标，团队也是如此。团队绩效目标是团队及员工努力的方向，正是因为存在共同的目标，团队成员才会聚到一起。

那么，作为小团队管理者，要如何制定团队绩效目标呢？

3.1.1 核心公式

【制定团队绩效目标】=【清晰的目标】×【实现的计划】×【承诺对齐】×【奖惩机制】

【清晰的目标】这是绩效考核的前提，团队绩效目标宜精不宜多，原则上团队或者个人绩效目标不应该超过 10 个，其中核心目标应该限定在 3 个以内。核心目标是指某一团队或者某一阶段最为突出、最为重点的目标，其他目标都是围绕核心目标展开的关联目标。比如销售团队主要做的事情是把公司的产品或者服务售出并且推动回款，因此销售额和回款率是核心目标，其他如客户拜访、客户续约、客服满意、新增签约等都是围绕销售额和回款率产生的关联目标。

【实现的计划】团队绩效目标如果只是清晰的目标，却没有对应的实现计划，那就只是太阳地里望星星——白日做梦。对目标进行拆解，并且将其转化为行动方案，是制定团队绩效目标的重要环节。比如销售团队年度的目标是销售额 100 万元，具体到每个月每个人是多少，具体到每个产品每个市场要怎么实现，都要在目标设置阶段思考清楚。

【承诺对齐】团队制定的目标要跟公司发展方向、上级主管的期许一致，不是闭门造车，而是贴近集体战略；而且目标要下达每个员工，需要每个员工清楚自己的目标，且目标的方向要跟团队目标一致。如果有目标、有计划，但是没有沟通到位，承诺目标与实际目标有较大差异，那么最终的结果将谬以千里。

【奖惩机制】无规矩不成方圆；没有奖惩，目标计划空悬。真正影响目标达成的，不只是计划和沟通，还有相应的奖惩机制。如果做得好和做得不好没有差别，那为什么要多付出？所以，在制定团队绩效目标的时候，一定要确定好奖惩的内容和标准。

一、清晰的目标：SMART 原则

制定团队绩效目标应该遵循 SMART 原则，即 S（Specific，具体的）、M（Measurable，可量化）、A（Attainable，可实现）、R（Relevant，目标相关）、T（Time-bound，时间限定）。

1. 具体的

目标设定应该是具体、明确、特定的，而不是笼统、模棱两可、言无所指的。例如，客服团队提出的目标是"提升用户服务体验"，那么什么是用户服务体验呢？范围太广，需要具体，比如减少用户呼叫等待时长，加速解决用户问题，提升用户留存情况等。

2. 可量化

目标设定应该可以用数据指标衡量或者用行为明确，而不是想象的。此外，这种数据和行为是可以客观获取的，不是捏造的。

比如客服团队提出了"提升用户服务体验，做到减少用户呼叫等待时间，加速解决用户问题，提升用户留存情况"，就要对这些目标分别做量化处理，比如用户呼叫等待时长可以用呼入时间与客服应答时间的间隔来统计；用户问题的解决情况可以用解决问题数量与提出问题数量的比值来考核。

3. 可实现

目标设定必须在团队及员工努力之后可以实现，不能设定得过高，否则会打击员工的信心；也不能设定得过低，否则员工缺少奋斗欲望。

比如客服团队只有 10 个人，但每天有上千条的电话呼入，这种情况下提出"将用户呼叫等待时长控制在 1 秒钟内"或者"将用户呼叫等待时长控制在 1 小时内"，显然都是不符合实际情况的。

4. 目标相关

目标设定需要与本职工作相关，单个工作目标要与其他工作目标相关，个人工作目标要与团队工作目标相关。

比如客服运营设定目标为年度个人旅游 5 次。虽然足够具体、可量化，并且很大概率可以实现，但是与其客服工作并无关联，因此不能纳入其目标设定中。

5. 时间限定

目标设定要有一定的时效性，要有明确的时间要求。目标通常会以年度、季度或者月度的方式来做设定，每个时间期限都是目标对应的最后时间节点。

比如客服运营计划将用户呼叫等待时长控制在 10 分钟之内，是这个月实现，还是今年实现，一定要明确，否则就相当于没有目标。

根据 SMART 原则制定好的团队绩效目标，数量控制在 5~8 个为宜，一般不超过 10 个，其中核心目标的数量不超过 3 个。

各个目标指标确立后,还应合理分配目标权重。通常核心目标的合计权重不低于整体的70%。为了方便统计,单条考核目标的权重一般是5%的倍数,且不超过50%。

团队绩效目标过多,容易造成精力分散;绩效目标过少或者单个考核目标权重过高,则容易忽略全局。

二、实现的计划:拆解到任务

对于设置好的团队绩效目标,要有了然于胸的落地方案,并且要拆解到具体的任务中,否则目标就只是团队的自我安慰。目标类型不同,拆解方法也存在差异,常见的目标主要有以下三类。

1. 堆积型目标

堆积型目标主要指目标是由同一个指标下更细颗粒度的子目标组合而成的,比较典型的是销售额。假设目标销售额是1000万元,那么它既可以按照人员拆分,如甲500万元、乙300万元、丙200万元;也可以按照区域拆分,如上海500万元、江苏250万元、浙江250万元,还存在按照时间、产品、渠道、客户人群等划分标准。

面对堆积型目标的拆解,要做的就是尽可能细致地拆解核心关联的维度,具体到人、区域、产品等,并据此形成任务。

2. 线性型目标

线性型目标主要指目标是由不同指标的子目标组合而成的,子目标相互影响,但各自是独立的堆积型目标。

比较典型的是用户留存指标,以用户次月留存率为例。当月访问且次月再次访问的用户数作为分子,当月访问用户数作为分母,如果目标是用户次月留存率从20%提升至30%,那么将很难把提升的10%分别拆解给具体的人,如甲4%、乙3%、丙3%。

这个时候目标到任务的拆解需要变成影响因素的拆解。管理者需要思考什么事项影响了用户留存率,比如体验路径的优化、客户激励的提升、营销的热度维持等,并据此形成任务。

3. 行为型目标

行为型目标主要指目标相对独立,无法进行维度和细颗粒度的拆解,只能通过行为体现,比如"为提升员工写代码的能力,开展2次内部技术分享会"。

这一类行为型目标，主要是按照行为本身的要求，拆解相应的完成步骤和时间。比如开展技术分享会，包含分享选题、内容整理、会议准备、会议召开、会议总结等主要任务环节，具体的任务时间为8月15日选定主题，8月30日完成内容，最终分享定在9月5日。

三、承诺对齐：召开一场头脑风暴会

承诺对齐的核心是沟通，这种沟通一定要面对面、点对点，反复确认互相允诺的和对方理解的是否一致。好的团队绩效目标是团队与公司、个人与团队都认可的目标。

关于目标探索，这里提供一个关于头脑风暴会的建议，尤其适用于创作型或者思考型的团队。

（1）会议准备

会议前一周告知团队成员会议主题，让大家有时间思考。

（2）会议开场

提出会议议程，总结上一阶段的目标和达成情况，以及本阶段公司的要求，时间为10~15分钟。

（3）思路聚焦

针对本阶段的目标要求进行答疑，时间为5~10分钟。

（4）个人阐述

每位成员分享各自的目标想法，每项内容填写在便利贴（可以是电脑便利贴）上，时间为每人10分钟。

（5）集体讨论

针对每位成员的目标想法进行提问和讨论，时间为每人10分钟。

（6）目标归总

汇总所有成员的目标便利贴，将相似的想法进行归并，时间为10~15分钟。

（7）目标归票

对归并的想法进行投票，可每项集体投票，也可以每个人匿名投票，选出得票数较高的1~3个想法，此环节用时10~15分钟。

（8）目标决议

根据投票结果，进行目标决议，并再次展开讨论，用时 20 分钟。

（9）会议复盘

发出会议纪要，并尽可能逐一确认成员对目标的理解情况。

四、奖惩机制：可灵活，必遵守

奖惩机制有以下两种类型。

一种是公司本身规章制度里的，比如绩效奖励、职级晋升、提高薪水。在制定目标的时候要有对应的奖惩结果，达成的要奖励，未达成的要引以为戒。

另一种是小团队内部灵活约定的，比如达成某个小目标，管理者请大家喝奶茶；拿下某个项目，管理者组织 Happy Hour（欢乐时光）。

无论是哪种类型的奖惩机制，管理者一定要遵守并执行，不失信于团队和员工。

3.1.2 案例场景

进入具体的目标案例场景前，我们简要地回顾一下 SMART 原则。目标设定需要遵循具体的、可量化、可实现、目标相关，以及时间限定原则。

案例 1 销售团队

销售团队绩效目标的核心是销售完成额和回款完成率，关联目标的设定可以围绕这两个目标展开，参考案例如表 3.1 所示。

表 3.1 销售团队绩效目标设定

目标模块	目标内容	目标口径	目标值	评分标准	评分权重
核心目标	销售完成额	实际签单销售额	100 万元	1）= 目标值，得 100 分 2）比目标值每提高 5%，加 5 分，最高 120 分 3）比目标值每降低 5%，减 5 分	40%
	回款完成率	实际回款额 ÷（期初＋当期）到期应收款 × 100%	80%	1）= 目标值，得 100 分 2）比目标值每提高 5%，加 5 分，最高 120 分 3）比目标值每降低 5%，减 5 分	20%

续表

目标模块	目标内容	目标口径	目标值	评分标准	评分权重
关联目标	新增客户数	新增签单的客户数量	2	1）≥2家，得100分 2）1家，得80分 3）0家，不得分	10%
关联目标	拜访客户数	拜访的客户数量	10	1）≥10家，得100分 2）8~9家，得80分 3）5~7家，得60分 4）<5家，不得分	10%
关联目标	客户续约率	续约客户数÷当月到期用户数×100%	60%	1）≥60%，得100分 2）40%~60%，得80分 3）<40%，不得分	10%
关联目标	客户呆账率	呆账额÷应付金额×100%	3%	1）≤3%，得100分 2）3%~5%，得80分 3）>5%，不得分	5%
关联目标	客户满意度	5星满意的客户数÷服务用户总数×100%	80%	1）≥80%，得100分 2）70%~80%，得80分 3）60%~70%，得60分 4）<60%，不得分	5%

目标模块	目标内容	实现路径	工作任务	责任人
核心目标	销售完成额	按区域完成	A区40万元	李雷
核心目标	销售完成额	按区域完成	B区30万元	王长信
核心目标	销售完成额	按区域完成	C区20万元	关婷婷
核心目标	回款完成率	回款提醒	每月5日催款	所有人
核心目标	回款完成率	客户拜访	每月10日前完成重点拜访	所有人
关联目标	新增客户数	按区域完成	A区3家	李雷
关联目标	新增客户数	按区域完成	B区2家	王长信
关联目标	拜访客户数	按区域完成	A区5家	李雷
关联目标	拜访客户数	按区域完成	B区3家	王长信
关联目标	拜访客户数	按区域完成	C区2家	关婷婷
关联目标	客户续约率	续约提醒	到期前30日完成	所有人
关联目标	客户续约率	客户拜访	每月10日前完成重点拜访	所有人
关联目标	客户呆账率	客户拜访	每月10日前完成重点拜访	所有人
关联目标	客户满意度	满意度调查	满意度调查	关婷婷
关联目标	客户满意度	满意度改进	满意度改进	关婷婷

案例 2 市场团队

市场团队绩效目标的核心在于市场和用户,部分市场部对费用控制有较为严格的要求,视情况可以调整不同目标值的评分权重,参考案例如表 3.2 所示。

表 3.2 市场团队绩效目标设定

目标模块	目标内容	目标口径	目标值	评分标准	评分权重
核心目标	市场占有率	公司产品销量 ÷ 市场同款产品销量 ×100%	30%	1)≥30%,得100分 2)25%~30%,得80分 3)20%~25%,得60分 4)<20%,不得分	30%
	新增用户量	新购买用户数	10000	1)≥10000人,得100分 2)8000~9999人,得80分 3)6000~7999人,得60分 4)<6000人,不得分	20%
	费用控制率	实际推广费用 ÷ 计划推广费用 ×100%	100%	1)= 目标值,得100分 2)比目标值每降低5%,加5分,最高120分 3)比目标值每提高5%,减5分	20%
关联目标	策划方案成功率	成功方案数 ÷ 提交方案数 ×100%	80%	1)≥80%,得100分 2)70%~80%,得80分 3)60%~70%,得60分 4)<60%,不得分	10%
	品牌知名度	知晓品牌人数 ÷ 目标人群人数 ×100%(第三方调研)	40%	1)≥40%,得100分 2)30%~40%,得80分 3)20%~30%,得60分 4)<20%,不得分	10%
	公众号发文平均阅读次数	公众号发文平均阅读次数	2000	1)≥2000人次,得100分 2)1600~1999人次,得80分 3)1400~1599人次,得60分 4)<1400人次,不得分	10%

续表

目标模块	目标内容	实现路径	工作任务	责任人
核心目标	市场占有率	按区域完成	A区50%占有率，3万件	刘宇
			B区30%占有率，2万件	吴天泽
			C区20%占有率，1万件	刘婷
	新增用户量	按区域完成	A区2000	刘宇
			B区3000	吴天泽
			C区5000	刘婷
	费用控制率	按项目完成	X项目100%	刘宇
			Y项目100%	吴天泽
关联目标	策划方案成功率	按人员完成	每人80%成功率	所有人
	品牌知名度	传统媒体运营	完成3月份地铁广告投放项目	李毅
		新媒体运营	完成公众号日常运维，日推1篇	韩莹莹
		用户研究	每月10日前完成用户研究报告	刘婷
	公众号发文平均阅读次数	内容分析	每篇文章进行总结分析	韩莹莹
		新媒体学习	完成新媒体学习课程	韩莹莹

案例 3　运营团队

运营团队绩效目标的设定围绕运营场景展开，如电商运营、用户运营、活动运营、产品运营等。表3.3所示为某电商运营团队的目标设定情况。

表3.3　运营团队绩效目标设定

目标模块	目标内容	目标口径	目标值	评分标准	评分权重
核心目标	营收收入	支付金额－退款金额	1000万元	1) =目标值，得100分 2) 比目标值每提高5%，加5分，最高120分 3) 比目标值每降低5%，减5分	40%
	毛利率	毛利额÷营业收入×100%	5%	1) ≥5%，得100分 2) 4%~5%，得80分 3) 3%~4%，得60分 4) <3%，不得分	20%

续表

目标模块	目标内容	目标口径	目标值	评分标准	评分权重
关联目标	平台DAU（日活跃用户数量）	平台日均DAU	100万	1）≥100万，得100分 2）90万~100万，得80分 3）80万~90万，得60分 4）<80万，不得分	10%
	UV（用户获取）转化率	支付用户数÷详情页访问UV×100%	3%	1）≥3%，得100分 2）2.5%~3%，得80分 3）2%~2.5%，得60分 4）<2%，不得分	10%
	客单价	支付金额÷支付用户数	15元	1）≥15元，得100分 2）12~15元，得80分 3）10~12元，得60分 4）10元以下，不得分	5%
	用户留存率	次月再次支付用户数÷本月支付用户数×100%	30%	1）≥30%，得100分 2）25%~30%，得80分 3）20%~25%，得60分 4）<20%，不得分	15%

目标模块	目标内容	实现路径	工作任务	责任人
核心目标	营收收入	按类目完成	A类目500万元	郑秀丽
			B类目300万元	张楠
			C类目200万元	林琳
	毛利率	按类目完成	A类目5.0%	郑秀丽
			B类目4.9%	张楠
			C类目5.2%	林琳
关联目标	平台DAU	按用户类型完成	老UV 70万	王志文
			新UV 30万	黄灿
	UV转化率	按类目完成	A类目3.2%	郑秀丽
			B类目3.0%	张楠
			C类目2.8%	林琳
	客单价	按类目完成	A类目15元	郑秀丽
			B类目15元	张楠
			C类目20元	林琳
	用户留存率	按用户类型完成	老用户40%	王志文
			新用户30%	黄灿

案例 4　研发团队

研发团队绩效目标的设定需要尽量贴合业务，而不是单一地追求技术。技术的演进最终是为了业务价值，这种价值体现在业务增长、成本降低、效率提升等方面。表3.4列举了某传统行业研发团队的绩效目标设定标准。

表3.4　研发团队绩效目标设定

目标模块	目标内容	目标口径	目标值	评分标准	评分权重
核心目标	研发计划完成率	研发完成项目数÷计划研发项目数×100%	100%	1）=100%，得100分 2）90%~100%，得80分 3）80%~90%，得60分 4）<80%，不得分	30%
	创新成果转化金额	创新成果节约的费用+创新成果增加的营收	100万	1）≥100万元，得100分 2）50万~100万元，得80分 3）20万~50万元，得60分 4）<20万元，不得分	20%
	费用控制率	实际研发费用÷计划研发费用×100%	100%	1）=目标值，得100分 2）比目标值每降低5%，加5分，最高120分 3）比目标值每提高5%，减5分	20%
关联目标	平均研发时间	项目研发时长÷研发项目数	20	1）≤20天，得100分 2）21~22天，得80分 3）23~25天，得60分 4）>25天，不得分	10%
	新增专利数	获得国家发明专利数量	3	1）≥3，得100分 2）2，得80分 3）1，得60分 4）0，不得分	10%
	A类故障数	A类故障数	0	1）0，得100分 2）1，得80分 3）2，得60分 4）>2，不得分	10%

续表

目标模块	目标内容	实现路径	工作任务	责任人
核心目标	研发计划完成率	按项目完成	A 项目（一类项目）	李洋
			B 项目（一类项目）	王勇
			C 项目（二类项目）	朱云杰
			D 项目（二类项目）	王磊
	创新成果转化金额	按项目完成	A 项目（一类项目）40 万元	李洋
			B 项目（一类项目）20 万元	王勇
			C 项目（二类项目）30 万元	朱云杰
			D 项目（二类项目）10 万元	王磊
	费用控制率	按项目完成	每个项目 100%	所有人
关联目标	平均研发时间	按项目完成	A 项目（一类项目）25 天	李洋
			B 项目（一类项目）22 天	王勇
			C 项目（二类项目）20 天	朱云杰
			D 项目（二类项目）20 天	王磊
	新增专利数	按专利完成	专利 1	李洋
			专利 2	王勇
			专利 3	朱云杰
	A 类故障数	架构优化	完成架构优化	王勇
		技术培训	组织技术培训 2 次	王勇

案例 5　生产团队

生产团队绩效目标的核心是保质保量完成生产任务，体现在具体的目标上就是生产完成量和产品合格率，其他目标都是围绕这两个核心目标展开的，参考案例如表 3.5 所示。

表 3.5　生产团队绩效目标设定

目标模块	目标内容	目标口径	目标值	评分标准	评分权重
核心目标	生产完成量	实际生产量	10 万	1）= 目标值，得 100 分 2）比目标值每提高 5%，加 5 分，最高 120 分 3）比目标值每降低 5%，减 5 分	35%

续表

目标模块	目标内容	目标口径	目标值	评分标准	评分权重
核心目标	产品合格率	合格生产量÷审计生产量×100%	96%	1）=目标值，得100分 2）比目标值每提高1%，加5分，最高120分 3）比目标值每降低1%，减5分	25%
关联目标	排产率	排产生产量÷可用生产量×100%	90%	1）≥90%，得100分 2）80%~90%，得80分 3）70%~80%，得60分 4）<70%，不得分	15%
关联目标	退货率	退货数量÷出厂数量×100%	1.2%	1）≤1.2%，得100分 2）1.2%~1.4%，得80分 3）1.4%~1.6%，得60分 4）>1.6%，不得分	10%
关联目标	安全生产率	安全生产天数÷生产天数×100%	99.5%	1）≥99.5%，得100分 2）99%~99.5%，得80分 3）98.5%~99%，得60分 4）<98.5%，不得分	10%
关联目标	生产流程优化	优化时长÷原生产时长×100%	2%	1）=目标值，得100分 2）比目标值每提高1%，加5分，最高120分 3）比目标值每降低1%，减5分	5%

目标模块	目标内容	实现路径	工作任务	责任人
核心目标	生产完成量	按排班生产	制定排班	李林
核心目标	生产完成量	按排班生产	完成生产	每个人
核心目标	产品合格率	产品抽检	产品抽检	刘秀丽
核心目标	产品合格率	生产培训	完成1次生产培训	李林
关联目标	排产率	排产	制定排产	李林
关联目标	退货率	退货问题分析	退货问题分析	李秀丽
关联目标	安全生产率	安全培训	完成1次安全培训	李林
关联目标	生产流程优化	按流程节点	制样环节优化时长1%	王秀林
关联目标	生产流程优化	按流程节点	喷涂环节优化时长2%	刘伟康
关联目标	生产流程优化	按流程节点	定型环节优化时长2%	杜星月

案例 6　财务团队

财务团队绩效目标的设定围绕本团队的实际任务展开。不同公司的财务存在不同的职能,有些只有单纯的会计职能,有些会有财务报表和分析的职能。表3.6所示为某中型企业财务团队绩效目标的设定标准。

表3.6　财务团队绩效目标设定

目标模块	目标内容	目标口径	目标值	评分标准	评分权重
核心目标	财务报表准确性	财务报表错误数	无错误	1) 无错误, 得100分 2) 1~2个错误, 得80分 3) 3个错误, 得60分 4) 错误数>3, 不得分	30%
	财务报表及时性	财务报表每月15日前提交,具体延迟时间	无延迟	1) 无延迟, 得100分 2) 延迟1天, 得80分 3) 延迟2天, 得60分 4) 延迟>2天, 不得分	20%
	结算及时性	结算延迟时间	无延迟	1) 无延迟, 得100分 2) 延迟1天, 得80分 3) 延迟2天, 得60分 4) 延迟>2天, 不得分	20%
关联目标	日常账务处理准确性	日常账务处理错误数	无错误	1) 无错误, 得100分 2) 1~2个错误, 得80分 3) 3个错误, 得60分 4) 错误数>3, 不得分	10%
	财务分析数量	财务分析数量	4	1) ≥4, 得100分 2) 3, 得80分 3) 2, 得60分 4) ≤1, 不得分	10%
	业务满意度	接受调研的部门对财务部满意度评分的算术平均值	95%	1) ≥95%, 得100分 2) 90%~95%, 得80分 3) 85%~90%, 得60分 4) <85%, 不得分	5%
	财务合规性	财务合规	合规	1) 合规, 得100分 2) 不合规, 不得分	5%

续表

目标模块	目标内容	实现路径	工作任务	责任人
核心目标	财务报表准确性	按业务完成	每类业务无错误	所有人
	财务报表及时性	按业务完成	每类业务无延迟	所有人
	结算及时性	按客户完成	A类客户每月5日	李婷
			B类客户每月10日	李思文
			C类客户每月10日	周丽
关联目标	日常账务处理准确性	按业务完成	每类业务无错误	所有人
	财务分析数量	按业务完成	A业务2篇	李婷
			B业务1篇	李思文
			C业务1篇	周丽
	业务满意度	按业务完成	每类业务无错误	所有人
	财务合规性	合规培训	合规培训	李婷

案例 7  人事团队

人事团队绩效目标的设立围绕人事相关工作展开，部分公司的人事部门同时还承担着行政职能，可以根据实际情况调整，参考案例如表3.7所示。

表3.7 人事团队绩效目标设定

目标模块	目标内容	目标口径	目标值	评分标准	评分权重
核心目标	员工满意度	接受调研的员工对人事部满意度评分的算术平均值	95%	1）≥95%，得100分 2）90%~95%，得80分 3）85%~90%，得60分 4）<85%，不得分	30%
	日常计划完成率	日常完成数÷计划任务数×100%	100%	1）=100%，得100分 2）90%~100%，得80分 3）80%~90%，得60分 4）<80%，不得分	30%

续表

目标模块	目标内容	目标口径	目标值	评分标准	评分权重
关联目标	招聘完成率	完成招聘数÷计划招聘数×100%	100%	1）=100%，得100分 2）90%~100%，得80分 3）80%~90%，得60分 4）<80%，不得分	10%
	员工流失率	流失员工数÷在职员工数×100%	5%	1）≤5%，得100分 2）5%~8%，得80分 3）8%~12%，得60分 4）>12%，不得分	10%
	员工培训次数	员工培训次数	3	1）≥3，得100分 2）2，得80分 3）1，得60分 4）0，不得分	10%
	员工工资出错次数	员工工资出错次数	无错误	1）无错误，得100分 2）1~2个错误，得80分 3）3个错误，得60分 4）错误数>3，不得分	10%

目标模块	目标内容	实现路径	工作任务	责任人
核心目标	员工满意度	员工中秋礼盒	礼盒设计	徐静
			礼盒采购	任婷婷
			礼盒分发	袁晓
	日常计划完成率	按工作模块	绩效	李莉
			招聘	黄睿
			培训	徐静
			员工关系	袁晓
关联目标	招聘完成率	按工作岗位	运营招聘1人	黄睿
			财务招聘1人	黄睿
	员工流失率	绩效沟通	员工绩效沟通	李莉
	员工培训次数	员工培训	新员工入职培训	徐静
			商务礼仪培训	徐静
			邮件规范培训	徐静
	员工工资出错次数	责任心	无错误	李莉

案例 8　供应链团队

供应链团队绩效目标的设立围绕信息流、资金流和物流展开，不同阶段的供应链团队考核的侧重点有所不同，参考案例如表 3.8 所示。

表 3.8　供应链团队绩效目标设定

目标模块	目标内容	目标口径	目标值	评分标准	评分权重
核心目标	库存周转天数	期末在库库存金额 ÷ 近 90 天日均销售金额	9	1）≤ 9 天，得 100 分 2）10~11 天，得 80 分 3）12~13 天，得 60 分 4）>13 天，不得分	20%
核心目标	送货及时率	及时送达单量 ÷ 发货单量 ×100%	99.2%	1）≥ 99.2%，得 100 分 2）99%~99.2%，得 80 分 3）98.8%~99%，得 60 分 4）<98.8%，不得分	20%
核心目标	仓储物流费率控制	实际仓储物流成本 ÷ 计划仓储物流成本 × 100%	100%	1）= 目标值，得 100 分 2）比目标值每提高 5%，减 5 分 3）比目标值每降低 5%，加 5 分，最高 120 分	20%
关联目标	存货差异率	（期初结存存货的成本差异 + 本期结存存货的成本差异）÷（期初结存的计划成本 + 本期收入存货的计划成本）× 100%	0.03%	1）≤ 0.03%，得 100 分 2）0.03%~0.05%，得 80 分 3）0.05%~0.08%，得 60 分 4）>0.08%，不得分	10%
关联目标	高库存商品占比	高库存商品量 ÷ 库存商品量	5%	1）≤ 5%，得 100 分 2）5%~8%，得 80 分 3）8%~12%，得 60 分 4）>12%，不得分	10%
关联目标	出库及时率	1 小时出库商品量 ÷ 出库商品量 ×100%	99.8%	1）≥ 99.8%，得 100 分 2）99.6%~99.8%，得 80 分 3）99.5%~99.6%，得 60 分 4）<99.5%，不得分	10%
关联目标	客户投诉	客户投诉数量	3	1）≤ 3，得 100 分 2）4~5，得 80 分 3）6~8，得 60 分 4）>8，不得分	10%

续表

目标模块	目标内容	实现路径	工作任务	责任人
核心目标	库存周转天数	按产品完成	A类产品9天	田伦
			B类产品11天	王宇杭
			C类产品10天	刘柳
	送货及时率	按区域完成	A区99.2%	周立人
			B区99.1%	徐晶晶
	仓储物流费率控制	按产品完成	每类产品100%	所有人
关联目标	存货差异率	按产品完成	每类产品0.03%	所有人
	高库存商品占比	按产品完成	A类产品5%	田伦
			B类产品6%	王宇杭
			C类产品5%	刘柳
	出库及时率	按产品完成	每类产品99.8%	所有人
	客户投诉	客户投诉跟进	客户投诉跟进	徐晶晶

案例 9　客服团队

客服团队绩效目标的核心是客户满意度，其他相关目标都是围绕客户满意度展开的，部分公司的客服团队还存在销售任务，实际操作中也可以把销售任务调整为重点考核内容。以客户满意度为核心的目标设定案例如表3.9所示。

表3.9　客服团队绩效目标设定

目标模块	目标内容	目标口径	目标值	评分标准	评分权重
核心目标	客户满意度	接受调研的客户对客服部满意度评分的算术平均值	92%	1）=目标值，得100分 2）比目标值每提高2%，加5分，最高110分 3）比目标值每降低2%，减5分	50%
关联目标	客户投诉解决率	客户投诉解决数÷客户投诉数×100%	95%	1）≥95%，得100分 2）90%~95%，得80分 3）85%~90%，得60分 4）<85%，不得分	10%

续表

目标模块	目标内容	目标口径	目标值	评分标准	评分权重
关联目标	客户投诉解决速度	对于客户投诉的平均解决时长	3小时	1）≤3小时，得100分 2）3~3.5小时，得80分 3）3.5~4小时，得60分 4）>4小时，不得分	10%
	客户回访率	实际回访数÷计划回访数×100%	95%	1）≥95%，得100分 2）90%~95%，得80分 3）85%~90%，得60分 4）<85%，不得分	10%
	热线接通率	热线接通量÷热线呼入量×100%	98%	1）=目标值，得100分 2）比目标值每提高1%，加5分，最高110分 3）比目标值每降低1%，减5分	10%
	热线等待时长	热线平均等待时长	5分钟	1）≤5分钟，得100分 2）5~8分钟，得80分 3）8~10分钟，得60分 4）>10分钟，不得分	10%

目标模块	目标内容	实现路径	工作任务	责任人
核心目标	客户满意度	按时段实现	日间服务满意度94%	汪蕾
			夜间服务满意度90%	刘婷
关联目标	客户投诉解决率	按业务实现	A类业务95%	刘颖
			B类业务95%	王宁
			C类业务90%	曹丽丽
	客户投诉解决速度	按业务实现	每类业务平均解决时长控制在3小时内	所有人
	客户回访率	按业务实现	每类业务的客户回访率95%	所有人
	热线接通率	按时段实现	日间接通率99%	汪蕾
			夜间接通率98%	刘婷
	热线等待时长	按时段实现	日间平均等待时长5分钟	汪蕾
			夜间平均等待时长8分钟	刘婷

3.2 向上汇报团队成果

> "小王,你的周报交了吗?"
> "马上就好,正在填写。"
> ……
> "小王,你这个周报怎么都是事情罗列,也没个重点!"
> "对不起老板,我再改改。"
> ……
> "虽然分了重点和日常,但是项目进度呢?完全没有说清楚,你再想想。"
> "好的,老板。"

在工作中,如果遇到小王这样的同事,管理者会很累也很难管。而如果小团队管理者自己给领导做汇报的时候一头雾水,那么后果将不堪设想。汇报是一项基础但又十分重要的工作技能,好的汇报往往能事半功倍。在工作中,我们要怎样做汇报呢?

3.2.1 核心公式

【向上汇报】=【目的】×【对象】×【内容】×【时机】

【目的】工作中我们都会面对做工作汇报的场景,有时甚至需要占用很多处理具体事情的时间。弄清楚汇报的目的,就会对向上汇报更为上心,并且能更为从容地应对,有助于节约时间,提高工作效率。

【对象】向上汇报的对象指的是要向谁进行汇报,汇报对象有哪些特点,这些决定了汇报的风格。有时汇报的场景是面向多个对象,这种情况下需要厘清相关人员之间的关系,找到影响决策的关键对象。

【内容】汇报的内容是向上汇报的核心,是需要充分准备的部分,也是有学习成长空间的部分。汇报的时候说什么、不说什么,内容结构是什么样的,将直接影响汇报的结果。

【时机】有时我们会忽略汇报的时机,或者只在例行会议上汇报,或者事无巨细地随时请示,这些都不是好的习惯,一定要在正确的时间汇报合适的内容。

一、汇报目的

汇报的目的有且只有一条：获得认可。认可是什么？就是领导点头表示同意。常见的汇报有总结型、计划型、问题型三类。

1. 总结型汇报

总结型汇报如日常的周度汇报、月度汇报、项目的总结汇报，这时需要的认可，是领导对这一阶段的工作成果表示的认可，以及对更多资源支持表示的认可。

2. 计划型汇报

计划型汇报主要包括年度计划、半年度计划、项目的规划汇报，这时需要的认可，是领导对接下来要做的事情表示的认可，以及对资源支持和潜在风险表示的认可。

3. 问题型汇报

问题型汇报针对的主要是工作过程中出现一些问题或者风险，如工作量饱和、需要招聘新人，需要领导对解决方案进行评估决策，认可进一步的行动。

总之，汇报不是拿着问题寻求答案，而是拿着答案获得认可。

二、汇报对象

面对不同职位和不同管理风格的汇报对象，我们需要重点关注他们对汇报内容最关心的是什么。最基本的是，汇报内容里要体现哪些跟汇报对象的职责相关，并且有助于实现汇报对象的岗位价值。

比如面对团队工作量饱和、人手不足的情况，向 HR 总监汇报，是为了让他协助招人，但需要向他汇报的内容是，他的招聘是为业务平稳运行提供人力保障；向项目总监汇报，是为了让他调整排期，但需要汇报的内容是，他这样做，可以实现业务资源更加合理的配置，等等。

面对不同管理风格的领导，汇报的侧重点也有所不同。例如，向权威型领导汇报时需要围绕他的方针给出实施参考，向教练型领导汇报时需要留有指导空间，向亲和型领导汇报时需要体现汇报内容的合作重点，向民主型领导汇报时需要有团队支持的依据，向领头型领导汇报时需要模仿他的工作行为路径，向高压型领导汇报时需要反馈他的指示有无落地。

三、汇报内容

汇报是为了获得认可，一定要清晰地传递给领导的信息包括，想让领导知道什么，需要领导做什么决定，或者需要什么样的资源支持，并且辅以翔实的论据。

1. 基本原理：金字塔原理

金字塔原理是由麦肯锡顾问公司第一位女性咨询顾问芭芭拉·明托提出的，其核心内容是"结论先行、自上而下、归类分组、逻辑递进"。

（1）结论先行

每次汇报都要有核心结论，并且将其放在汇报的开始处。比如要增加 100 万元的市场预算。

（2）自上而下

汇报的内容要自上而下，每个上级结论都是下级结论的总结。比如要增加 100 万元的市场预算，其中 40 万元用于新媒体，60 万元用于传统广告。

（3）归类分组

汇报子结构中，每组的内容必须属于同一个逻辑范畴。比如 40 万元用于新媒体，其中微博平台 20 万元，微信平台 10 万元，其他平台 10 万元。

（4）逻辑递进

汇报子结构中，每组的内容都必须按照一定的逻辑顺序排列，如时间顺序、重要程度顺序。比如 40 万元用于新媒体，其中微博平台 20 万元，微信平台 10 万元，其他平台 10 万元，不能说成其他平台 10 万元，微博平台 20 万元，微信平台 10 万元。

2. 问题型汇报：PREP 结构

PREP 是指结论（Point）、论据（Reason）、事例（Example）和重述结论（Point）。PREP 结构适用于问题型汇报，它是对金字塔原理的一种应用。具体案例如下。

（1）结论：要增加 100 万元市场预算。

（2）论据：因为业务目标增加了 1000 万元，根据比例需要增加 100 万元市场预算。

（3）事例：增加 100 万元的市场预算，其中 40 万元用于新媒体，预计带来 400 万元业绩增长，60 万元用于传统广告，预计带来 600 万元业绩增长。

（4）重述结论：所以要增加 100 万元市场预算。

3. 总结型汇报：STARL 法则

STARL 指的是情境（Situation）、任务（Task）、行动（Action）、结果（Result）和收获（Learning）。原本 STARL 法则是一种面试准备和考察工具，但是对于总结型汇报同样适用。

（1）**情境**：背景是什么。

（2）**任务**：团队主要负责什么。

（3）**行动**：采取了哪些行动。

（4）**结果**：最终取得了什么样的成果。

（5）**收获**：有哪些经验总结、启发。

4. 计划型汇报：ODPRS 法

ODPRS 方法指的是将计划型汇报内容，分成目标（Objectives）、拆解（Decomposition）、路径（Path）、风险（Risk）及支持（Support）几个方面展开。

（1）**目标**：总体的目标是什么。

（2）**拆解**：目标如何进行拆解。

（3）**路径**：按照什么样的路径和方法实现任务。

（4）**风险及支持**：潜在的风险和需要的支持是什么。

四、汇报时机

汇报时机以工作进度作为切入点，包括工作开始时、重大节点时、遇到问题或困难时以及工作完结后。

1. 工作开始，及早汇报

工作开始时，尽量提前做好工作草案，让领导确认工作重点和目标；尽快汇报工作计划，让领导确认方案、风险和资源支持，并由领导确认项目启动。

2. 重大节点，定期汇报

重大节点时需要定期汇报，便于领导了解整体的工作进度，了解重大节点的完成情况，确认该项工作是否按照他的设想稳步推进，认可阶段性工作结果。

3. 问题困难，及时汇报

工作中遇到问题或困难，以及自己拿不定主意时，要第一时间进行汇报。让领导了解问题的背景、风险和初步解决方案，以及需要他提供哪些支持。

4. 工作完结，计划汇报

工作完结后，按照计划进行总结汇报，回顾整体工作内容。让领导确认项目完结，认可工作结果，并进行下一步的指示。

3.2.2 案例场景

一、总结型汇报

日常用得最多的总结型汇报是工作周报,需要遵循 STARL 法则,具体事项需要注明情景、任务、行动、结果和收获(如有)。

如表 3.10 所示,该主管优先展示了部门核心指标的进展(情景),其中新客户目标 1000 个(任务),本周新增易通渠道,该渠道带来了 500 个新增(行动),促使整体新客户数增加 1017 个,新客户数的周完成率为 110.6%(结果)。与此同时,针对该渠道用户的销售转化继续跟进。

表 3.10 工作周报模板

运营部门工作周报(2021/09/06—2021/09/12)						
核心指标进展						
类别	本周完成值	周完成率	本月完成值	月完成率	月差额	备注
销售额	27.2 万元	103%	51.2 万元	40.1%	76.5 万元	—
新客户数	1017(目标 1000 个)	110.6%	2031	40.3%	3000	本周新增易通渠道,增量 500,销售转化待跟进
转化率	3.5%	—	3.4%	—	—	—
本周工作内容						
类别	内容	本周完成情况	整体工作进度	相关人	备注	
项目	中秋礼遇节	活动策划	10%	钱浩	计划活动销售额 20 万元	
项目	一分钱加油活动	项目总结	100%	娄浩然	本次活动完成目标销售额的 131%,计划 10 月继续	
日常	新品上架	本周上架 7 家公司新品	20%	李艺文	—	
下周工作计划						
类别	内容	下周工作计划	计划整体进度	相关人	备注	
项目	中秋礼遇节	页面搭建,商品选品	40%	钱浩	潜在风险,开发资源紧张	
日常	供应商结算	完成 5 家供应商结算	100%	娄浩然	—	
日常	页面优化	完成 10 件高潜力商品详情页优化	100%	李艺文	时间紧张	
其他(问题/收获)						
1 人月底离职,需要补充招聘,优先处理						

二、计划型汇报

背景：某市场部门负责人汇报全年计划。

汇报内容如下。

1. 核心目标

2022 年全年，完成 A 产品杭州市销售额 100 万元，新增会员 1000 人。

2. 目标拆解

（1）**区域拆解**：余杭区、西湖区各 25 万元，上城区、拱墅区各 20 万元，滨江区 10 万元。

（2）**用户拆解**：现有用户转化会员 700 人，新用户转化会员 300 人。

3. 实现路径

（1）**拓展市场渠道**：余杭区、西湖区各增加 5 家门市代理，上城区、拱墅区各增加 3 家门市代理，滨江区增加 2 家门市代理。

（2）**提升客户回访**：针对客户进行分层，对老客户进行电话回访，了解客户需求，提升会员成交量。

（3）**增加广告曝光**：增加电梯广告投放，计划增加 50 个小区；门市周边增加海报发放，计划每周 1 次。

（4）**培训销售技巧**：每月组织 1 次销售技能培训，每季度组织 1 次市场共创会。

4. 风险与支持

（1）**人员**：市场渠道拓展需要增加 2 名商务拓展人员。

（2）**预算**：老客户回访需要增加 5000 元/月，共计 6 万元；电梯广告预算 200 元/屏幕/周，共计 10 万元。

（3）**培训**：需要销售总监配合。

计划型汇报基本遵循金字塔原理，结论是核心目标，如上述案例中的目标销售额和目标新增会员数，主体内容是针对核心目标做自上而下的拆解，以及针对实现路径进行拆解。最后把可能出现的风险、需要的支持陈述出来。

三、问题型汇报

问题背景：某销售部门 A 商品缺货，需要总部紧急调拨。

汇报方式如下。

（1）**结论**：希望总部紧急调拨 1000 件 A 商品。

（2）**论据**：因为近一个月 A 商品销量激增，但是库存不足。

（3）**事例**：近一个月我们区域开拓了 3 家新客户，客户重点推送 A 商品，总计日销售量达 100 件，并且销售趋势会持续一段时间。目前我们部门的库存量只有 500 件，距离下一次调拨还有 15 天，无法满足增长的销量需求。

（4）**重述结论**：如果不及时补货，将错过本次销售机会，因此希望总部紧急调拨 1000 件 A 商品。

3.2.3 思考问题

【问题1】回想你最近一次的汇报，汇报的目的、对象、内容和时机是否存在问题？

【问题2】针对部门内部的周报、月报模板你将如何做优化调整，以及如何教导下属向你汇报？

3.3 团队目标没有完成怎么办

> "完了，完了，我们团队这个月销售要完不成了！"
> "别慌，还差多少？"
> "月初的目标是 10 万元，现在只完成了 60%！"
> "差距有点大啊，这个月剩下的天数不多了。"
> "是啊，不知道怎么办了，领导等会儿要来问了。"

团队在设置目标以后，团队成员通常都会努力地去完成，人力、物力和时间都会投入其中。但到了最后，仍然存在一些目标或者任务的执行结果与预期相差甚远。这些任务的失败有时会影响整体的绩效，甚至会影响公司战略目标的达成。那么，面对目标未达成的特殊情况，要如何应对呢？

3.3.1 核心公式

【目标未达成应对法】=【诚恳的态度】×【合理的原因】×【改进的计划】×【经验的共享】

【诚恳的态度】目标未达成时，团队管理者需要实事求是、坦然面对、勇于担责，不应该退缩、逃避，更加不应该对未完成的结果加以掩饰，试图蒙混过关。不必担心领导责骂，实际上，领导对结果是有一定预期的。相较于你的应答，领导更在意你处事的态度。

【合理的原因】目标未达成时，要认真分析背后的真实原因。一个是客观原因，如行业环境、疫情影响；另一个是主观原因，这也是需要重视的部分，常见的主观原因有管理者策略失误、执行不到位，或者能力不足等。

【改进的计划】当管理者对团队目标没有达成的原因做了进一步拆解分析后，就应该有相应的解决方法，并且要将其落地成相对翔实的计划。如果是因为人手不足，就要着手招聘；如果是因为人员能力不够，就要组织培训，等等。

【经验的共享】只要用心做事、努力思考，那么即使项目整体失利，从中也依然可以发现有亮点的经验或者有亮点的人。团队管理者要试着将其挖掘出来，好的经验要共享，优秀的人要给予新的机会。

合理的原因

1. 客观原因

（1）外部环境分析：PEST 分析模型

政治（Politics）：主要指社会制度、社会稳定性，政府的方针、政策，国家的法律、法规等。

经济（Economic）：包括宏观和微观两个方面，宏观部分主要是指国家 GDP（国内生产总值）、GNP（国民生产总值）等经济指标，微观部分主要是指目标区域的收入水平、消费偏好等。

社会（Society）：主要指居民的受教育程度和文化水平、宗教信仰、风俗习惯、审美观点、价值观念等社会性因素。

技术（Technology）：主要指本企业所处领域的技术变化情况，包括新技术的发展、专利保护等。

（2）竞争对手分析：核心跟对

核心数据：针对团队重点关注的指标，收集竞争对手的数据。

核心产品：跟进竞争对手的核心产品、核心技术、核心策略等。

核心事件：关注竞争对手的核心重大事件的动态。

（3）公司战略分析：SWOT 分析模型

优势（Strength）：公司主要竞争优势是否发生变化。

劣势（Weakness）：公司主要竞争劣势是否进一步恶化或增加。

机会（Opportunity）：机会是否丧失。

威胁（Threat）：威胁是否扩大。

2. 主观原因

（1）团队执行问题：目标环节拆解

参照目标设置方法，对按照目标实现的环节进行拆解。比如电商网站销售额 = 曝光量 × 点击率 × 转化率 × 客单价，曝光量低可能是因为推广不足、SEO（搜索引擎优化）工作不到位，点击率低可能是因为图片标题无吸引力、流量不精准，转化率低可能是因为流量不精准、价格过高、详情传达有误等，客单价低可能是因为活动设置存在问题、关联推荐少等。找到具体环节的偏差，并且进一步寻找原因，就可以找到问题的解决办法。

（2）团队决策问题：决策行为复盘

决策问题主要体现在事件决策上，比如任务的优先级排期出现决策错误，任务的人员安排出现决策错误，任务的预算出现决策错误。针对出现的决策问题，需要围绕目标的相关决策进行复盘分析，找到影响最大的一项或多项，并且分析决策出现偏差的原因。

（3）团队能力问题：制订能力提升计划

部分团队成员的技术能力、沟通能力或者项目管理能力等存在问题，影响到团队目标的达成时，需要有针对性地制订能力提升计划，如代码技能培训、沟通技能培训等，或者调整工作分工，重新安排一些以练代学的任务。

3.3.2 案例场景

万利公司是一家跨境电商公司，主营窗帘业务，2021 年第二季度运营部门完成销售额 80 万元，距离目标销售额 120 万元还有 40 万元的差距。以下是部门主管针对销售额未达标的原因所做的分析。

1. 客观原因

（1）外部环境分析

政治：无明显变化。

经济：受疫情影响，远洋物流发货效率降低，物流成本提升。

社会：受疫情影响，目标市场可支配收入减少。

技术：无明显变化。

（2）竞争对手分析

核心数据：畅销商品5件，平均日销100件。

核心产品：上架纯黑系列，日销30件。

核心事件：新主管上任。

（3）公司战略分析

优势：无变化。

劣势：无变化。

机会：仓库发货出错，部分畅销商品缺货率高，错过销售机会。

威胁：无变化。

2. 主观原因

（1）团队执行问题

缺货导致页面转化率降低，主要是因为对物流时效的错误判断，导致部分畅销商品缺货，缺货影响商品金额约30万元，是本季度销售额未达标的核心原因。

（2）团队能力问题

本季度流失老员工1人，新员工入职不到1个月，对于操作后台的熟悉度不足，错过了广告投放的最佳时机，也造成了部分损失。

第 4 章

分工，如何既合理又合情

分工，是小团队管理者拥有的一项管理权力，能否决定他人分工，是管理者和执行者的区别之一。分工非常考验管理者的管理能力，分工得当，团队能够凝聚成一股绳，实现 1+1＞2 的效果；分工欠妥，团队工作效率下降，甚至会产生负面情绪，影响团队目标的达成。

分工管理是小团队管理的重要事项。对于员工的职责和日常工作，团队管理者要予以明确的界定，以保障团队工作的正常开展。因此，本章将重点讨论小团队分工管理的相关知识和实操案例。

> **本章涉及的主要知识点**
> ◇ **进行有效分工**：分工分的是什么？分工如何合理？分工如何合情？
> ◇ **传递分工信息**：分工的步骤，分工传递的内容及方式。
> ◇ **重大项目如何分工**：分项目职责、分项目任务、灵活调整分工。
> ◇ **人手不足怎么办**：人手不足的原因和应对方式。
> ◇ **员工休长假怎么办**：休假制度和分工沟通。
> ◇ **"关系户"下属怎么分工**：调整心态、人岗匹配和因势利导。

4.1 进行有效分工

> 提到分工，我们先来讲一下三个和尚的故事。

> 山上有一座小庙，庙里有一个小和尚，他每天挑水、念经。后来，又来了一个高个儿的和尚，两个人一起抬水，而且谁都不想吃亏，水桶必须放在扁担中间。再后来，又来了一个胖和尚，结果大家都不想挑水，最后谁都没有水喝。直到有一天，寺庙起了大火，三个和尚为了救火才齐心协力，并且之后分工合作，再也没有缺过水。

小团队也是从一人到两人，再到多人，这又要怎么分工呢？

4.1.1 分工分的是什么

分工是什么意思？"分工"的词语解释是"分别从事各种不同而又互相补充的工作"。从这一解释中我们能看出两个重点：一是每个人的分工是不同的，这种不同可能是工作内容的不同、工作性质的不同、工作时间的不同，等等；另一个是每个人的分工是相互补充的，即分工是一种团队配合，互相补充、互相协调。

从小团队管理的角度进行分工，分的又是什么呢？也是两个重点：一个是职责，另一个是任务。职责和任务的区别如表4.1所示。

表4.1 职责和任务的区别

区别内容	职责	任务
核心	责任	行为
范围	广义，工作范围	狭义，工作事项
时效	长期	短期
压力	主动	被动
关系	职责包含任务	任务有时脱离职责

1. 核心

职责的核心是责任，通俗地说就是对哪些事情负责；任务的核心是行为，通俗地说就是需要做哪些具体的事情。比如对增长率负责是责任，为了增长率去做活动策划是任务。

2. 范围

职责的范围更加广义，它代表了一个工作域的范围，代表了部门、岗位和员工的定责；任务的范围则比较狭义，它只代表了具体工作事项。

3. 时效

职责长期存在，一个部门、一个岗位的工作职责，在较长周期里不会轻易调整；任务则有一定的时效性，任务下达的时候就有截止日期，任务完成即止。

4. 压力

职责是责任，压力源自岗位和人员自身，有了职责就要去履行。任务有时属于被动接受，比如领导让我们下午3点之前做一份汇报材料，无论我们的意愿如何，都需要完成它。

5. 关系

职责通常包含了任务，如小团队管理者要完成绩效考核、员工招聘等任务；任务有时则脱离职责存在，一个销售员工，有时会被要求做与销售不相关的事情，比如代表部门去行政部领取办公用品。

4.1.2 核心公式

【有效分工】=【明确职责和任务】×【合理】×【合情】

【明确职责和任务】 分工有职责和任务两类，有效分工的前提是明确职责，职责清晰能解决大框架内的任务分工，并且可以提供框架内的自主性和目标性。以一个集团公司为例，HR部门可能对接不同的业务线，可能会采用商业伙伴（Business Partner，BP）式的分工，即一个人力商业伙伴（HRBP）负责一个业务线内所有HR类的工作任务。

【合理】 分工要合理，这个"理"指的不是大道理，而是理性。所谓分工的理性，就是要理性地判断团队有哪些职责、哪些任务，以结果最优为导向，把合适的人匹配到合适的事情上去。一句话——"用人去匹配事"。

【合情】 分工要合情，这个"情"主要是指人情世故。合情要注意两点：一个是平衡性，不能把所有能出绩效的任务都交给一个人，也不能把所有复杂的任务都推给另一个人；另一个是成长性，在确保职责正常履行、任务可以完成的前提下，分工要考虑到团队和员工的长期发展，给予成长性的调整。最后，分工的时候，需要和员工共同决定，让员工理解并且认可分工。

一、明确职责和任务：RACI矩阵

李·波曼与泰伦斯·迪尔在其著作《认识与经营组织的当代之道》里，首次提

出了 RACI 矩阵。RACI 分别代表谁负责（Responsible）、谁批准（Accountable）、咨询谁（Consulted）、告知谁（Informed）4 种责任角色。

（1）**谁负责**：负责执行的具体角色，负责操控落地、解决问题。

（2）**谁批准**：对任务负全责，只有经过其同意，事情才可以推进。

（3）**咨询谁**：对于任务执行，拥有相对完整的信息和提供意见的人员。

（4）**告知谁**：对于事情有知情权，但不必咨询或者进行意见征询。

管理者可以按照 RACI 矩阵，明确团队中每一个成员的职责分工及任务分工，同时，利用 RACI 矩阵也能反映不同成员之间的分工联系。如表 4.2 所示，员工针对不同的职责或者任务，拥有不同的责任分工。

表 4.2　RACI 矩阵

职责	员工 A	员工 B	员工 C
职责 1	R	I	I
职责 2	A	R	C
职责 3	I	I	R

任务	员工 A	员工 B	员工 C
任务 1	R	I	—
任务 2	I	A	R
任务 3	C	R	—

通常而言，每一项职责或者任务最好只有一个批准人，多数情况下，这个批准人就是团队管理者。另外，每一项职责或者任务最好只有一个责任人，否则会将责任分散，反而变成了无责任人的状态。

二、合理分工：三维对照法

合理分工就是以结果为导向，对事对人进行分工，寻求最优解。

1. 事的三维

事的三维包括重要性、紧急性和困难度。

（1）**重要性**

事的重要性指的是事情对结果的影响。比如目标是吃饱，那么相较于色、香、味，食物本身的数量是更重要的，再好吃的法式大餐，如果一共只有 100g 的分量，那么显然不如半斤干粮更能果腹。

（2）紧急性

事的紧急性指的是距离完成时间的限定条件，是立刻就要完成，马上就要决策；还是说可以从长计议，慢慢分析再做选择。比如就餐场景下，如果是排了很长队伍的快餐，那么大家会希望快速完成点餐；而如果是封闭的私人餐厅，则可以任意安排点餐节奏。

（3）困难度

事的困难度指的是完成事情的难易程度：有些事情是举手之劳；有些事情即使耗费大量的时间和精力也很难有产出。比如只要一份蛋炒饭难度相对较低，但如果要满汉全席，那么实现门槛就大幅提高了。

根据事的三维特性，我们可以将其分为8种类别，如表4.3所示。

表4.3 事的三维模型

综合级别	重要性	紧急性	困难度
S+	重要	紧急	大
S	重要	紧急	小
A+	重要	不紧急	大
A-	重要	不紧急	小
A	不重要	紧急	大
B+	不重要	紧急	小
B	不重要	不紧急	大
B-	不重要	不紧急	小

2. 人的三维

人的三维包括能力、效率和日程。

（1）能力

"能力越强，责任越大"，能力是员工做成某件事情的基础。例如，对于写一段实现某项复杂功能的脚本，刚刚入职的实习生可能无法完成，而掌握了多种代码编写方法、熟悉各种工具的技术老手则可以轻松搞定。

（2）效率

与能力相对应的是工作的效率，工作的效率是指完成一件事情需要花费的时间。以运营人员上架商品为例，A 员工和 B 员工都掌握了这项技能，在能力层面是一样的，但是 A 员工上架一款商品只需要 10 分钟，B 员工上架同一款商品需要 30 分钟，二者在工作效率上存在明显差异。

（3）日程

日程指的是员工的日程排期，或者说是员工的工作量的饱和程度。一个新的工作如果都分配给同一个员工，那么这个员工的排期将很快被填满，不能再完成其他新增的任务。

根据人的三维特性，将不同的任务分配给对应的人的方法，就是三维对照法，如表 4.4 所示。

表 4.4 人的三维模型

任务分配	能力	效率	日程
S+,S,A+,A	强	高	空闲
A+	强	高	排满
A+,A	强	低	空闲
A+,B	强	低	排满
S,A-,B+,B,B-	弱	高	空闲
B+,B,B-	弱	高	排满
B,B-	弱	低	空闲
B-	弱	低	排满

针对重要、紧急且难度较大的 S+ 级任务，需要安排能力强、效率高并且空闲的员工。A 级及以上任务，可以根据任务级别从高到低，优先安排给此类员工。

针对重要、紧急且难度小的 S 级任务，可以安排给能力弱、效率高且空闲的员工。B+ 及以下任务，可以根据任务级别从高到低，优先安排给此类员工。

重要、不紧急但是难度大的 A+ 级任务，优先安排给工作能力强的员工。不重要、紧急且难度大的 A 级任务，可以安排给能力强、效率低但日常较为空闲的员工。

不重要的任务，可以根据其紧急程度，优先安排给能力弱但较为空闲的员工。不重要、不紧急且难度小的任务，可以灵活安排，但不要太占用能力强的员工的时间。

某些特殊情况，如某件事情的重要性极高，只有工作能力强的员工才能完成，那么可以将此事加塞给能力强、效率高且日程排满的员工。

三、合情分工:平衡性 × 成长性 × 共同决定

合理的分工是指出于对完成当前目标的考虑,谁更适合完成目标,就优先选择谁。对于紧急且重要的事情,通常安排部门内资深的员工来完成。但在合理的基础上,也需要把目光从事情向人做部分注意力转移,从近期任务到长期发展做部分注意力转移。

1. 平衡性

不能把所有的重要任务都分配给一两个员工,否则会导致这一两个员工的工作量过载,过载到一定程度,就会引起生理和心理上的抗拒。与此同时,其他员工也缺失了表现的机会,整体的积极性会受到比较大的打击。所以,管理者在进行分工的时候,要尽量给予每个人相对公平的表现机会,平衡每个人工作的重要性及工作饱和度。

2. 成长性

员工的三维,即能力、效率和日程,是动态发展的。能力弱的员工可以通过学习和项目沉淀来提高自身能力,效率低的员工可以通过反复练习、实践来提高工作效率。管理者进行分工的时候需要考虑成长性需求,对于成长意愿强烈的员工,需要给予其挑战机会,比如做一些重要、不紧急,但是难度大的 A 级任务,让员工在更高难度任务中实现经验积累和事业进步。这样不仅对员工自身有帮助,而且能为团队整体的发展提供源源不断的养料和动力。

3. 共同决定

进行工作分工的时候,管理者需要做到目标优先,兼顾员工意愿,要跟员工讲清楚分工的缘由和利害关系,在共同讨论的情况下做出共同决定。和员工共同决定的原因,一方面是尊重员工的意愿,可充分调动员工的积极性;另一方面是与员工商定某种潜在的契约,共同决定的事项要信守承诺,努力实现。

4.1.3 案例场景

某运营团队的职责分工情况如表 4.5 所示。

表 4.5 某运营团队职责分工情况(RACI 矩阵)

职责	李霞	周莉莉(资深)	丁建国	王思源	韩芳(资深)	王敏(运营主管)
活动运营	I	R	I	I	I	A

续表

职责	李霞	周莉莉（资深）	丁建国	王思源	韩芳（资深）	王敏（运营主管）
新媒体运营	R	C	I	—	I	A
社群运营	C	I	I	I	R/A	C
产品运营	-	C	I	R	-	A
用户运营	I	R	I	C	I	C
数据运营	I	I	R/A	I	I	C

运营团队由王敏担任主管，其中有两位资深员工：周莉莉负责活动运营和用户运营模块，并且给新媒体运营和产品运营提供需求建议；韩芳独立负责社群运营，主要咨询主管意见，社群内容同步给除产品运营以外的人员。李霞负责新媒体运营，主要咨询周莉莉的建议，新媒体内容同步给产品运营以外的人员。王思源负责产品运营，主要参考用户运营模块负责人的建议。丁建国为数据运营，工作产出同步给运营团队所有人员。

该运营团队9月第一周的任务分工如表4.6所示。

表4.6 某运营团队9月第一周的任务分工

综合级别	任务内容	重要	紧急	难度
S+	1. 接待核心供应商AC公司 2. 策划中秋活动	重要	紧急	大
S	1. 签署推广合同 2. 为审计材料提供支持	重要	紧急	小
A+	分析8月份部门数据	重要	不紧急	大
A-	1. 新员工培训 2. 维护商品信息 3. 报销单	重要	不紧急	小
A	评审客服功能需求	不重要	紧急	大
B+	发放部门福利	不重要	紧急	小
B	团队建设	不重要	不紧急	大
B-	维护部门人员信息	不重要	不紧急	小

任务分配	员工	能力	效率	日程
接待核心供应商AC公司，策划中秋活动	周莉莉	强	高	空闲
分析8月份部门数据，为审计材料提供支持	丁建国	强	高	排满
签署推广合同，维护商品信息，团队建设	韩芳	强	低	空闲

续表

任务分配	员工	能力	效率	日程
新员工培训，报销单	李霞	强	低	排满
评审客服功能需求，发放部门福利，维护部门人员信息	王思源	弱	高	空闲

第一周主要任务有 12 项，其中 A 级以上的任务有 8 项。S+ 级任务是接待核心供应商 AC 公司、策划中秋活动，这两项工作主要由周莉莉负责，一方面是因为这两项工作属于她的本职工作范畴，另一方面是因为她能力强、效率高且本周空闲，能够较好地完成任务。

S 级任务——签署推广合同和为审计材料提供支持，分别由韩芳和丁建国完成，其中丁建国还负责 A+ 级项目分析 8 月份部门数据。新员工培训和报销单由李霞完成；发放部门福利和维护部门人员信息由王思源完成，另外，王思源还负责评审客服功能需求，虽然是 A 级任务，但是与王思源工作职责相关，且该任务有助于其产品能力的提升。韩芳除了负责签署推广合同、维护商品信息，还需要组织团建，以提升自身的组织能力。

4.2 传递分工信息

> "小吴，你把国庆的方案出一下。"
> "啊，什么方案？"
> "国庆活动，你来做。"
> "哦。"
> ……
> "老张，有个紧急的事情需要你处理一下，你时间上方便吗？"
> "好的，您说。"
> "是这样的，有一个重要的客户下午来公司参访，老板需要一些历史的合作资料，要求我们整理一下。你对这方面比较熟悉，你来紧急处理一下，要求下午 2 点前完成。"

管理者做好分工安排以后，要如何传递分工信息呢？哪一种传递方式最有效呢？

4.2.1 核心公式

【传递分工信息】=【分工步骤】×【传递内容】×【传递方式】

【分工步骤】分工步骤是传递分工信息的基础，管理者在分工的不同阶段需要进行不同的分工，传递不同的分工信息。按照不同的步骤进行分工，一定程度上会影响分工的结果。

【传递内容】内容是传递分工信息的核心。管理者在分工结果形成以后，就需要着手准备要传递给员工的内容，如工作是什么、什么时候完成等。

【传递方式】方式是分工信息传递的介质，针对不同的员工、不同的事情，管理者要采取不同的传递方式。是命令还是会议，是当面沟通还是信息留言，管理者在传递分工信息时都需要考虑好。

一、分工步骤：PDCAR 法则

PDCAR 法则是由 PDCA 戴明环的理论演变而来的，是针对工作开展计划（Plan）、执行（Do）、检查（Check）、处理（Act）和记录（Record）5 个步骤的循环，具体如下。

1. 计划

管理者分析需要分工的任务情况和团队人员的工作现状，针对实际情况合理且合情地制订分工计划，界定分工内容，并且要责任到人。

2. 执行

被分配到工作的人员，按照计划执行工作，落实分工计划。比如被分配到组织会议的工作，就要按照最初的分工计划，着手预定会议室、邀约人员和组织会议等相关工作。

3. 检查

检查分工的执行情况，主要包括是否按照计划进行，工作有没有达到预期的效果，在执行过程中是否有障碍，是否需要其他资源支持，要及时发现分工可能出现的问题，并且找到问题背后的原因。

4. 处理

对于分工执行过程中出现的问题，进行批评和改进；总结成功的经验，对于好的结果要予以鼓励。处理完成后，形成新的分工循环。比如给 A 的工作内容，因为有紧急的事情插入，需要及时处理，调整分工。

5. 记录

对于已经处理完的工作，要进行记录和备案，总结每次分工落地的经验和得失，为下次的工作提供参考。

二、传递内容：5W2H 分析法

分工不是直接命令员工，而是要准确地传递分工信息。其中，核心的内容有以下 3 个。

（1）**分工背景**：管理者需简要地描述分工的背景和目的，让员工知道为什么要做这件事，了解原因和意义。

（2）**完成标准**：管理者需要明确地告知员工工作需要得到的结果，让员工了解需要交付什么东西和什么样的成果，避免出现交付错误。

（3）**完成时限**：管理者需要传递该项工作具体的完成时间，让员工清楚具体什么时候完成。

如果传递内容的时间充裕，则管理者可以按照 5W2H 分析法，丰富分工的信息，具体如下。

（1）**是什么（What）**：工作的内容是什么？分工范围和边界是什么？

（2）**为什么（Why）**：为什么要做？做好的意义是什么？

（3）**是谁（Who）**：分给谁来做？每个人的任务划分有什么差别？

（4）**何时（When）**：什么时候开始做？什么时间交付？

（5）**何地（Where）**：工作在哪里完成？是否需要出差？

（6）**怎么做（How）**：如何完成工作？需要哪些资源和能力？如何获取支持？

（7）**怎么度量（How Much）**：做到什么程度？需要多少投入？

三、传递方式

通常而言，管理者应该根据分工任务和人员的不同，采取不同的分工信息传递方式。

1. 任务维度

（1）**简单的任务**：可以直接通过沟通进行分工，比如预定会议室、领取办公用品等。

（2）**困难的工作**：可以组织会议沟通分工，这样一方面可以群策群力，为分工提供更多信息；另一方面可以让员工提前了解后期需要进行的支持工作。

（3）**重要的工作**：必须面对面沟通具体分工，务必明确分工信息的传递是否准确，分工背景、完成标准和完成时限等信息是否已全部被员工接收，特殊情况下需要书面签字备份。

（4）**紧急的工作**：务必强调分工的背景和意义，不能因为紧急就忽略这部分信息的传递。一般情况下建议直接面对面沟通。

2. 人员维度

（1）**资深且主动**：告知核心内容，即分工背景、完成标准和完成时限。

（2）**资深且被动**：除核心内容外，还需要强调分工的背景和意义，并且协助其调整所有工作的优先级，告知未按时完成的后果。

（3）**新员工**：传递的细节要尽量丰富，将处理方式等信息一并告知，给予最多的指导，并且可以给其安排请教帮助的对象。

3. 五步确认法

（1）**向员工介绍工作的内容**：基础信息传递。

（2）**让员工重复工作的内容**：重复信息，以确认员工接收的信息没有偏差。如果信息有偏差，则及时纠正，直至双方确认无误。

（3）**让员工阐述工作的目的**：强调背景，加深员工对工作任务重要性的理解，让其了解如此分工的原因，以加强其重视程度。

（4）**让员工评估可能出现的风险**：引导员工对工作的走向做出基础判断，并且让其明白遇到何种情况时需要汇报和请求支援，何种情况可以自行处理。

（5）**让员工提出新的想法和建议**：征询员工新的想法和建议，为工作分工和工作完成提供新思路。如果员工提出的建议确实可行，那么可以对原分工做调整。

4.2.2 案例场景

案例 1 紧急会议材料

"老张，有个紧急的事情需要你处理一下，你时间上方便吗？"

"好的，您说。"

"是这样的，有一个重要的客户下午来公司参访，老板需要一些历史的合作资料，要求我们整理一下。你对这方面比较熟悉，你来紧急处理一下，要求下午2点前完成。"

"好的，没问题，是哪家公司？"

"安特服饰。"

"安特服饰，历史合作资料，下午 2 点前要。"

"你觉得有哪些资料可以交？"

"我们合作有一段时间了，我计划放一下我们的合作销售额、经典合作款式。"

"好的，时间上没问题吧？"

"应该没问题。但是我手上还有个报销单需要上午提交，可能需要其他人协助一下。"

"好的，这个我来安排，辛苦了。"

案例 2　报销单工作转移

"阿宁，有个报销单需要你协助提交一下！"

"好的，领导。但是我刚来，不熟悉情况。"

"嗯，原本这块儿是老张在负责，但是他今天有个紧急需要汇报的材料要处理，时间上排不开，所以需要你的协助。"

"了解。"

"报销单的填写规范财务部有发通知，老张已经申请过了，你只需要按照财务部的要求贴好即可。按照车票、餐饮的顺序贴在申请单第二页的空白处，我这里有贴好的，你可以参照一下。如果还有不明白的，可以再问我。贴好以后交给财务部的小李，他在二楼财务部办公室。"

"好的，领导。"

"报销单要上午提交，11 点半前要处理好。"

案例 3　会议材料检查

"老张，材料进展如何？"

"主要的数据和资料已经有了，还需要调整一下格式。"

"2 点之前能做好吗？"

"没问题，我弄好后第一时间发给您。"

"好的，辛苦了，报销单我已经安排阿宁提交上去了。"

"好的，收到。"

案例 4　报销单工作复盘

"领导，报销单已经交给小李了。"

"小李那边没有提出什么问题吧？"

"他说可以了。您还有什么其他安排？"

"好的，报销单你已经学会贴了，如果有报销单，每个月都要在9号上午交给财务部。对了，我这边还有个事情需要你处理一下。"

"好的，您说。"

……

4.2.3 思考问题

【问题1】你是如何传递分工信息的？有没有遇到什么问题？你是如何解决的？

【问题2】你可以利用5W2H分析法阐述你最近一次的工作分工内容吗？

【问题3】你可以利用五步确认法，进行一次任务分工，总结其中的经验吗？

4.3　重大项目如何分工

"小王，这里有一个项目需要你跟进一下。"

"好的，老板，具体是什么样的项目？"

"我们要围绕公司周年庆做一个活动，这个活动你来主导。"

"好的。"

"我们需要和产品部门一起合作，活动在月底之前上线。"

"现在已经10号了！"

"我会协助你协调资源。"

"好的，老板。"

时间紧、任务重、面对重大项目，我们要如何进行分工呢？

4.3.1 核心公式

【重大项目分工】=【分职责】×【分任务】×【灵活调整】

【分职责】如同团队内部分工一样，项目分工首先需要明确职责的分工，然后才是任务的分工。项目有时是由同一团队的员工来完成的，有时又需要跨团队合作完成，后者一般比较复杂。但无论如何，项目里的职责和岗位的职责是不同的，项目的职责分工依赖于项目的组织架构。

【分任务】项目任务相较于普通工作任务有着一定的特殊性。通常而言，项目要求在短期内实现，对任务的分工更加细致，并且分工相互关联，一个环节会影响另一个环节的作业。项目的整体分工和排期，在项目规划阶段就需要通过启动会、评审会等，经过多方确认。

【灵活调整】项目分工是以项目完成为目标的，如果在过程中出现影响项目完成的分工，就需要及时调整。这样一来，一方面需要及时跟进和管理项目进程，另一方面非常考验项目经理和团队负责人的风险处理能力。

一、分职责：项目组织分工

明确项目的组织结构和关键干系人。组织结构指的是根据项目需求设置的项目组织结构，它不等同于部门的组织结构，它是针对项目设置的；关键干系人则指的是参与项目、对项目产生重大影响的人，具体如下。

（1）**项目管理委员会**：由多位主要管理者和专业人士组成，对项目进行管理决策，决定项目的核心目标、完成标准、完结时限，针对项目中出现的风险和资源支持提供决策帮助。

（2）**项目发起人**：项目的发起者，也是项目的最终满足方，通常是项目需求的来源。

（3）**项目组长**：项目的实际执行管理者，由项目管理委员会决议，负责项目的日常管理工作。

（4）**项目督导**：项目总的监督和协调者，对于项目是否顺利进行、是否符合公司规定等负有监督和管理职责。

（5）**项目经理**：协助项目组长组织项目会议，协调资源排期，整理项目资料等。

（6）**具体职能负责人**：按职能分布的任务负责人，如业务、产品、开发、人事、财务等，负责管理项目的具体任务，推动项目落地。

（7）**具体职能参与人**：按职能分布的任务执行人，如业务、产品、开发、人事、财务等，负责执行项目的具体任务。

项目组织分工表的样式如表 4.7 所示。

表 4.7 项目组织分工表

项目管理				
项目管理委员会				
项目组长				
项目督导				
项目经理				
项目成员				
类别	模块	负责人	成员姓名	职责
业务	运营管理			
	市场管理			
	客户服务			
研发	产品设计			
	产品研发			
	产品测试			
财务	财务对账			
	成本核算			
人事	绩效管理			
	人员招聘			
法务	合规管理			

二、分任务：WBS 法 & 项目"作战地图"

项目的具体分工主要参照工作分解结构（Work Breakdown Structure，WBS）法，并且要形成项目"作战地图"。

WBS 法是项目管理的通用工作方法，是指围绕项目目标，按照一定原则，把项目分解成任务，再将任务分解成具体工作，并把具体工作分配到每个人的日常活动中，直到分解穷尽。其中，最小的分解单元被称作工作包。

关于工作包，需要特别说明的内容如下。

（1）工作包需要有明确的交付标准、交付周期和责任人，并且要尽可能做到风险提示。

（2）对于复杂项目，工作包的颗粒度越细致越有利于项目的推进，但对于同类任务可以进行责任人的合并，以提高工作效率。

（3）单个工作包的实现周期不宜超过两周，否则项目进程将难以控制；也不宜低于0.5个工作日，否则容易抓不住重点。

项目"作战地图"是项目的规划概览，用于明确项目目标的实现路径，其主体包括根据WBS法拆解的工作包及其相关内容。

（1）**项目名称和编号**：项目基础信息，用于明确归属和归档。

（2）**工作类别**：工作包的类别归属，如项目工作、开发工作、产品工作。

（3）**工作模块**：工作包的模块归属，如一个页面开发分为导航栏、分类页等模块。

（4）**关键任务**：工作包明细，具体的工作任务。

（5）**责任人**：工作包责任归属。

（6）**交付标准**：工作包交付标准。

（7）**当前状态**：工作包的当前状态，可以用红绿灯表示：红灯为高风险，黄灯为低风险，绿灯为顺利。

（8）**起止时间**：工作包的计划开始时间、完成时间，预估工时和实际工时。

（9）**其他**：包括风险提示和事项说明等。

项目"作战地图"需要公开透明，让项目干系人都能及时了解沟通对象和项目情况。对于复杂项目，"作战地图"可以参照重点可交付的里程碑，分为两期或多期进行。例如，公司要上线会员项目，包括基础权益和增值权益，可以把基础权益作为一期"作战地图"，把增值权益作为二期"作战地图"，依次上线。

三、灵活调整：项目进程管理

在项目"作战地图"的基础之上，管理者需要制定配套的项目跟进制度，较为常见的是项目周会和日会。

周会主要总结一周的项目进展，并且集中处理项目中遇到的分工难题。如果存在人员紧张或者资源紧张的问题，则需要及时解决问题或做出调整。日会通常采用站会方式召开，用简短的时间复盘当天的任务，如非必要，不用以正式会议的方式召开，避免占用太多人员的时间。

4.3.2 案例场景

某公司组织了"开心总动员"项目，项目分工如表4.8所示，项目"作战地图"如表4.9所示。

表4.8 "开心总动员"项目的组织分工

项目管理	
项目管理委员会	高能、李思思、李默、蔡优、王志华
项目组长	李思思
项目督导	王志华
项目经理	蔡优

项目成员				
类别	模块	负责人	成员姓名	职责
产品	产品	李明宇	王思慧、王毅	负责"开心总动员"活动的产品设计
开发	前端	王艺伟	—	负责"开心总动员"活动的前端开发
	后端	刘毅	张潇	负责"开心总动员"活动的后端开发
	测试	周思思	—	负责"开心总动员"活动的产品测试
运营	运营	王璨	—	活动商品跟进，活动数据分析

表4.9 "开心总动员"项目"作战地图"

项目名称	编号	类别	模块	关键任务	负责人
"开心总动员"活动	ST1001	项目	项目立项会	立项评估	蔡优
				执行计划	蔡优
				明确各职能负责人	蔡优
			项目启动会	召开项目启动会	蔡优
			项目总结会	召开项目总结会	蔡优
		产品	产品设计	"开心总动员"活动页产品设计	李明宇
			交互设计	"开心总动员"活动页交互设计	王思慧
			UI设计	"开心总动员"活动页UI设计	王毅

续表

项目名称	编号	类别	模块	关键任务	负责人
"开心总动员"活动	ST1001	开发	确定开发人员	确定开发人员	李默
				确定技术方案	李默
				确定开发排期	李默
			前端开发	前端开发	王艺伟
			后端开发	后端开发	刘毅
			联调	联调	张潇
			提测	提测	周思思
			测试	测试	周思思
			预发及验收	预发及验收	刘毅
			发布	发布上线	刘毅
		运营	商品配置	活动商品选品	王璨
				活动商品配置	王璨
			数据分析	活动数据跟进	王璨

交付标准	当前状态	开始时间	结束时间	工时	备注
立项评估总结	已完成	9月1日	9月1日	1	
作战地图	已完成	9月1日	9月1日	1	
召开项目启动会	已完成	9月4日	9月4日	1	
召开项目总结会	未开始	10月15日	10月15日	1	
产品设计稿	已完成	9月6日	9月9日	4	PRD 地址
交互设计稿	未开始	9月9日	9月12日	4	
UI 设计稿	未开始	9月9日	9月12日	4	
开发模块责任归属	未开始	9月9日	9月9日	1	
开发排期表	未开始	9月10日	9月10日	1	
开发	未开始	9月14日	9月20日	7	
联调	未开始	9月20日	9月23日	4	
提测	未开始	9月23日	9月24日	2	
测试	未开始	9月24日	9月26日	3	
预发及验收	未开始	9月26日	9月26日	1	
发布上线	未开始	9月28日	9月28日	1	
20个活动商品选品	已完成	9月8日	9月10日	3	
20个活动商品配置	未开始	9月22日	9月24日	3	
每日数据分析报告	未开始	10月1日	10月12日	13	

4.3.3 思考问题

【问题1】你经手过哪些重大项目？你们是如何分工的？

【问题2】你可以运用所学项目组织分工和项目"作战地图"组织项目吗？

4.4 人手不足怎么办

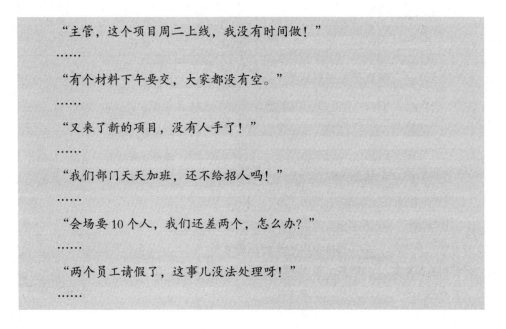

"主管，这个项目周二上线，我没有时间做！"
……
"有个材料下午要交，大家都没有空。"
……
"又来了新的项目，没有人手了！"
……
"我们部门天天加班，还不给招人吗！"
……
"会场要10个人，我们还差两个，怎么办？"
……
"两个员工请假了，这事儿没法处理呀！"
……

人手不足是管理工作中常见的问题，面对这种情况，管理者要怎么办？

4.4.1 核心公式

【人手不足】=【明确原因】×【调整分工】×【人力补充】

【明确原因】解决人手不足的问题，首先要做的是分析人手不足的原因：是事情太多，还是能力不足；是精力分散，还是重视不够。分析出人手不足的原因，才能进行有效调整。

【调整分工】如果内部可以解决，就说明是分工本身存在问题，管理者可以做出相应的分工调整，以应对当前人手不足的问题。

【人力补充】如果分工协调后，仍然不能解决，或者通过分工不能满足人力需求,那么管理者需要争取从外部补充人力。

一、明确原因:四象限分析法

针对人手不足的问题,管理者可以从周期(长期或者短期)和问题点(事情或者人员)两个维度出发,通过两个维度形成的四象限进行分析,如表 4.10 所示。

表 4.10 人手不足原因分析

类型	周期	问题点
LT	长期(Long Term)	事情(Things)
LP	长期(Long Term)	人员(People)
ST	短期(Short Term)	事情(Things)
SP	短期(Short Term)	人员(People)

1. LT 类型

长期存在的人手不足问题,主要原因是事情过多。比如某公关部门需要承接所有公关工作,但其长期只有一个员工,事情过多地压在这一个人身上。

2. LP 类型

长期存在的人手不足问题,主要原因是人员分工存在问题或者人员工作情绪存在问题。比如某公关部门虽然有三位员工,但是 A 只负责内勤工作,B 只负责商务接待,只有 C 在做公关工作,这就存在明显的人员分工问题。

3. ST 类型

短期存在的人手不足问题,主要原因是事情过多。比如某财务部门年底需要进行集中财务对账,同时还需要协助其他部门完成年度总结任务,人员分工没有调整,但是事情总量突然增多。

4. SP 类型

短期存在的人手不足问题,主要原因是工作人员存在问题。比如某行政部门有三位员工,其中一位临时请假,造成短期内人手不足。

二、调整分工

了解了人手不足的原因之后,可以做出相应的分工调整。这里的分工调整主要有两种类型:一是调整事情,二是调整人员。

所谓调整事情，主要是根据事情的轻重缓急和执行的难易程度，进行新的分工排期。重要紧急的事情优先安排人员处理，非重要不紧急的事情则拖后处理。与此同时，还可以对事情做删减处理，如明确某些事情不是本部门需要承担的，协调其他部门来完成，或者某些事情不做也不影响部门绩效和发展，则不再安排人员。

所谓调整人员，主要是根据人员的能力、工作效率和日程来安排，及时调整团队人员的分工，避免出现过于繁忙，或者过于空闲的情况。比如所有的事情都集中在某个人的身上，这样不仅会造成排期拥堵，还会给其造成较大的心理压力。

有时人手不足是因为管理者把人力放在了不适合的位置。比如明明是一个内向的员工，却要其负责部门接待任务，那么他的效率和工作结果便都不是最优的。

三、人力补充

如果通过分工调整，无论是事情的排期调整和删减，还是人员的分工安排优化，都没能解决人力不足的问题，这就需要管理者增加额外的人力资源，以处理面临的工作任务。主要有以下4种补充人力的方式。

1. 加班加点

如果在8小时工作时间内无法完成工作任务，那么管理者首先可以做的是协调员工加班加点处理。需要注意的是，一方面要尊重员工自身意愿，尽量引导，但不强迫；另一方面要符合国家法律法规，给予加班薪水，或者进行调休处理。

2. 自己补位

小团队主管在人手不足的时候，尤其是项目紧急上线的阶段，第一时间需要自己去做人力的补充，对于特别重要紧急的任务，需要做到随时跟进。这就像是行军打仗，不能缩在后面指点江山，而是要实实在在地冲锋陷阵。

3. 公司借调

面对短期内人手不足且主要是由于事情过多的情况，公司内部借调是比较好的处理方式。团队管理者可以向上级主管要求协调更多的资源投入，或者把可以分担出去的职责做进一步的拆分。这样一方面可以减轻人手不足的压力，另一方面可以让公司的人力资源利用率得到提升。

4. 部门招聘

面对长期人手不足且经过分工调整仍无法改善的情况，团队管理者需要申请为部门招聘人员。这种申请包括3个部分：招聘实习生、招聘外包人员或招聘正式员工。

实习生可以帮管理者处理一些烦琐的基本工作，外包人员可以处理非核心的复杂工作，正式员工则需要有更严格的要求。部门招聘需要根据实际情况，经过上级主管的同意，由 HR 部门协助。

4.4.2 思考问题

【问题】你遇到过哪些人手不足的情况？是哪种情况下的人手不足？你是怎么处理的？有没有更好的处理方式？有的话是什么？

4.5　员工休长假怎么办

> "王哥，你有时间吗？跟你说个事儿。"
> "有时间，怎么了？"
> "我想请个假。"
> "什么时候？要多久？"
> "朋友约我月底去西藏玩，可能需要请两个礼拜。"
> "你负责的积分购项目刚进行到一半！"
> "我跟李想聊过，他会帮我继续跟进。"
> "好，我们再对一下具体情况。"

遇到员工休长假，可能会影响工作安排的情况时，管理者要怎么办？

4.5.1 核心公式

【休假分工】=【制度优先】×【分工沟通】×【人力补充】

【制度优先】员工休长假，首先要遵循公司的请假制度，提前报备，明确休的是年假、事假、病假还是产假等。只有提前报备，公司或团队才可以提前应对。如果公司的请假制度不完善，则需要向 HR 部门提出要求。

【分工沟通】员工休长假，主要是存在工作移交的问题。这时管理者需要考虑被移交工作员工的情绪问题，毕竟他也有自己的工作，现在还要额外负责新的工作，故需要经过分工沟通达成一致。

【人力补充】如果内部分工没有办法完全解决员工休长假的问题，则需要通过人力补充的办法来解决员工休长假后的人力紧张问题。

一、制度优先

员工请假要遵循公司的请假制度，一定要有审批，不能口头请假。长期休假通常有以下几种情况。

（1）**病假**。休病假一般需要二甲及以上医院的就医证明，在休假期间，员工可以照常拿到工资，《中华人民共和国劳动法》（以下简称《劳动法》）要求不低于当地最低工资的80%。对于休病假的员工，管理者在有条件的情况下可以予以探望，表示关心。

（2）**产假/陪产假**。产假是最常见的长假，《劳动法》规定，女职工生育享受不少于90天的产假。陪产假主要针对男性员工，时间要比产假短，通常在15天左右。但无论是休产假还是陪产假，都要有相关的请假证明。

（3）**事假**。不同公司对事假有不同的规定，但通常而言，请事假需要扣除员工相关工资。对于休事假的请求，管理者需要识别哪些是有必要的事假，哪些是非必要的事假，如果员工长期以各种理由请假，则需要考虑对其进行辞退处理。

对于员工请长假，除了要求其符合制度外，还可以对其提出以下要求和建议。

（1）**提前准备**

重点还是强调提前沟通、提前规划。请假没有问题，但是要提前说明，进行审批和报备。请假需要提前做好工作安排，提前做好交接工作，留出相对充裕的调整时间，确保工作任务可以顺利进行。

（2）**淡季请假**

许多公司或者部门存在淡季和旺季，尽量让员工在淡季请假，甚至鼓励员工淡季休假。一方面是因为淡季的事情会比旺季少，人力相对充足；另一方面是因为淡季压力较小，员工可以更好地调整身心。

（3）**错峰请假**

尽量避免同一个时间内多人一起请假，否则会造成部门的人手紧张，甚至是工作断档。

二、分工沟通

即使部门有员工休长假，管理者也不必过分担忧。一定时间内的人手紧张，可以促使团队内重新分配工作，提升工作效率。

对于请假员工工作内容的安排，一种方式是把他的工作全部移交给同一个人，另一种方式是分配给多个员工处理。

将请假员工的工作移交给同一个人，相对而言适合工作职能相近的情况，这样事情处理起来相对会较为顺畅。需要解决的是排期问题，同时对于被移交员工的工作是一个挑战，他将面临工作延期风险。

将请假员工的工作分配给多个员工的前提是，这个员工的工作本身是模块化的，可以按照项目或者职能进行工作移交。比如某个运营人员休长假，可以按照其负责的项目进行移交，或者按照其负责的站点进行移交。

进行重新分工之前，需要盘点一下现有人员的工作安排，将一些非重要的工作事项进行删减，将可以移交给其他部门的工作移交出去。

需要和被分配的员工进行充分的沟通，告知其分工的缘由，以及期望的结果。如果被移交的工作影响较大，则需要跟上级主管做进一步的分工沟通。

三、人力补充

员工休长假，管理者可以采用人力补充方式来完成请假员工的工作，即加班加点；自己补位；公司借调；部门招聘。具体采用哪种方式，管理者要视情况决定。

4.5.2 思考问题

【问题】你遇到过员工请长假的情况吗？是哪种情况的请假？你是怎样处理的？有没有更好的处理方式？有的话是什么？

4.6 "关系户"下属怎么分工

"小王，给你们部门介绍一个新员工。"

"好的，老板，怎么有新人来了？"

"这个新员工你要好好培养！"

> "收到,老板。有什么特别要注意的吗?"
> "他的舅舅是我们的大客户,我们下半年的业绩还得靠他舅舅。"
> "啊,了解!"
> "你好好想想,给他安排些什么工作。"
> "好的,老板。"

你遇到过被安排"关系户"下属吗?遇到这样特殊的下属,要怎么给他分工呢?

4.6.1 核心公式

【"关系户"分工】=【调整心态】×【人岗匹配】×【因势利导】

【调整心态】管理者在面对所谓的"关系户"下属时,首先要保持平常心,不要因为特殊关系而产生过多的担忧,要直面这样的下属。

【人岗匹配】分工的关键在于人岗匹配,对于"关系户"下属同样如此,了解他是什么样的人,然后给他安排匹配的事情。

【因势利导】管理者不需要担心这层特殊关系,反而可以加以利用,为团队创造出更大的机会和空间。

1. 调整心态

调整心态的核心是"平常心、不排斥"。"关系户"下属也是下属,管理者只需要考虑部门的发展、整体的分工和多一个人的安排,不要把这样的下属当成负担,或者有很多忌惮。越是露怯,越是显得极不专业。作为一个管理者,需要学会处理这样的分工。

2. 人岗匹配

对"关系户"下属进行人岗匹配前,除了要了解其基本的信息以外,还需要了解这层关系的具体情况。

若这层关系仅限于把员工安排进来,是一个边缘关系,那么管理者可以按照正常的工作要求进行分工即可。

若这层关系对于部门或者公司业务有一定的影响,且被安排的员工工作能力较强,那么管理者可以给其安排一些挑战性工作,可能会起到事半功倍的作用;如果该员工的工作能力较弱,那么管理者可以给其安排一些相对简单的助理工作,让其获得一定的成就感,并且逐步带领其成长。

如果上级明确告知团队管理者关于该员工的工作安排，则按照要求执行即可；如果上级没有明确指示，则可以给该员工安排责任导师间接管理，或者按照实际情况分工。总之，要对团队的目标负责，同时也要像对其他人一样对待这个新下属。

3. 因势利导

有些时候，"关系户"下属对于管理者而言可能是一个新的资源和机会。

一方面，构建"关系户"下属与团队一致的目标，可以在对接相关资源的时候，发挥其自身的优势，在合规合情的情况下，提升工作效率；另一方面，与其建立良好的工作伙伴关系，帮助其融入团队，也能给团队其他员工带来新的思路和视角，并学习如何与"关系户"进行协作。

总之，人与人相处，尊重和信任是基础，以诚心换诚心。

4.6.2 思考问题

【问题】你遇到过被安排"关系户"下属的情况吗？你是怎么给他分工的？有没有更好的分工方式？有的话是什么？

第 5 章

沟通，如何解决实际问题

沟通，是日常工作绕不开的话题，无论是内向的人，还是外向的人，都没有办法不与他人沟通。无论是与上级的沟通、与下属的沟通，还是团队内部的沟通，或者跨团队的沟通，只要存在和人相关的工作，就避免不了与他人沟通。

沟通是管理团队的核心手段，也是管理工作的主要内容，甚至可以说，作为团队管理者，最重要的管理技能就是沟通技能。因此，本章将重点讨论小团队中与沟通相关的知识和实操案例。

本章涉及的主要知识点

◇**通过沟通解决问题**：沟通的目的、原则、方式和制度。

◇**开会怎么开才好**：会前准备、原则和议程，以及纪要和行动。

◇**合理利用沟通工具**：沟通工具有哪些，微信的沟通技巧，发邮件的注意事项。

◇**员工不配合工作怎么办**：情境领导、沟通技巧、底线处理。

◇**下属越级汇报怎么办**：越级方向、越级因素、沟通方法。

◇**处理下属被投诉问题**：诚恳应诉、调查分析、谨慎处理、参照制度。

◇**处理部门外部冲突**：冲突分析、冲突解决、范式总结。

◇**处理内部员工矛盾**：矛盾分析、矛盾解决、开放氛围。

◇**与"95后""00后"员工如何沟通**：了解"95后""00后"员工的特点及管理方式。

5.1 通过沟通解决问题

5.1.1 核心公式

【沟通】=【目的】×【原则】×【方式】×【制度】

【目的】沟通是管理团队的核心手段，也是管理工作的主要内容。任何沟通都有前提，即沟通的目的，如果沟通目的不明，很多时候就会变成无效沟通。

【原则】沟通的场景、人员、问题等存在较大差异，所以需要遵循一定的原则、方式和技巧，最大化地确保沟通双方的信任度，以及沟通过程的顺畅性和沟通结果的有效性。

【方式】沟通是信息的互动，除了信息本身，信息的传递方式也极为重要。当面沟通、书面沟通、会议沟通、一对一沟通，不同的方式适用于不同的沟通目的，也会产生不同的沟通结果。

【制度】制度性的保障能够让公司和团队形成更好的沟通氛围，从而通过沟通来解决问题。

一、沟通的目的：RICE 模型

工作场所内的沟通，或者与工作相关的沟通，其主要目的可以总结为 RICE 模型，即建立联系（Relationship）、传递信息（Information）、达成共识（Consensus）和处理情绪（Emotion）。

1. 建立联系

最基本的沟通目的是建立联系，无论是与下属的沟通、与同事的沟通，还是与客户的沟通，建立工作关系纽带是常见的沟通目的。一些项目、工作不是一蹴而就的，而是在反复的联系之后才形成良好的合作关系的。

2. 传递信息

部署工作任务、下发工作通知、组织工作培训等，主要的沟通目的是传递信息，需要沟通的一方将信息完整、高效地传递给另一方，以另一方是否能良好地接收信息作为目的是否达成的判断标准。

3. 达成共识

以达成共识为目的的沟通，需要沟通的双方深度参与、深入讨论并且达成一致的结论和一致的行动，比如绩效目标的制定和评估，新项目的头脑风暴等。达成共

识是较为常见的需要一定技巧的沟通，有时管理者在沟通刚开始的时候还有明确的目标，沟通过程中却谬以千里，针对这种情况，管理者需要及时控场。

4.处理情绪

处理情绪是小团队管理者经常忽视的，但这是非常重要的沟通目的。当团队成员情绪低落或者团队成员对立时，管理者需要主动进行以处理情绪为目的的沟通，通过情绪的释放，提高员工的工作热情。

二、沟通的原则

1.沟通的七项原则

（1）**倾听**：沟通的过程是双向的，管理者作为沟通的发起人，不只是单方面输出，还需要多倾听对方的想法和意见。倾听时，不要打断、不要插嘴、不制造噪声，专注于对方的陈述，用微笑和鼓励进行反馈，甚至某些时候可以记录下对方的想法。

（2）**客观**：沟通需要客观，就事论事，不能进行人身攻击。简言之，就是对事不对人。与对方沟通的时候，不要预设结论和立场，不要把对方放在对立面，而是要双方围绕一个客观事实进行讨论和处理。

（3）**坦诚**：坦诚相待才会收获真诚，才会有良好的沟通氛围、良好的沟通环境，并且开诚布公。其中，面对面沟通是最直接、最真诚的沟通方式，如果可以，管理者要尽量与团队成员面对面进行交流。

（4）**明确**：沟通的内容需要明确且具体，一方面，需要简洁明了地传递信息，压缩信息的传递成本；另一方面，如果存在理解困难，需要用讲故事、拟人化等手法，降低沟通的理解成本。

（5）**反馈**：沟通时需要得到对方的反馈，确认对方已经接收到的信息，并且要请对方进行补充和纠错。如果对方没有反馈，不能默认对方已经完全理解管理者需要沟通的内容。除此之外，管理者对于对方的讲述也要有相应的反馈，重复对方的话是一种确认信息的良好方式。

（6）**及时**：沟通要及时，一方面是产生需要进行沟通的问题时，要及时沟通处理；另一方面是对于邮件、微信等信息，尽可能地及时回复。

（7）**记录**：记录是沟通的重要方式，有条件的情况下，要记录沟通内容，至少是记录沟通的主要结论。书面化的沟通相比口头沟通显得更为重要，可以作为备份。

2. 非暴力沟通

非暴力沟通方法由马歇尔·卢森堡提出，是一种注重理解、尊重和互助的沟通方法，具体而言主要包括以下 4 个要素。

（1）**观察**：陈述客观事实，针对观察到的事实，能够不加判断地进行描述。在工作场景中，通常是具体的数据和事项。例如，"小王，我发现你这个月的销售额还差 10 万元"。

（2）**感受**：表达针对客观事实的主观感受，这是一种情绪的传递。例如，"我不是很满意这样的表现"。

（3）**需要**：说出哪些需要导致了那样的感受，这种需要可能是客观事实引起的。例如，"因为你前几个月都能提前完成销售任务，我希望你本月也能有同样的表现"。

（4）**请求**：提出具体的请求，针对前面已经说过的观察、感受、需要，提出具体的工作要求或者工作任务。例如，"还有 5 天时间，有几个客户你需要尽快促单"。

三、沟通的方式

工作中的沟通主要包括会议沟通、一对一面谈、书面沟通等方式。

（1）**会议沟通**：包括周期性会议、计划性会议和临时性会议，涉及 3 人及以上的正式沟通。

（2）**一对一面谈**：主要是指两个人面对面进行沟通，广泛适用于工作沟通的各个方面，包括但不限于绩效沟通、工作安排、情绪安抚等。

（3）**书面沟通**：主要是以公告、邮件、内部期刊等书面形式进行的沟通，内容版式相对固定，且最为正式。

（4）**其他沟通**：主要是微信、工作群、QQ、钉钉等电子信息沟通，相对来说不够正式，但是较为灵活、及时。

四、沟通制度

公司应该有相应的沟通制度，规范会议、邮件等沟通方式。部门内部应该遵循公司的沟通管理制度，并且形成自身的沟通制度，比如小团队管理者可以约束自己每个月固定时段与团队成员进行绩效沟通。

5.1.2 思考问题

【问题1】你最近一次找员工沟通出于什么目的？你采用的沟通方式是什么？

【问题2】你会定期与员工进行沟通交流吗？频率是多久？是否可以尝试制定部门的沟通制度？

5.2 开会怎么开才好

> "开会啦，开会啦！"
> 我们经常会遇到开会的场景，有些是自己组织的，有些是临时被叫过去参会的，会议甚至是成为小团队管理者以后，最占用时间、最耗费精力的工作内容。有些小团队管理者特别抵触开会，还有一些小团队管理者会在会议中迷失方向。

实际上，会议的召开不是为了"折磨"大家，而是为了更高效地决策，范围更广地落地，那么开会要怎么开才好呢？

5.2.1 核心公式

【好的会议】=【会前准备】×【原则和议程】×【纪要和行动】

【会前准备】会前需要进行会议的准备工作。好的会议准备有利于会议的顺利进行，有助于会议结果的积极达成，也有利于提高参会人员的积极性，引导良好的会议氛围。

【原则和议程】会议的内容千变万化，参会的人员千差万别，可参考的会议原则和议程，能够在一定的会议行为框架内，保障会议的顺利召开，保障参会人员进行有序的会议讨论，并且形成会议的决议。不同类型的会议有不同的会议技巧，掌握这些技巧，有助于提高开会效率，提升会议效果。比如以每日进度共享为目的的会议，可以采用站会形式；而某些闭门会议，则可以要求不带手机、电脑等。

【纪要和行动】虽然不是每次会议都会有纪要，但是好的会议都会形成会议的总结和具体的行动方案，并且有专门的人员跟进会议的决议执行情况，或者在下次的会议中进行一定周期内容的总结讨论。

一、会前准备

会前三问：
（1）有没有必要开这个会？
（2）开会想要什么样的结果？
（3）需不需要这么多人参加？

会议准备主要是针对即将召开的会议做一些提前准备工作，包括但不限于以下几个方面。

1. 明确会议的目标

召开会议需要有明确的会议目标，如果没有明确的目标，那么这个会议其实是没有召开的必要的。明确了会议的目标，才可以围绕这个目标明确参会人员及准备会议内容。这也是回答会前三问的第一问，有没有必要开这个会。

2. 明确参会的人员

参会人员需要在会前进行确定和邀请，虽然也存在无法确定参会人员的情况，但仍然需要对参会人员的大致角色做一些拟定。比如某个会议需要 A 参加，但是 A 请假了，要么协调时间，要么就由 A 指定人员代参加，并代表 A 发言和参与决议。明确参会的人员，一方面不能缺少核心的参会角色，另一方面不能人员冗余。此时就需要明确需不需要那么多人参加。

3. 明确会议的议题和议程

会议的议题在确定会议的目标后就应该有相应的草案，并且根据议题邀请相关人员。会议的议程则是围绕会议议题进行会议准备，包括确定会议的时长、会议的环节、各个环节的主持人和发言人等。明确会议的议题和议程，并且提前通知参会人员，可以节约会议的时长，提升会议的沟通效率。

4. 明确会议的时间和地点

一次会议至少需要 3 个人参加，这就需要协调参会人员的时间，并且协调相关的会议地点。一些临时的会议可以在公司的小会议室或者茶水间召开，一些中型或者大型的会议，需要提前联系行政人员或者在系统内进行会议预约。会议召开前，需要知道这个会议地点是否满足会议的要求，比如要进行 PPT 演示，预定的会议室就要有投影仪等设备，同时要对会议的设备进行调试，以免出现问题。

二、原则和议程：罗伯特议事规则

罗伯特议事规则是由美国将领亨利·马丁·罗伯特整理的议事规范，适用于各种会议的议事程序，包括联合国大会、欧盟会议等。罗伯特议事规则的核心步骤如下。

（1）**提出动议**：指的是由某位参会成员提出某项实质的行动，比如"我动议关闭亏损的三家门店"。

（2）**附议**：另外一位参会者或者多位参会者表示附议，即认为这个动议有在此会议中讨论的必要，并不表示赞成或者反对，一人附议，该动议即可进入议事流程。

（3）**宣布议题**：动议经过提出并得到附议后，主持人通过宣布议题将其正式提交会议考虑，主持人重述并明确要讨论的议题。

（4）**辩论**：除非没有人发言，否则各成员就议题展开辩论，动议方先进行发言。比如"我动议关闭亏损的三家门店，因为公司的现金流受到疫情影响，关闭三家店有利于集中资源"。其他人员可以交替发言，或者支持，或者反对，并提出相关的理由进行辩论。

（5）**表决**：主持人把议题提请表决，当辩论接近尾声的时候，主持人确认没有尚未发言的，并再次宣布议题，保证全体成员都准确地了解了当前要表决的议题是什么，然后将该议题提交给会议进行表决。

（6）**宣布结果**：主持人宣布表决结果，主要宣布表决的获胜方和双方的票数，宣布动议是获得通过，还是被否决，宣布这个决定的效果和效力，需要或适合的时候，落实具体的行动。比如"经过投票，80%的人认为应该关闭三家门店，并且在一个月内完成关店行动，由××负责落地执行"。

加州州立大学（长堤）商学院的孙涤教授是《罗伯特议事规则》的译者之一，他将罗伯特议事规则总结为以下12条精简原则。

（1）**动议中心原则**

动议是开会议事的基本单元。"动议者，行动的提议也。"会议讨论的内容应当是一系列明确的动议，它们必须是具体、明确、可操作的行动建议。先动议后讨论，无动议不讨论。

（2）**主持中立原则**

会议主持人的基本职责是遵照规则来裁判并执行程序，尽可能不发表自己的意见，也不能对别人的发言表示倾向。主持人若要发言，必须先授权他人临时代行主持之责，直到当前动议表决结束。

（3）机会均等原则

任何人发言前须示意主持人，得到其允许后方可发言。先举手者优先，但尚未对当前动议发过言者，优先于已发过言者。同时，主持人应尽量让意见相反的双方轮流得到发言机会，以保持平衡。

（4）立场明确原则

发言人应首先表明对当前待决动议的立场是赞成还是反对，然后说明理由。

（5）发言完整原则

不能打断别人的发言。

（6）面对主持原则

发言要面对主持人，参会者之间不得直接辩论。

（7）限时限次原则

每人每次发言的时间有限制（比如约定不得超过2分钟）；每人对同一动议的发言次数也有限制（比如约定不得超过2次）。

（8）一时一件原则

发言不得偏离当前待决的问题。只有在一个动议处理完毕后，才能引入或讨论另外一个动议。主持人对跑题行为应予以制止。

（9）遵守裁判原则

主持人应制止违反议事规则的行为，这类行为者应立即接受主持人的裁判。

（10）文明表达原则

不得进行人身攻击，不得质疑他人动机、习惯或偏好，辩论应就事论事，以当前待决问题为限。

（11）充分辩论原则

表决须在讨论充分展开之后进行。

（12）多数裁决原则

（在简单多数通过的情况下）动议的通过要求"赞成方"的票数严格多于"反对方"的票数（平票即未通过）。弃权者不计入有效票。

罗伯特议事规则是管理者可以参照的基本开会程序和守则，公开会议、闭门会议、临时会议、周期会议都适用，尤其是进行战略讨论和头脑风暴的时候。但是以信息传达为主的单向沟通会议，则可以精简步骤和内容，直接清晰地传递要通知的内容，并确保参会人员正确接收信息。

三、纪要和行动

会议纪要是针对会议的记录，既是会议的内容摘要，也是下一步的行动指南。

会议纪要的基本信息包括会议形式、会议时间（开始时间、结束时间）、会议地点、主持人、参会人员。会议纪要的主体内容包括会议的动议、主要辩论观点、动议的表决和决议内容。决议内容涉及具体行动的，需要明确标记行动的责任人，让参与者明确接收下一步的工作内容。

5.2.2 案例场景

某公司针对财务预算审批流程展开了会议讨论。

1. 会前准备

（1）明确会议的目标：达成财务预算审批流程共识。

（2）明确参会的人员：财务部门负责人、业务部门负责人、行政部门负责人及其他相关人员。

（3）明确会议的议题和议程：议题为财务预算审批流程，议程为财务部门负责人说明目前的财务预算审批流程（用时10分钟）、参会人员进行讨论（用时20分钟）、投票表决（用时5分钟）。

（4）明确会议的时间和地点：10月15日14：00，8A会议室。

2. 会议议程

"我们这次的会议主要是讨论财务预算审批流程，由于之前的流程存在一些审批漏洞，所以需要优化。大家对于会议主题有没有疑问？"（财务部门负责人发言，提出动议。）

"没有问题，我们开始吧。"（业务部门负责人发言，提出附议。）

"目前我们的财务预算审批流程是业务员发起、上级主管审批、财务审批、行政归档，这样的流程没有设置金额门槛。也就是说，如果我的预算超过了1万元，上级主管审批、财务复审完就完结了，部分财务人员会向财务副总裁汇报后进行复审，但流程上是不需要副总裁复审就可以通过审批了。所以，我们希望直接在审批流程里加上财务副总裁审批的环节。"（宣布议题后进入辩论环节，财务部门负责人首先阐述当前情况。）

"副总裁审批的话，整个流程就漫长了，而且本来就会有归档，是不是可以不加，否则太影响我们的工作了。"（业务部门负责人针对财务部门负责人的动议，展开辩论。）

"我们行政归档，只是进行流程的归档，具体里面的往来我们也不清楚，但是我认为确实是有必要的，否则容易造成资产流失。如果大额的没有经过审批，老板来询问的时候也麻烦。"（行政部门负责人加入了辩论。）

"是的，而且我们是可以设置金额门槛的，超过某个金额才需要加副总裁审批的流程。如果在此金额以下，则还是按照原来的流程进行。"

"那这个金额谁来定呢？"

"具体金额门槛，我们需要讨论好再请示领导，我的建议是以1万元为门槛，1万元以上的加签。"

"我们很多预算都超过了1万元，审批起来会很麻烦。"

"你这边的想法是多少金额呢？"

"5万元吧，5万元的预算一般比较重大的项目才会有，本身也要往上汇报。"

"那为了优化预算审批漏洞，新增财务副总裁审批流程，大家还有意见吗？"（针对议题进行表决，明确大家已经了解当前要解决的问题。）

"没有，具体金额还要再讨论一下。"

3. 纪要和行动

主题：财务预算审批流程

时间：10月15日14：00—14：30

地点：8A会议室

参会人员：财务部门负责人、业务部门负责人、行政部门负责人及其他相关人员

主要内容：

（1）财务预算审批流程存在审批漏洞，大额金额没有高层审批，仅有线下沟通；

（2）针对现有审批流程，增加财务副总裁审批环节；

（3）新增副总裁审批环节，设置金额门槛，未超过审批门槛的维持旧有流程。

下一步计划：

（1）确认审批门槛，由财务部门负责人跟进；

（2）OA（Office Automation，办公自动化）系统内增加流程，由行政部门负责人跟进。

5.2.3 思考问题

【问题1】会议的核心步骤有哪些？会议准备的主要内容是什么？

【问题2】你最近一次参加的会议是什么？会议纪要是否完善？哪些地方可以改进？

5.3 合理利用沟通工具

> "在吗？"
> "现在在了。"
> "对不起，刚看到，现在还在吗？"
> "不好意思，刚刚在开会。"
> "刚才有事情，你还在吗？"
> "我在，啥事儿？"
> ……

微信等即时通信软件的出现，虽然方便了工作沟通，但是也出现了很多恼人或者令人啼笑皆非的无效沟通，那么我们要如何合理利用沟通工具呢？

5.3.1 沟通工具有哪些

工作中的沟通工具主要有电话、短信、邮件和即时通信软件等，其中，使用较为频繁的是以微信、企业微信、钉钉等为主的即时通信软件，较为正式的则是邮件形式的工作沟通。通常而言，工作沟通工具的选择如下。

（1）日常沟通：可以用即时通信软件。

（2）日常通知：可以用即时通信软件，同时发送邮件备份。

（3）系统通知：可以同时用短信和即时通信软件发送。

（4）紧急事项：用即时通信软件留言后打电话联系，或者直接用电话联系。

（5）重要事项：发送邮件通知，同时用即时通信软件提醒。

5.3.2 微信沟通技巧

微信是目前应用非常广泛的即时沟通工具之一，很多工作沟通是通过微信进行的。使用微信沟通时需要注意以下几个方面。

1. 基本沟通要求

（1）**不要总发"在吗"，要直接说事情。**

"在吗"属于典型的无效沟通，使用即时通信软件沟通，对方显然都能收到你的消息，要想对方针对你的提问进行回复，则需要你的提问是有内容的。如果是为了开启话题，那么直接用"麻烦你了""打扰了"开头，然后直接说你找对方要做的事情。

（2）**不要频繁发送语音，尽量使用文字。**

使用即时通信工具的目的是提高双方或者多方的工作效率，发送语音相当于发了多长时间，对方就要听多长时间；有时对方在会议中不方便听语音，而一些方言口音较重的朋友，即使用语音转文字功能，也不能很好地识别他的语音。所以，尽量用文字沟通，一分钟要说的话，对方几秒钟就能看完，可以节约双方的沟通成本，而且留有记录，以后查询的时候也更容易。

（3）**不要突然拨打语音电话或者视频电话。**

语音电话或者视频电话对于沟通的环境有一定要求，在不了解对方所处的沟通环境和沟通情绪是否方便的时候，请先用文字留言，询问对方是否方便，得到肯定的答复后再发起语音电话或者视频电话，否则很容易引起对方情绪上的不满。

（4）**及时回复工作消息。**

工作消息要及时回复，钉钉和企业微信有已读功能，也是一种迫使大家及时回复工作消息的手段。微信本身没有已读功能，但是我们仍然要及时回复工作消息。

（5）**注意沟通时间。**

尽量在工作时段进行工作安排和工作沟通，如果在非工作时段（如下班后、周末）有工作需要沟通，则尽量使用比较客气的语气沟通。因为员工有休息的自由，任何休息时间的工作打扰都会给他人造成负担。

2. 沟通工作信息注意事项

（1）**工作消息要简洁明了，注意检查错别字。**

使用即时通信软件进行沟通，是为了提高沟通效率，所以发送的工作消息要尽可能地简洁明了，注意排版，不要大段落的文章，也不要一段文字拆成多段发送。同时，要措辞严谨，不要出现错别字，尤其是发给上级主管和其他领导的消息，发送前应该反复检查。

（2）注意语气词的使用，减少网络缩写词的使用，避免引起误会。

少用"嗯""哦"等单音语气词，否则会给他人造成情绪不高的反馈，或者会被人理解成较为轻蔑的答复。减少网络缩写词的使用，毕竟工作场景的沟通相对比较严肃，工作对象的年龄段跨度也比较大，大家对网络缩写词的理解会存在较大的差异，用更为准确的表达，可以避免引起误会。

（3）使用表情包调节气氛，严肃话题除外。

在部门内部群或者一些活跃的场景下，可以用一些表情包给繁重的工作带来一些轻松感。但是如果涉及比较严肃的话题，比如沟通重要事项的时候，则发言就要围绕相关话题展开，避免用表情包影响主旨内容。

（4）重要文件及时收藏保存。

由于微信聊天的文件和图片记录会被定期清理，所以用微信发送一些工作文档时，可以使用微信的收藏功能，方便下次查找，或者直接将文档保存到本地。

（5）涉密文件不用微信传送。

涉密文件减少或者禁止用微信传送，要用邮件或者内部共享软件进行传送，以防泄密。如果一定要用微信发送涉密文件，建议先将文件加密，密码用其他通信方式发送给收件人。

3. 微信工作群沟通注意事项

（1）组建工作群后，需要大家备注好个人信息。

在团队内部的工作群中，大家可以用较为活泼的昵称；而跨部门合作的工作群，则需要大家备注好所属的部门、岗位、姓名和电话等信息，方便跨部门合作时能够准确了解工作信息的来源。

（2）学会使用"@"功能。

涉及工作通知的可以用群通知功能，并且@所有人，收到的员工回复1；涉及具体一人或者多人的工作任务，直接@相关人员，一方面是加以提醒，另一方面是做公示，让群内其他人员监督工作落地；如果@一次无回复，则多@几次，仍未回复，则私信或者用电话联系。

（3）一次讲一个话题，避免插话。

工作群沟通可以遵循一事一议的方式，一个工作话题有结论后，再进行下一个工作话题的讨论，否则可能引起理解偏差。如果在一个话题讨论完结后，需要再次讨论的，可以回复之前的结论，并且@相关人员。

（4）工作群不聊闲话、"八卦"，尤其是领导在群内的情况下。

工作群也是工作场所之一，不应该在工位讨论"八卦"，同样也不应该在微信工作群内讨论无关话题，尤其是上级主管或其他领导在群内的情况下。

（5）学会使用红包，调动情绪、活跃气氛。

小团队的管理者偶尔在群里发红包，庆祝一些里程碑事件和大的节日，有助于和员工之间建立良好的关系，调动员工的积极情绪。

5.3.3 发邮件注意事项

邮件是目前除了合同以外，最正式和应用最广泛的书面沟通方式之一，所以发送邮件的时候需要多加注意。

1. 标题

邮件标题不能为空，也不能过于冗长。邮件标题的作用是让对方一目了然地了解邮件内容，并决定是否查阅和回复。所以，标题要简单明了，突出重点，要有总结。另外，工作中经常需要转发、回复，此时要注意"RE："和"FW："字符的出现次数，对带此类字符的标题要重新修改。

2. 格式

邮件内容的格式通常包括开头、正文、结尾和签名。开头要有称呼，如"Dear all""Hi，×××""××× 好"等；正文是邮件需要阐述的主要内容；结尾主要是一些祝福性的惯用词，如"Yours Sincerely"（谨启）、"Best Regards"（最好的问候）、"祝顺利"等；签名主要按照公司的统一格式填写，如果公司没有统一的邮件签名，则可以加上公司、部门、岗位、姓名和联系方式等信息。另外，邮件内容要尽量保持字体、字号、颜色的统一。如果是重点内容，则可以用红色、加粗的字体样式呈现。

3. 正文

邮件正文的书写可以参考金字塔原理，即结论先行、自上而下、归类分组、逻辑递进。内容要简洁明了，在可读性和易读性方面投入精力。比如可以用编号来显示层次感；用红色、加粗的字体样式标记重点，但也不可以标记得过多，否则就没有重点了。另外，需要检查是否有错别字、标点符号错用等问题，书面沟通对于格式的严谨性要高于口头沟通。

4. 附件

如果邮件有附件，则要记得添加附件。附件标题不能为空，而且需要简洁明了地体现附件的内容。同时，根据邮箱的限制情况，有些大文件可以直接添加超大附件，有些则需要上传到网盘。

5. 收件人和抄送人

不要遗漏收件人和抄送人，如果出现邮箱组，则需要确认邮箱组成员的权限情况。如果是抄送给全员的邮件，则需要谨慎检查，确认无误后发送。

5.4 员工不配合工作怎么办

> "××，你把这个材料尽快交给李总。"
> 员工A直接回绝了你："我现在没有时间，还有好多事情要做。"
> 员工B反驳你的安排："这块工作我不是很了解，要么问一下小王？"
> 员工C接下了工作："行。"但迟迟没有下一步行动。

做小团队管理工作的时候，总会遇到不配合工作的员工，有些是同期进公司的同事，有些是新接手的人员，面对这种情况，团队管理者要怎么处理呢？

5.4.1 核心公式

【员工不配合的解法】=【情境领导】×【沟通技巧】×【底线处理】

【情境领导】情境领导用于分析员工不配合工作的原因。当员工不配合工作的时候，首先需要寻找不配合的原因。有时员工不配合工作，并不是员工主观不配合，而是工作安排或者分工信息传递存在问题，如果不了解真实情况，则无法解决问题。

【沟通技巧】员工不配合工作的时候，管理者仍然需要做到以心交心，以诚换诚。所谓沟通技巧，是指小团队管理者面对不配合工作的员工，可以使用的一些沟通方面的技巧，以便更好地解决员工不配合工作的问题。

【底线处理】小团队管理者的管理底线其实并不是员工不配合工作，而是团队目标没有实现。如果员工不配合一些工作安排，但是能够最大化地帮助团队实现目标，则可以反复沟通或者冷处理；如果员工的负面表现影响了团队目标的实现，那么一定要杀伐果断，及时处理。

一、情境领导

管理学家保罗·赫塞与肯尼思·布兰查德共同提出了情境领导理论，该理论认为领导的有效性是由员工的成熟度、领导的工作行为和领导的关系行为共同决定的。他们将员工的成长过程分为由低到高的 4 个阶段。

第一阶段（R1）：没能力，没意愿且不安。

这个阶段的员工表现出来的不配合工作，与其能力和意愿都有关系，需要进行的引导工作也最多。比如一些能力较差的老员工，对于管理者的工作安排有情绪，也没有办法实际去执行。

第二阶段（R2）：没能力，有意愿或自信。

这个阶段的员工表现出来的不配合工作，与其能力有关系，但不是主观意愿的问题，可能是客观原因造成的，如管理者分工不当。比如管理者让一个没有经验的销售员去处理大客户的复杂问题，最后没有达到预期的结果，这就属于管理者的分工失当。

第三阶段（R3）：有能力，没意愿或不安。

这个阶段的员工有较强的工作能力，但是不愿意配合管理者的工作。比如一些能力较强、经验丰富的员工，有自己的规划和想法，不赞同管理者的决策；再如管理者和某成员曾经是同级，管理者因工作表现出色而升任为领导，对方表示不服。

第四阶段（R4）：有能力，有意愿并自信。

这个阶段的员工既有能力又有很强的工作意愿，这个时候出现不配合工作的情况，很多时候是管理者自己的原因。比如管理者交代任务的时候没有说清楚想要的结果，给对方造成了错误的指示，结果对方按照错误的方向进行工作，却被管理者认为是不配合工作。

针对不同阶段的员工，需要采取不同的管理方式。

1. 指令式

针对第一阶段（R1）的员工，需要采取高命令、低支持的管理方式，即明确地告诉员工要做什么、怎么做、什么时候做、跟谁配合做。利用事情去管理人，细化工作，对于工作安排留有记录，并且明确告知奖惩情况。例如，一些能力较差的老员工，对于管理者的工作安排有情绪，也没有办法实际去执行，管理者可以直接安排工作，让其按照指导一步一步实现，最好有第三人在场，并且有工作安排记录。

2. 教练式

针对第二阶段（R2）的员工，需要采取高命令、高支持的管理方式，即给员工发布指令的同时解释工作内容以及工作方法，并且继续指导员工去完成任务，如同教练一样，给予帮助和辅导。比如某些员工虽然按照管理者的指令在做事，但是由于能力或者其他原因无法达成工作，管理者要及时予以支持；同时，管理者要有耐心，而不是对员工进行批评。

3. 支持式

针对第三阶段（R3）的员工，需要采取低命令、高支持的管理方式，即管理者与员工共同面对问题，制定解决方案，并给予鼓励和支持。比如一些能力较强、经验丰富的员工，有自己的规划和想法，管理者需要多听听他们的建议，并且加以引导，而不是唯我是从。如果管理者和对方曾经是同级，管理者因工作表现出色而升任为领导，对方表示不服的，管理者要和对方一对一沟通，征询他们的发展意见，并尽可能地予以支持。

4. 授权式

针对第四阶段（R4）的员工，需要采取低命令、低支持的管理方式，即管理者对员工要进行充分的授权，只告知员工工作目标，不提出问题和解决方案，将工作任务交由员工全权负责。这个时候如果员工不配合，管理者要明确目标传递已足够清晰，并且确认对方理解了传递的信息，避免理解偏差。

二、沟通技巧：CPR法

科里·帕特森等人在《关键冲突》一书中提出了CPR法应对关键冲突，该方法还可用于处理团队内部矛盾。具体而言，CPR包括内容（Content）、模式（Pattern）和关系（Relationship）。

（1）当员工第一次未配合工作时，讨论事实本身。

员工首次出现未配合工作的情况时，管理者应重点关注事实情况，描述什么时间、什么地点、哪项工作没有配合、产生了什么样的后果，只就事论事，但不进行批评。

例如，"小王，这次安排的活动你没有及时跟进，引起了客户投诉，给公司带来了10万元的损失"。

（2）当员工第二次未配合工作时，讨论行为模式。

员工再次出现未配合工作的情况时，管理者应重点总结事实背后的行为模式，而不必纠结于事情本身。

例如，"小王，你又出现了工作未及时跟进的情况，是不是对工作安排有什么不满，还是有其他什么我们不了解的原因"。

（3）当同样的问题第三次出现时，讨论关系层面。

同一员工未配合工作的情况持续发生时，解决问题的核心要上升到关系层面，管理者需要让对方明白两个人的合作关系会出现巨大危机。

例如，"小王，你还是没有按照安排跟进工作，这样大家缺少了合作的基础和信任，我们没有办法再给你安排工作了"。

针对不配合工作的员工，首先运用情境领导理论和CPR法进行有针对性的沟通，并且应该反复尝试；如果仍然无法解决不配合的问题，则可以根据实际情况，使用一些其他技巧。

（1）制造压力来源

给不服从安排的员工增加压力来源，比如用赛马的方式，将他的工作分出去给其他同事，让他们分别完成，从而造成竞争压力。

（2）制造工作陷阱

安排不擅长的工作给他，或者将比较棘手的项目交给他；等其傲气消散，了解到自己的不足，再安排适合他发挥的工作。

（3）安排"垃圾"工作

安排令其感到轻松但是没有产出的"垃圾"工作，将核心、有产出的工作分离出去，将其逐渐边缘化，从而激发其想要做事的意愿。

（4）利用绩效工具

利用绩效工具，将部分工作作为绩效管理的一部分，让其工作内容与绩效结果和绩效奖金挂钩。

（5）调岗或辞退

对于反复沟通和协调依然无法稳定输出工作的员工，需要想办法给他调岗或者让其离职。

以上技巧都是在万不得已的情况下才使用的，毕竟立威、强硬的管理方式都容易打击员工的积极性，也会对其他员工产生不好的影响。

三、底线处理

小团队管理者的管理底线并不是员工不配合工作，而是团队目标没有实现。如果员工不配合管理者的一些工作安排，但是能够最大化地帮助团队实现目标，则可以反复沟通或者冷处理；面对一些"关系户"，同样可以使用这条规则。

如果员工的不配合，严重影响了团队氛围、团队目标的达成，则管理者需要及时处理，不要顾及颜面，能够转岗的可以让其转岗，不能转岗的可以让其退出绩效改进计划。如果对方确实不适合本公司的工作，则可以按照法律规定和公司章程，予以辞退处理。

5.4.2 案例场景

"××，你把这个材料尽快交给李总。"

员工A直接回绝了你："我现在没有时间，还有好多事情要做。"

员工B反驳你的安排："这块工作我不是很了解，要么问一下小王？"

员工C接下了工作："行。"但迟迟没有下一步行动。

情境领导1

员工A是公司的老员工，但是在提干过程中没有得到领导的青睐，为此存在工作情绪，他处于情境领导的第三阶段（R3），有能力，没意愿或不安。这个阶段的员工有较强的工作能力，但是不愿意配合管理者的工作。应对技巧为，采用支持式的管理方式，低命令、高支持，即管理者与员工共同面对问题，制定解决方案，并给予鼓励和支持。

"A，你有时间吗？我们聊一下。"

"没有，很忙啊现在。"

"5分钟，来吧，2号洽谈室。"

"你这两天好像都比较忙，所以我想跟你沟通一下，看看有什么可以一起努力的。"

"都是项目上的事情，这个也催，那个也催。"

"是啊,很多时候都是这样的,咱们经常被催着做事情。你这周主要是哪些项目占用的时间比较多?"

"X项目这周要上线;Y项目也要开题;Z项目资源有问题,还在协调。"

"X项目确实比较紧急,Y项目还没有眉目,Z项目的话,现在哪块资源卡住了?"

"前端有问题,找过C了,没解决。"

"那我试着去沟通一下,还有其他你觉得推不动的吗?"

情境领导2

员工B是部门的"关系户",每天混日子,他处于情境领导的第一阶段(R1),没能力、没意愿且不安。这个阶段的员工表现出的不配合工作,与其能力和意愿都有关系,需要进行的引导工作也最多。应对技巧为,采取指令式的管理方式,高命令、低支持,即明确地告诉员工要做什么、怎么做、什么时候做、跟谁配合做,利用事情去管理人。

"B,这个材料主要是H项目的归档材料,线上链接我等一下发你,主要统计一下项目的销售金额,公式可以参考I项目里的计算方法。你看,就像这样,明白了吗?"

"不是很理解。"

"那我再给你演示一下。这个是线上链接,根据链接找到项目信息。你看,在这里,然后把I项目的这个公式复制出来,这样就可以统计出来了。"

"好的。"

"剩下还有20个页表,你按照刚刚的方法来操作,明天16:00之前提交,如果操作上有什么问题,可以找我或者小D。"

"小D,这个项目材料如果B还有什么问题,你教他如何处理,明天16:00之前要提交。"(安排工作时,明确具体的交付内容、交付要求和截止时间,并且让第三人协助监督。)

情境领导3

员工C刚刚加入公司不久,对于公司一些平台和项目还不熟悉,但是积极主动地工作。他处于情境领导的第二阶段(R2),没能力,有意愿或自信。这个阶段的员工表现出的不配合工作,与其能力有关系,而不是主观意愿的问题。应对技巧为,采用教练式的管理方式,高命令、高支持,即给员工发布指令的同时解释工作内容以及工作方法,并且继续指导员工去完成任务。

"C，这个材料主要是 M 项目的归档材料，线上链接我等一下发你，主要统计一下项目的销售金额，公式可以参考 N 项目里的计算方法。你看，就像这样，明白了吗？"

"好像懂了。"

"你试着按照刚才教你的方法做一下，有什么问题再问我。"（相较于 R1 阶段的员工，管理者对于 R2 阶段的员工要给予更多的信任，并且要有耐心，让其逐步适应工作要求。）

5.4.3 思考问题

【问题1】情境领导理论将员工的成长过程分成了哪 4 个阶段？对于不同阶段的员工要如何进行管理？

【问题2】你最近一次面对不配合工作的员工是什么场景？具体是什么原因造成的？你是如何处理的？是否有更适合的方法？

5.5 下属越级汇报怎么办

> "小王，你把 A 项目的进展跟我汇报一下。"
> （分管财务的李总直接找到小团队管理者的下属小王，要求小王汇报工作。）
> ……
> "严总，我正在负责 B 项目，目前遇到了一些问题需要向您汇报。"
> （下属老张在小团队管理者不知情的情况下，找到了部门的严总监进行越级汇报。）

越级汇报是小团队管理工作中较为棘手的问题,有时下属越级汇报一段时间后，小团队管理者才有所耳闻，但在了解情况后，要第一时间处理。具体而言，遇到下属越级汇报的情况，小团队管理者要怎么办呢？

5.5.1 核心公式

【越级汇报破解法】=【越级方向】×【越级因素】×【沟通方法】

【越级方向】下属越级汇报，主要有两种越级方向：一种是上级越过小团队管理者，直接要求下级向上汇报；另一种是下属越过小团队管理者，直接向更上级的管理者汇报。越级方向不同，处理的方式也会有所不同。

【越级因素】无论是上级越过小团队管理者找下级，还是下级直接汇报给更上级的领导，失去中间的桥梁，一定是存在某种动因。一种是找不到中间桥梁，比如小团队管理者休假了（客观原因）；一种是有意绕过中间桥梁，比如下属急于表现（主观原因）。分析原因和目的，才能找到破解之法。

【沟通方法】解决越级汇报问题，核心就是沟通。但是针对不同类型的越级汇报，采用的沟通方法也不同，有时需要简明直接，有时需要迂回处理，在某些情况下，冷处理也是比较好的沟通方法。

一、越级方向

越级汇报是否存在问题，核心是公司是否有越级汇报的文化。绝大多数场景下，公司存在上下级关系，就天然形成了上下级的分工工作和汇报关系，非特殊情况不必进行越级汇报即可保障工作的顺利进行。

（1）上级越级管理，直接要求团队成员向上汇报。

如果上级一直都有直接管理的习惯，喜欢听取细节的汇报，那么要配合他的工作，同时要尽可能了解工作进展，同步获悉汇报内容，避免出现管理偏差。如果上级没有直接管理的习惯，近期却经常越级管理，特别是只针对某一个团队进行越级管理，那么该团队的管理者要谨慎思考，是否自己在工作中有重大问题，是否组织架构有新的调整。这种情况下，这个小团队管理者很有可能会被替换。

（2）下属越级汇报，直接向高层汇报。

下属直接越级汇报相对更为常见。下属越过小团队管理者向上汇报，可能是因为下属没有工作经验，急于表现自己；也可能是因为小团队管理者的问题，比如分工不合理，给下属造成了困扰。无论是什么原因，在解决下属直接越级汇报问题之前，要先确定上级是否仍然站在小团队管理者这一边，只有上级的信任和支持仍然存在，小团队管理者才能更从容地解决越级沟通问题。

二、越级因素

1. 上级因素

（1）公司存在越级汇报的文化。 公司或者团队本身存在越级汇报的文化，并且鼓励越级汇报，大家都习惯了越级汇报。

（2）**上级存在直线管理的习惯**。上级对自己关心的工作会习惯性地进行直线管理，避免出现沟通偏差，并且要随时把握工作进度。

（3）**上级安排了"眼线"进行监督**。上级安排了"眼线"，监视部门运营情况和小团队管理者的管理情况。

2. 下级因素

（1）**缺少工作经验，没有意识到问题**。初入职场的新人，或者是因为想表现自己，或者是因为感觉自己不受重视，所以采取了越级沟通的方式，并且没有意识到问题。

（2）**下属恃才傲物，不服从管理**。下属有能力，或者曾经跟管理者平级，故不服从管理，认为越级汇报能实现其工作价值和升迁机会。

（3）**与上级关系紧密，不服从管理**。下属有背景或者与更上级关系紧密，习惯越级汇报，忽略了小团队管理者的管理。

（4）**存在偏见，认为小团队管理者解决不了问题**。下属认为小团队管理者解决不了问题，能力和管理的职能范围不足，需要更上级的人员处理。

3. 小团队管理者自身因素

（1）**工作分工不合理**。小团队的工作分工不合理，引起了下属的疑问或不满。

（2）**工作沟通不充分**。管理者工作沟通不充分，没有及时了解下属的需求和问题。

（3）**工作或管理能力不足**。管理者工作或管理能力不足，无法解决当前的问题。

（4）**出现作风或管理问题**。管理者出现了作风或者管理问题，下属找更上级进行投诉。

（5）**缺少上级或下级的信任**。管理者在下属面前没有足够的威信，或者失去了更上级的信任。

4. 客观因素

（1）**事情重大且紧急，需要更高层级管理者决断**：比如有紧急的文件需要签署。

（2）**直接管理者请假或者联系不上直接管理者**：比如小团队管理者请假了，下属没有办法处理，只能越级汇报。

（3）**其他特殊情况**：比如部门架构临时调整、新主管刚入职不了解工作情况等，下属只能越级汇报。

三、沟通方法

1. 上级因素

（1）**公司存在越级汇报的文化**：适应公司越级汇报文化，或者选择离职。

（2）**上级存在直线管理的习惯**：适应上级管理习惯，并且对于上级关注的直线管理问题，进行重点跟进，了解具体的情况，调整工作方向。

（3）**上级安排了"眼线"进行监督**：行正事走正道，不惧怕监督，但也要谨防小人。

2. 下级因素

（1）**缺少工作经验，没有意识到问题**：一对一沟通，加以引导说明，告知其职场和公司的管理规则，各级人员各司其守，如有问题，优先汇报给直属上级。

（2）**下属恃才傲物，不服从管理**：一对一沟通，明确地告诉对方目前的汇报关系，真诚地询问对方的诉求，探索双方契合的合作方式。如果对方仍然不服从管理，则可以找更上级沟通，交代事情原委，必要的时候可以进行辞退处理。

（3）**与上级关系紧密，不服从管理**：一对一沟通，明确地告诉对方目前的汇报关系，同时与更上级沟通，告知其目前遇到的管理难题。某些时候，也可以利用这层汇报关系，侧面推动一些工作项目的进行。

（4）**存在偏见，认为小团队管理者解决不了问题**：开诚布公，及时与各个员工进行沟通，了解目前的问题，并且帮助员工解决问题。

3. 小团队管理者自身因素

（1）**工作分工不合理**：梳理工作分工，并说明分工原因，减少不合理的分工。

（2）**工作沟通不充分**：定期与员工沟通，阶段性地了解员工的动态，针对问题及时沟通。

（3）**工作或管理能力不足**：提高工作和管理能力，加强工作和管理学习，多请教并练习。

（4）**出现作风或管理问题**：摆正个人位置，纠正不良作风；听取他人建议，提升个人修养。

（5）**缺少上级或下级的信任**：定期向下沟通和向上沟通，建立良好的沟通和信任机制。

4. 客观因素

（1）**事情重大紧急，需要更高层级管理者决断**：事后了解进展，不做批评，及时跟进。

（2）**直接管理者请假或者联系不上直接管理者**：保持联系方式畅通。

（3）**其他特殊情况**：根据实际情况进行处理。

总之，针对越级汇报问题，小团队管理者要就事论事，分析原因，加强沟通，及时跟进。另外，也可以提前制定一些规则来约束团队成员越级汇报行为。比如越过管理者汇报的工作，管理者可以当作不存在这项工作，不将这项工作体现在对应成员的绩效考核中。

5.5.2 案例场景

1. 越级背景

"小王，你把 A 项目的进展跟我汇报一下。"

分管财务的李总直接找到小团队管理者的下属小王，要求其汇报工作。

2. 越级方向

李总是分管财务工作的副总，小王是另一个部门小团队管理者的下属，越级方向属于上级越过小团队管理者，直接要求下级向上汇报。

3. 越级因素

李总经常会绕过部门架构，直接找具体项目的执行人了解项目情况，对自己关心的工作，习惯性进行直线管理，避免出现沟通偏差，并且想随时把握工作进度。

小王负责 A 项目的具体执行，对于项目细节极为熟悉。而且他本人工作积极主动，与上级和同事的配合都比较顺畅，没有特别想要表现自己的欲望。

4. 沟通方法

第一步：与小王沟通，了解汇报细节，抓住上级关注的重点。

"小王，刚刚李总找你汇报 A 项目的进展了？"

"是的，领导。"

"你是怎么汇报的？"

"我跟李总汇报了项目目前的进展。一方面，活动页面已经在上周五上线，上线后累计收入达到了1.4万元；另一方面，渠道合作的推广将在本周三开始，接入3家合作方。"

"嗯，这个是按照计划在推进。李总有问什么问题吗？"

"李总主要问了活动的效果，还有预算的使用情况。我们的推广费用原本的预算是10万元，目前已经使用了1万元。"

"那相当于不考虑人力成本的话，目前是1.4的ROI（投资回报率）。"

"是的，李总也是这么说的。他还说B项目的ROI是0.8，A项目目前还算正常。"

"了解，他还说了其他什么吗？"

"没有了，重点就说了ROI的事情。"

"好的，谢谢。"

通过沟通，可以了解到李总找小王了解的具体问题和重要关注点。作为分管财务的副总，李总对于活动经费的投入产出问题极为关注。

第二步：与李总沟通，确认关注重点，并且传递对此的重视。

"李总，您时间上方便吗？"

"方便，怎么了？"

"您之前找小王询问A项目的进展，我怕他有遗漏的地方，跟您这边再汇报一下。"

"哦，好的。这个项目这两天怎么样了？"

"我们的渠道合作已经开始了，两家合作方已经有了6.2万元的收入，目前整体ROI是2.0，按照最初的预算和后续的接入情况来看，ROI会稳定在1.8左右，也就是10万元预算，预计带来18万元的收入。"

"嗯，活动什么时候结束？"

"预计在25号完结，还剩下7天的时间。"

"好的，这个项目还是不错的，回头你们整理一下材料，做一个分享。"

"好的，李总。您这里还有什么指示？"

"没事了，你先忙吧。"

"好的，您先忙，有问题随时找我。"

通过沟通，向李总更新最近的项目进展情况，传递对其重点关注项目的重视，并且获取下一步行动的指令。

案例 2

1. 越级背景

"严总,我正在负责B项目,目前遇到了一些问题需要向您汇报。"

下属老张在小团队管理者不知情的情况下,找到了部门的严总监进行越级汇报。

2. 越级方向

老张是本部门的下属,主要负责对接家居类目的运营工作。严总监是同部门的最高负责人,越级方向属于下属越过小团队管理者,直接向更高级的管理者汇报。

3. 越级因素

严总监没有越级管理的习惯,一般情况下都会与各小组长进行工作沟通。对小组的工作比较满意,与小组长本人有良好的合作信任关系。

老张是公司的老员工,在公司的资历长于小组长,对小组长能够做团队管理者这件事颇有微词,想要在上级面前表现自己。

4. 沟通方法

第一步:在非正式场合与上级沟通,侧面了解上级的想法。

"严总,我想向您请教一下,从您的角度,您怎么看我们小组的人员情况?"

"你们组成立也有一段时间了,几个员工的工作状态都还不错,有两个老员工,一个新员工,分工也比较清楚。"

"嗯嗯,主要是您给的方向清晰。"

"这个小王啊,刚来公司不久,好像还是有点害羞,需要多带带。老张倒是在公司最久了。"

"嗯嗯,您怎么评价老张呢?"

"有时他会直接来找我,有些事情其实你们自己拿主意就可以,你要跟他说一下,不用都来我这里。"

"嗯嗯,我会好好跟他说说,给严总添麻烦了。"

通过沟通了解到,上级对小团队管理者还是信任的,并且对越级汇报的事情提出了意见,那么小团队管理者便有了足够的优势,去找越级汇报的员工进行沟通。

第二步:与老张沟通,明确地告诉对方目前的汇报关系,真诚地询问对方的诉求,探索双方契合的合作方式。

"老张,我们合作也有一段时间了,你有什么想法和意见呢?"

"没有啊,都挺好的。"

"可是我听说,你经常去找严总汇报工作!"

"没有,听谁说的,这是没有的事情!"

"没关系,不管之前有没有,现在我是咱们组的负责人,我希望有任何事情,请第一时间向我汇报。如果确有必要,我会去找严总沟通。"(明确上下级关系。)

"嗯,知道了。"

"你最近的工作也比较忙,是不是有什么我可以提供帮助的?"(询问对方诉求。)

"暂时没有,我会好好处理的。"

"辛苦了,有问题随时和我沟通,我一定会尽己所能的。"

5.5.3 思考问题

【问题】你是否遇到过越级汇报的问题?越级方向是什么?越级因素是什么?你采取了什么样的沟通方法?是否有更高效的沟通方法?

5.6 处理下属被投诉问题

> "哈总,你们部门的小王怎么回事?"
> "怎么了?您说。"
> "我们超级会员的项目需求都提多久了,他还没处理!"
> "您消消气,具体情况跟我说说。"

日常工作中总有些磕磕绊绊,当小团队管理者还是员工的时候,并没有处理下属被投诉的经验。但成为主管以后,投诉就会找过来,这时要如何处理下属被投诉的问题呢?

5.6.1 核心公式

【处理投诉】=【诚恳应诉】×【调查分析】×【谨慎处理】×【参照制度】

【诚恳应诉】投诉过来了就得诚恳应诉,无论真实情况如何,双方都可能存在一定的不满。应诉时要保持冷静，用诚恳的态度进行倾听，减少双方的负面情绪。

【调查分析】客观分析投诉产生的原因，理性地进行调查，全面了解投诉的来龙去脉，用事实说话，不偏袒任何一方，在调查结果出来之前，不做评论性论述。

【谨慎处理】谨慎处理投诉，进行双方的沟通协调，使投诉者和被投诉者达成一致，既要安抚投诉者的情绪，尽量满足其合理的诉求；又要针对被投诉者的问题，加以引导和改进。

【参照制度】参照公司的投诉制度，完成相关的记录。涉及公告处罚的，要协助相关部门发送公告；涉及违法行为的，要转至相关机构处理。

一、诚恳应诉

诚恳应诉有以下4个要点。

1. 明确投诉来源

要明确投诉是来自客户还是公司内部，是普通员工投诉还是兄弟部门主管投诉。投诉来源不同，处理投诉所需要投入的精力也会不同。通常来讲，对于客户投诉，尤其是影响公司和部门收入的客户投诉，需要优先处理。对于公司内部的投诉，要花时间和精力多方了解具体情况。

2. 了解投诉诉求

针对投诉的诉求和背景进行了解，包括了解投诉的内容是什么，有什么想要解决的问题，有什么地方不满意，投诉方想要什么样的解决方案，等等。了解投诉诉求的过程中，一方面可以大致了解投诉事件本身；另一方面可以了解投诉人的态度，是强势还是弱势，是激进还是冷静。另外，倾听诉求的同时，也是在对投诉方进行情绪安抚。

3. 做好投诉记录

记录是除了倾听以外，较为有效的沟通方式。在投诉沟通的场景下，尤其要做好投诉记录。这样做一方面能够随时复查投诉记录；另一方面可向投诉者表达对其投诉的重视，一定程度上可以提升对方的满意度。

4. 及时进行反馈

当收到投诉的时候，要第一时间告诉投诉方，目前已经获悉投诉情况，并且在多久内会进行专门的跟进调查，给出较为明确的答复，以此避免造成更恶劣的结果。比如避免再向上一级投诉，甚至群发邮件扩散事件的影响范围。

二、调查分析

投诉事件调查分析的要点如下。

1. 实事求是

调查分析的第一原则是实事求是，不能带有主观偏见，也不能因为投诉人强势就认为事情已经有了结论。调查分析不关注谁对谁错，而是要查明事情的来龙去脉，了解背后的原因。比如某个下属之前不配合工作安排，当他被投诉时，团队管理者不能默认这次投诉都是下属的责任，要实事求是地调查。

2. 问题导向

问题导向指的是调查分析以解决问题为最终目的，找出导致投诉的原因并解决问题，为以后遇到类似问题做好应对准备。比如某员工被投诉工作效率低，经过了解是因为公司系统存在问题，这种情况下不光要安抚投诉人，还要升级系统。

3. 多方倾听

调查分析时需要多方倾听，既要倾听投诉人的投诉内容，又要倾听被投诉人的申诉，并且要尽可能地询问投诉涉及的相关人员，以便对投诉事件有更为全面、具体的了解。

4. 保护隐私

团队管理者调查分析的只是投诉的过程，而不是责任的最终归属，也不代表最终的处理方案。所以调查中需要保密，避免在公众场合讨论调查的情况，也不要泄露管理者的看法，避免其他同事妄加猜测，尽量减少可能给被投诉者带来的负面舆论影响。

5. 系统结论

调查分析的结论需要系统化，要明确投诉的责任归属，以及造成投诉的原因，并且要从更为系统的层面寻找解决方案。

三、谨慎处理

根据调查分析的结果，谨慎进行投诉处理。

（1）针对由双方情绪冲突引起的投诉，未造成损失的，协调双方达成和解，并且对下属以沟通方式进行引导；如果造成了损失，则由引起损失的一方或者双方进行赔偿。

（2）针对因下属单方面造成的投诉，首先与下属进行投诉复盘，讨论补救方案。如果下属出现过人身攻击，则需要带下属向投诉方道歉；如果给公司造成了损失，则视情况进行通报批评或者行政处罚。

（3）针对因第三方造成的投诉，如果是其他部门的原因，则转至其他部门负责人处理，或者交由上级主管处理；如果是因为系统问题或者制度漏洞，则及时提醒相关人员进行修复。同时，需要安抚下属的情绪。

（4）针对对方无故投诉，下属无过失的情况，需要向投诉方说明事情原委。如果对方仍然要投诉，则可移交上级主管处理。同时，需要安抚下属的情绪。

四、参照制度

公司一般都会针对投诉行为制定相应的投诉管理制度，小团队管理者可以参照公司的投诉管理制度，进行责任划分、调查分析和投诉处理。涉及公告处罚的，要协助相关部门发送公告；涉及违法行为的，要转至相关机构处理。

5.6.2 场景案例

1. 投诉背景

"哈总，你们部门的小王怎么回事？"

"怎么了？您说。"

"我们超级会员的项目需求都提多久了，他还没处理！"

"您消消气，具体情况跟我说说。"

2. 诚恳应诉

"超级会员项目是公司这个季度的重点，老板很关注会员的服务情况。"

"明白，这个项目是你跟进的？"（明确投诉来源和影响程度。）

"是啊，马上就要汇报了，现在就差服务情况统计了。"

"是要跟史总汇报吗？"

"可不是嘛，周五要汇报，需求上周就提过了。"

"您先消消气，是周五之前要提交服务情况数据，对吗？"（了解投诉诉求，同时注意安抚对方的情绪。）

"对啊，你可得好好说说小王，办事太不靠谱了。上回找他要的东西，最后也是错的，这回又是这样！"

"我先记一下，老板这次要看的服务数据有哪些？"（做好投诉记录，既是记录诉求，也是表达重视程度。）

"好，主要有三块数据。一块是我们的服务时效，一块是我们的问题解决，还有一块是我们的会员满意度。具体涉及的指标已经发给小王了。"

"好的，您等一下也发我一个明细，我确认一下内容。"（如果涉及材料内容，则建议由材料的原始来源方提供，而不是通过中间方传递，以避免引起新的问题。）

"没问题，但是要快！"

"我们周五之前一定给您。另外，您说之前小王交的东西也是错的，具体是指什么？"（对于对方提到的问题，我们要全面了解具体情况，有针对性地跟进解决，明确是人的问题，还是事的问题。）

"前两周，我们要一份用户清单做营销推广，结果给我们的清单里面没有剔除最近消费过的。结果这些客人对我们的营销极为反感，推广也不成功，还好及时发现，后面又补充了新的用户清单。"

"一开始提需求的时候，有提过要剔除这部分用户，但最后没有剔除是吗？"

"对，小王真的是太不认真了。"

"好的，我了解了。您说的这些问题我都记下了，新的服务数据我们周五之前给到。"

"感谢了，哈总！"

"应该的。"

3. 调查分析

"小王，你最近是不是有接到超级会员的项目需求？"（调查分析要实事求是，不要先展开质疑，而是要先问清楚事实。）

"是啊，上周提过来的。"

"这个需求具体是什么样的？"

"小林找我，说要一份服务的数据，然后给了我十几个指标。"

"这个数据是给谁看的？什么时候要？"

"说是周五要给史总。"

"那现在进展怎么样了？"

"在处理呢，已经完成了30%。"

"按照这个进度来得及吗？我看其中几个指标之前是没有做过的。"（调查投诉问题的时候，也要了解下属是否有困难，是否需要提供帮助。）

"应该可以。"

"那你把这个情况反馈给小林了吗？"

"还没来得及说。"

"也就是说，你这里已经在做了，但是进度没有同步，对吧？"（复述问题，与对方确认。）

"是的。"

"你觉得有没有可以改进的地方？"

"下次我会及时同步信息的。"

"你先去忙吧，帮我把小郑叫过来，谢谢。"（多方倾听，多方了解。）

……

"哈总，你叫我？"

"是的，小郑，你跟小王的合作最多，你觉得小王最近的工作状态怎么样？"

"啊，怎么了？"

"没事儿，就是了解一下。"

"小王最近工作没有什么问题啊。"

"你们最近的需求有延期交付的吗？"

"没有，都是按照排期正常做的。"

"有没有返工的？"

"之前有个用户清单好像返工了，少了一个限定条件。"

"好的，了解了，你先去忙吧。"

4. 谨慎处理

"小王，跟你聊一下超级会员这个项目需求。"

"好的。"

"这个需求我们接到以后没有及时反馈进度，导致业务方以为我们什么都没有做，对方的主管还跑来跟我说了这个事情。当然，我理解我们已经在处理事情了，但是也要理解对方没有收到具体进度信息而进行的投诉。另外，工作中要认真些，多上一份心，尽量避免返工。"

5. 参照制度

"业务方的满意度是我们重要的考核指标，这次绩效考核，因为收到了业务方的投诉，所以你的这项指标评分需要降级处理，我希望以后不会再有类似的事情发生。"（如果有可参照的制度，可以用制度管理的方式来减少投诉发生。）

5.6.3 思考问题

【问题】你是否遇到过下属被投诉的情况？当时你是怎么处理的？是否有更好的处理方法？

5.7 处理部门外部冲突

> "小王，你这话就不对了！"
> "什么呀？我这是按照排期来处理的！"
> "我这个是老板的需求！"
> "都是老板的需求，谁的需求不是呢！"
> "今天这个数据一定要给我！"
> "你找别人吧，我做不了。"

跨部门沟通难免会遇到一些磕碰，双方甚至会发生口角。面对部门外部冲突，小团队管理者要如何处理呢？

5.7.1 核心公式

【外部冲突处理】=【冲突分析】×【冲突解决】×【范式总结】

【冲突分析】部门之间的冲突时有发生，要以平常心对待冲突，不主动挑起冲突，也不惧怕与兄弟部门发生冲突。接受冲突的事实，并且着手分析冲突背后的原因，才能为解决冲突厘清思路。

【冲突解决】针对不同的冲突原因，不同的冲突对象，不同的冲突事件，需要采取不同的解决方式。部门与部门之间的冲突，优先考虑冲突双方协调解决。但如果双方始终僵持或者冲突有可能升级，则需要第三方人员介入，其中主要可以依靠的是更高层级的主管。

【范式总结】冲突解决后，需要总结解决冲突的范式，用制度或者规范避免出现同类型的冲突，这样有助于形成良好的跨部门合作制度，构建双方的合作信心和合作氛围。

一、冲突分析

部门之间的冲突，较为常见的是合作方面的冲突和利益方面的冲突。合作方面的冲突主要是因为合作过程中沟通不畅、责任不明或是人际冲突；利益方面的冲突主要是因为双方目标不同、资源竞争或地位竞争。

1. 合作方面的冲突

（1）沟通不畅

因团队与团队之间的定位、人员、组织存在差异，沟通中可能会出现沟通不畅的情况。如团队 A 的理解和团队 B 的理解不一致，造成了行动差异，最终导致了结果的偏离，引起了团队之间的冲突。

（2）责任不明

团队之间合作有时会存在责任不明的情况，既有可能双方都不想管，造成互相推诿的状况；又有可能双方都想插一手，造成了分歧，导致冲突。

（3）人际冲突

人与人之间的个性、气场存在差异，很多时候一些小事就能引起双方的冲突，而不同团队的人员之间的人际冲突也有可能上升到团队层面。

2. 利益方面的冲突

（1）目标不同

不同团队之间因存在分工和目标的差异，有时就会发生冲突。比如销售部门的目标是完成销售任务，相对较少考虑合同中的风险；而法务部门则会仔细审核合同，有时双方就会发生冲突。

（2）资源竞争

不同团队之间的资源竞争，包括技术资源、资金资源、人力资源、项目优先级等各个方面。有资源就会有先后，不同团队在先后顺序和资源分配上天然存在此消彼长的情况，很容易发生冲突。

（3）地位竞争

为了在更高层级管理者面前获得认可和资源分配，不同团队之间往往面临着地位的竞争，这种竞争扩大后，就容易形成冲突。

二、冲突解决

美国行为科学家肯尼斯·托马斯与拉尔夫·基尔曼在 1974 年提出了托马斯—基尔曼冲突解决模型，按照自我倾向程度和合作倾向程度两个维度，分成以下 5 种类型的冲突解决方式。

1. 竞争

竞争是指坚持自我且不合作，即一定要让对方听从自己的意见。涉及原则性问题或者影响公司整体利益的问题时，都应该使用竞争策略，比如法务部门审理合同，不能因为销售部有要求就做出退让。而竞争策略生效的方式是需要对方让步，所以需要说服对方，或者由更高层领导组织会议，说明缘由让对方服从。

2. 迁就

迁就是指不坚持自我且愿意合作，即愿意让步并听从对方意见。比如在冲突过程中，发现我方的问题会引起较大的负面影响，或者会造成损失的，需要及时修正。在一些非原则性问题上，偶尔采用迁就策略，会有利于团队的团结。但要注意，不能一直采用迁就策略，否则会给人留下管理者软弱无能的印象。

3. 回避

回避是指不坚持自我且不合作，即暂时不采取任何措施。比如当双方处于冲突的激战中时，可以采用回避策略，适时放弃争端，让各自的团队都冷静一下。或者有第三方介入时，管理者可以采取回避的方式，先倾听对方的意见。但是回避不是一直的，对于比较重要的事情，回避策略只是暂时的冷静。

4. 合作

合作是指高度坚持自我且高度合作，即在双方都不做让步的情况下，双方利益都能最大化。合作是解决冲突最理想的状态，双方都可以保有各自的利益，但这个前提是双方的利益没有本质的冲突，没有此消彼长的关系，可以一起做大市场、做强业务。

5. 妥协

妥协是指中度坚持自我且中度合作，即在双方都做一定程度让步的情况下，维系各自的部分利益。妥协是最常见的处理团队冲突的方式，各自都做退让，没有谁输谁赢，双方的利益在一定程度上都得到了保护，是一种折中的方案。

需要特别说明的是，当发生团队外部冲突的时候，公司和团队利益始终是需要放到第一要位的，并且团队管理者要据此选择相应的解决冲突的方法。解决冲突的第一步是学会倾听，同时管理者需要学会承担责任，保护团队的成员。

三、范式总结

冲突解决后，需要总结解决冲突的范式，用制度或者规范避免出现同类型的冲突。

（1）针对跨部门的沟通，需要有跨部门沟通管理制度和会议管理制度。

（2）针对责任归属问题，需要明确灰色地带的归属和第一责任部门。

（3）针对人际冲突问题，需要规范公司人员的言行举止，营造文明、和谐的氛围。

（4）针对目标冲突问题，需要更高层面的一致目标来协调部门间的目标冲突。

（5）针对资源竞争问题，需要资源管理制度和项目评级制度来约束资源分配。

（6）针对地位竞争问题，需要量化各部门的价值，强调分工合作，减少内耗。

5.7.2 案例场景

1. 冲突背景

"小王，你这话就不对了！"

"什么呀？我这是按照排期来处理的！"

"我这个是老板的需求！"

"都是老板的需求，谁的需求不是呢？！"

"今天这个数据一定要给我！"

"你找别人吧，我做不了。"

2. 冲突分析

"怎么回事啊，大老远就听见你们两个人咋呼呢。"（缓和气氛。）

"哈总，你可算来了，评评理吧，小王不给我做需求。"

"哪里不做了，根本没有时间！"

"怎么没有时间，其他需求都在做，我的怎么不做？"

"好啦好啦，你们两个先别吵，我来了解一下情况，我们去找个洽谈室。"（避免双方情绪恶化，减少对团队的负面影响。）

"行吧，三号洽谈室现在空着。"

"走。"

"小张,你先说说是什么需求?"(冲突分析,可以先倾听兄弟部门的声音。)

"哈总,是这么回事儿,这个季度刚结束,老板想了解我们整体的完成情况,有些数据需要你们帮忙提取。但是我找小王,他就跟我说没有排期。"

"具体是哪些数据啊?"(明确冲突来源的具体情况。)

"我给你看一下表格。一个是我们平台用户这个季度的销售额,要区分APP、H5、小程序和Web端;另一个是平台用户的留存率,要区分新用户和老用户。"

"销售额是有现成的,小程序是前几天刚上线,没有区分;留存率的定义是什么?是用户的购买留存,还是访问留存?一个是上个月购买,下个月还购买;另一个是上个月访问过,这个月还来。"

"对对,就是购买留存。"

"大概什么时候要?"(进一步明确事件和时间。)

"肯定是越快越好。"

"最晚接受什么时候?"

"周三下班之前。"

"好,小王,你现在手头上主要在做什么项目?"(倾听完兄弟部门的需求后,发现冲突是资源竞争和沟通不畅造成的,与本部门的员工再进一步核实冲突的原因。)

"一个是物流分析,还有一个是老牛他们部门提了新的数据要求。"

"物流分析好像做了几天了,老牛他们又有什么需求?"

"物流分析已经完成60%了,老牛他们也是要用来汇报的材料。"

3. 冲突解决

"小王,周三之前有时间处理小张这个需求吗?"

"周三的话来得及,但是老牛他们的需求可能要延后了。"

"好,我跟老牛沟通一下,他那个需求据我了解没有那么紧急。"

"好的。"

"小张,我们周三下班前交付,你看没有问题吧?"(采用合作的方式解决冲突,并再次与双方确认事件。)

"没有问题,太感谢哈总了,那我先回去了。"

"不客气,你先忙。"

4. 范式总结

"小王，这个事情咱们就先过了，下次遇到业务方催要的时候不要急。"

"是他先端架子，而且我这里确实忙不过来了。"

"嗯，大家的排期都很紧张，我也理解，但是我们是不是可以有更好的沟通方法？"

"主要都是直接过来提要求，也没有提前说。"

"是的，我们的工作是会遇到这样的问题，有些事情就是既紧急又重要。下次遇到类似的情况，如果排不过来，先跟我说一下，我重新安排分工，尽量避免冲突。"（进行范式总结，提醒员工下次遇到类似的问题时如何解决。）

"知道了，哈总。"

5.7.3 思考问题

【问题】你是否遇到过部门外部的冲突？当时你是怎么处理的？是否有更好的方法？

5.8 处理内部员工矛盾

> "小郑，这就是你的问题！"
> "跟我有什么关系？是你没做好，老张。"
> "我的部分都做好了！"
> "哪儿做好了，格式也不对，标题也没改。"
> "这些是你的工作，又不是我的。"
> "一开始不就说你做好流量这块吗？！"
> "做好了啊！"

除了外部合作时的摩擦，管理者面临的管理场景更多的是团队成员之间的矛盾。有时很小的事情就能引起很大的冲突，那么面对团队内部的矛盾，团队管理者要如何处理呢？

5.8.1 核心公式

【处理内部矛盾】=【矛盾分析】×【矛盾解决】×【开放氛围】

【矛盾分析】 运用倾听技巧,调查导致团队成员之间产生矛盾的原因。在调查清楚矛盾原因之前,不做出偏袒任何一方的行为,不表露任何对于矛盾事件的评论。

【矛盾解决】 及时制止内部矛盾的激化,根据矛盾发生的原因,寻找相应的解决方法,同时需要照顾到矛盾双方的利益和情绪。

【开放氛围】 相较于团队外部冲突,团队内部的矛盾更需要管理者在团队氛围建设上做出努力,开放、和谐的团队氛围,有助于提升团队的凝聚力,减少内部矛盾。

一、矛盾分析

人与人之间相处都有可能产生矛盾,员工与员工在工作上既存在合作关系,也存在竞争关系,导致矛盾的事件则更容易发生。具体而言,导致团队内部产生矛盾的原因主要有以下几个。

1. 竞争关系

同一团队的员工,由于岗位相似、工作内容相近,通常存在绩效、岗级等方面的竞争关系,竞争激烈时就会导致矛盾的产生。

2. 责任不明

与团队外部冲突类似,内部矛盾的产生有时是由于责任的模糊,双方都不想做某件事情,或者都想做某件事情,进而产生了对立情绪。

3. 理解偏差

员工对于同一件事情有着不同的理解,这就容易产生矛盾。比如对尽快交付的理解,一位员工可能理解成是当天完成;另一位员工则可能理解成先排期,有时间后处理即可。

4. 沟通偏差

员工在沟通中经由第三人传递时,若第三人传递了错误的信息,甚至没有传递信息,导致沟通的信息偏差,沟通双方就会产生矛盾,这种情况多数只是一场误会。

5. 习惯差异

员工之间因为工作习惯和生活习惯的不同也容易产生矛盾。比如甲员工习惯在工位上烧水,乙员工则听不得水声;甲员工习惯夜晚加班,而乙员工不希望下班后收到工作消息。

6. 观念差异

员工在做判断和选择的时候，往往有自己的价值取舍。某些情况下，员工的价值观可能存在巨大差异。比如一位员工认为供应商送的小礼品不需要汇报，另一位则认为这是收受贿赂，这种情况下，双方就容易产生矛盾。

7. 个性差异

每位员工都有自己的个性特征，有些员工相互之间会比较投缘，而有些则天然有抵触情绪，这也是导致员工矛盾的一个原因。

二、矛盾解决

对于团队内部矛盾的解决，管理者需要注意以下几点。

（1）立刻制止，避免冲突升级。

立刻制止双方不理智的行为，避免出现冲突升级的情况。

（2）到会议室等非公开场所解决。

团队管理者需要考虑矛盾的不良影响。一方面不能因为团队内部矛盾而影响其他人的正常工作，另一方面要考虑团队整体的工作形象，所以建议到会议室或者其他非公开场所解决矛盾。

（3）可以分别沟通，帮助双方舒缓情绪。

一般情况下，处于矛盾状态的两个人一开始会互相抵触，此时管理者可以分别进行沟通，了解事情的原委，并且在这个过程中，让矛盾的双方调整好情绪，理性回顾事件。

（4）冷静后再对质，要让双方发言。

等到双方的情绪平稳以后，再让双方坐到一起，轮流发言，互相了解对方的想法，引导他们找出产生矛盾的原因。

（5）涉及人身攻击的必须道歉。

尊重他人是一项基本的规范，如果在发生矛盾的过程中出现了人身攻击行为，那么，进行人身攻击的一方事后必须进行道歉。

（6）引导双方达成共识，或者引导一方妥协。

团队内部矛盾的解决必须是双方能够互相理解，达成共识。对于明显的过错方，团队管理者需要加以引导，让其意识到自己的问题。

（7）对于隐性矛盾要提前发现。

多和员工沟通，多了解员工的想法以及他对其他员工的看法，及时发现隐性的矛盾。如果此隐性矛盾可能会影响工作的推进，团队管理者要尽早处理。

三、开放氛围

开放、和谐的团队氛围有助于提升团队的凝聚力，减少内部矛盾。关于团队氛围的营造，团队管理者需要做到以下几点。

（1）强调共同目标，共同努力。

（2）鼓励合作创新，互帮互助。

（3）做到真诚平等地沟通，和谐开放。

（4）营造学习氛围，鼓励分享。

5.8.2 案例场景

1. 矛盾背景

"小郑，这就是你的问题！"

"跟我有什么关系？是你没做好，老张。"

"我的部分都做好了！"

"哪儿做好了，格式也不对，标题也没改。"

"这些是你的工作，又不是我的。"

"一开始不就说你做好流量这块吗？！"

"做好了啊！"

2. 矛盾分析和解决

"好了好了，两个人都别吵了！"（面对团队内部的员工，团队管理者的语气可以相对强硬些，立刻制止争吵。）

"小郑，你过来一下，茶水间；老张，你先处理其他的事情。"（将其中一方领至非公开场所，避免影响其他员工，同时分别沟通。）

"小郑，说一下怎么回事。"

"哈总，我们在针对公司五周年活动进行复盘。"

"我知道，是我让你和老张一起负责的，出什么问题了？"

"一开始沟通好了，流量那部分他写，剩下的我做，结果流量的他压根儿没有写完。"

"没有写完？"

"是啊，只给了我数据，结论写了两句话，但我们最后是要交PPT的。"

"一开始你们有商量好怎么操作吗？"

"分工好了呀。"

"我的意思是，有明确说，分工给他的部分，是需要他做成PPT吗？"

"这个倒没有。"

"那有没有可能是你们在这方面的理解有差异？"

"一般都是要交PPT的，都知道的啊。"

"我们以为都知道，但是可能对方没有理解。我大概知道了，你先回工位，把老张喊过来吧。"（不针对人，只针对事情；不听信一方之言，要听取双方的陈述。）

……

"老张，说一下刚刚是怎么回事。"

"小郑让我协助她写公司五周年的活动复盘报告，我已经交给她了，她又说我做的不对。"

"她让你协助她写的具体是哪块内容？"

"就是流量部分的我来写，剩下的她做，我写完都给她了。"

"你给了她哪些内容？"

"数据和结论都给了。"

"给的是什么格式的？"

"Excel，里面明细都有，都可以比对的，要不我发给你看一下？"

"不用了。老张，你知道这个报告是要提交PPT的吗？"

"我知道啊。"

"知道为什么就只提供了Excel？"（核实矛盾产生的原因时，可以以此纠正员工一些不好的做法，比如此处的老张缺少工作的主动性。）

"我以为提交Excel就可以了。"

"老张，你是部门的老员工了，也不是第一次写报告，分工到我们手上的工作，最好是做得完整、漂亮的，你觉得呢？"

"知道了。"

"你把小郑喊过来，我们再一起讨论一下。"（找到矛盾的原因，努力让矛盾的双方达成解决的共识。）

……

"两个人现在都没有脾气了吧？"

"没有了。"

"没有。"

"我复述一下事情的原委，你们看有没有问题。老张协助小郑撰写公司五周年活动的复盘报告，老张负责流量部分，小郑负责其他部分。整个报告要用PPT的形式提交，但是小郑没有提前跟老张沟通好，只说了让老张负责流量部分，没有说明形式；而老张以Excel格式提供了数据和结论，但是没有按照惯例提交PPT格式，对吧？"（可以用复述的方法，让双方确认完整的背景和矛盾产生的原因。）

"是的。"

"是的。"

"那现在的任务就是，老张重新提交流量部分的PPT，有没有问题？"

"没有。"

"小郑，你刚刚是不是有爆粗口？是不是应该……"（涉及人身攻击的一方必须道歉。）

"老张，对不起，刚刚是我着急了。"

"小郑，我也有不对的地方。"

3. 开放氛围

"没事儿了，遇到问题大家都别急，先冷静冷静，多沟通沟通。既然大家在一个部门，就应该互相学习，共同进步，尤其不要在工位上就吵起来，别的同事对我们都要有意见了，闹到最后大家都不好看。走吧，一起吃饭去吧。"

5.8.3 思考问题

【问题】你是否遇到过团队内部发生冲突的情况？当时你是怎么处理的？是否有更好的处理方法？

5.9 与"95后""00后"员工如何沟通

随着时代的发展，越来越多的"95后"甚至"00后"开始进入职场，新生代逐渐变成了职场中的重要力量。面对这些年轻的员工，团队管理者要如何理解他们？如何开启话题？如何进行管理呢？

5.9.1 "95后""00后"员工的特点

知名的人力资源咨询公司光辉合益的调查研究显示，"95后""00后"等新生代员工主要有以下几个特点。

1. 个性特点

（1）关注个人健康，追求工作与生活的平衡。

（2）追求工作的趣味性，以兴趣驱动为主。

（3）缺乏毅力与耐心，抗压性弱，情绪起伏多变。

（4）思维活跃，创意性强。

（5）热爱表达，敢于表达。

（6）心理成熟度高，具有个人判断力。

2. 组织方面

（1）等级观念弱，挑战权威，强调平等。

（2）对企业忠诚度低，讲求契约精神。

（3）组织服从性低。

（4）重视上级的风格和个人魅力。

（5）重视团队氛围。

3. 发展方面

（1）希望获得辅导与发展。

（2）注重短期既得利益。

（3）目标感强，渴望成功。

（4）学习驱动力不足。

这些特点主要与"95后""00后"的成长环境和社会环境有关。一方面，"95后""00后"成长在我国飞速发展的黄金时期，这一时期我国的物质文明和精神文明建设都取得了巨大成果，"95后""00后"是直接的受益者，拥有了更好的物质条件，并且形成了更鲜明的文化个性；另一方面，网络时代的兴起，打破了代与代之间的信息偏差，"95后""00后"能够更快速、更全面地获取信息，其中，包括关于企业的正面评价和负面评价。

"95后""00后"在工作中对上级岗位的信服度降低，他们更服从于上级的个人能力和魅力。也就是说，管理者很难用上下级关系去强制管理"95后""00后"，而需要靠个人影响力去获取他们的信任。

5.9.2 "95后""00后"员工的管理方式

针对"95后""00后"员工的特点，要对他们进行管理，管理者需要更开放、更务实和更重视沟通。

管理者要用开放的心态学习和理解"95后""00后"的工作和生活方式，尝试听懂他们的语言，和他们打成一片，并且用价值引导的方式寻找共同目标。对"95后""00后"而言，价值和意义的作用大于一些微小的利益，尤其是能够获得成就感的事情，他们愿意尝试创新。

管理者要更务实地以身作则，并且能够实际解决问题。"95后""00后"需要的不是管理，而是榜样，他们希望能够从管理者身上有所学、有所用。他们想从管理者身上学到的是问题的解决方法，而不是被安排一堆管理者自己也厘不清楚的事情。此外，管理者要站在"95后""00后"的立场上，帮助他们争取合理收入，这也是提高"95后""00后"员工工作热情的重要方式。

管理者要更重视沟通，通过沟通了解"95后""00后"员工，通过沟通使"95后""00后"员工学会如何工作，通过沟通提升"95后""00后"员工的工作热情，让他们有更好的发展。

第6章

绩效，如何利用定期评估

绩效，是定期对员工和管理者的工作产出、目标完成情况及价值观等进行的评估。管理者能够决定绩效考核评估结果，这是区别于普通员工的角色特征之一。优秀的管理者能够利用绩效考核评估，激励员工进步，促进部门发展，提升业绩增长，这是区别于普通管理者的管理能力之一。绩效考核评估是小团队管理者必须掌握的管理工具和能力，因此，本章将重点讨论小团队绩效考核的相关知识和实操案例。

> **本章涉及的主要知识点**
> ◇ **绩效考核怎么评估**：了解绩效考核的方式、评估原则。
> ◇ **绩效谈话聊什么**：了解绩效考核的沟通原则、沟通框架，并学习使用绩效面谈表。
> ◇ **绩效改进计划怎么做**：了解绩效改进方案的应用场景、步骤，并学习使用绩效改进表。
> （注意：本章内容不包含绩效目标设定，目标设定请参考第3章。）

6.1 绩效考核怎么评估

本节先介绍常规绩效考核的方式和绩效考核的评估原则，然后围绕实际工作中的小团队绩效考核事件，针对不同小团队绩效评估场景，展开具体的实操讲解。

6.1.1 绩效考核的方式

说到绩效考核，大家都不陌生，从入职到成长为小团队管理者，每月、每季、每年，都定期要进行绩效考核。做普通员工的时候，由主管进行考核；做管理者的时候，既要被自己的上级考核，又要花不少时间考核下属。

刚开始带领团队的管理者，在对下属员工进行绩效考核之前，需要了解一些基本的绩效考核知识。

目前常见的绩效考核方式如表 6.1 所示，主要包括 KPI（Key Performance Indicator，关键业绩指标）、OKR（Objectives and Key Results，目标与关键结果）和 PBC（Personal Business Commitment，个人事业承诺）三类。多数企业目前使用的是 KPI 和 OKR，前者典型应用于销售团队，后者典型应用于开发团队；部分业务复杂的集团企业，则更多地使用 PBC，如华为。小团队管理者可以咨询所在部门的人力资源管理者或者公司负责绩效管理的人力管理者，了解本公司具体使用的考核方式和考核规则。

表 6.1 常见绩效考核方式

方式	KPI	OKR	PBC
特点	利用 28 原则，严格按照量化标准考核	鼓励创新，过程中激发潜能	公司战略与个人事业承诺结合
方法	设立关键指标，层层分解到员工个人	设立挑战性目标，量化关键结果	员工根据公司战略设定个人业务目标和能力提升承诺
结果	事先确认，事后考核，完全以结果为导向，如未达成，则视为不合格	对结果不做完全评估，即使没达到目标，过程中的优秀也会被予以鼓励	综合员工工作表现和 PBC 目标达成情况进行评估，增加关键任务和胜任力等影响
样例	某部门本季度目标销售额为 1000 万元，拆解到销售人员小周的销售额为 200 万元，小周最终完成了 150 万元，考核结果为 75 分	产品人员小郑本季度目标为提升用户配送体验，关键结果为通过优化配送提醒功能，提升妥投率 2%，提升五星好评率 10%	财务人员小张做出本季度个人事业承诺：财务报表及时率和准确率 100%；能力提升部分计划掌握 Python 工具
适用场景	销售类、运营类企业	产品类、研发类企业	复杂的集团企业
典型企业	阿里巴巴、人保财险	谷歌、字节跳动	IBM、华为

每种考核方式都有自己的特点和适用范围，但无论考核工具和考核周期有什么差异，归根结底，绩效考核都是管理者面对所有符合绩效考核要求的团队成员（注：试用期员工、实习生通常不要求参加绩效考核），将其绩效结果分成S（卓越）、A（优秀）、B（良好）、C（待改进）、D（不合格）等不同等级。

6.1.2 绩效考核的评估原则

绩效考核评估根据公司的不同、岗位的不同、考核方式的不同，会存在较大差异，但对于小团队管理者而言，仍然存在一些基本的可掌握的评估原则，具体有以下7项。

1. 公平性

"公平，公平，还是公平"，绩效考核在一些小团队中变成了亲密度考评，这样其实是最打击员工士气的，并且容易形成极为不良的风气。

小团队的优势是，管理者可以清楚地知道每一个人的实际绩效，团队成员之间也了解彼此的态度和成果。如果干实事的不被表扬，奉承领导的却被鼓励，那么小团队管理者一时可能自我感觉良好，但一段时间后业绩下滑，必然要引咎负责。

2. 客观性

客观性在建立考核目标的时候就已经开始，管理者要尽量使用可量化的指标进行绩效评估，比如销售额、订单量、市场份额等。对于非量化指标也要按照事件状态标准来评估，比如完成××事项、制定××标准。

客观性的评估在于，当管理者进行月度考核、年度考核时，要以绩效目标的客观标准作为考核依据，比如目标是100万元销售额，达成80%得80分，完成60%得60分，是什么结果就评什么绩效。当然，一些特殊情况下，绩效目标会进行调整，这时仍然要制定新的客观标准，以便对绩效进行评估。

3. 差异性

小团队绩效考核的差异性在于：与大团队绩效考核一致，需要存在阶梯差异，不能人人都有一样的结果，初次负责绩效考核的管理者往往觉得员工没有功劳也有苦劳，都很优秀，但绩效考核作为管理工具，需要让员工知道自己与他人真实的差距；当小团队的人员只有一两个，不能很好地形成正态分布时，考核的侧重点在于员工的自我达成，这与大团队的绩效考核存在一定差异。

4. 沟通性

绩效考核不是打个分数、评个等级就结束了，出具绩效结果以后的沟通，才是绩效考核评估更为重要的部分，甚至对小团队管理者而言，沟通才是绩效考核结束后最重要的事项。

绩效沟通，既是对这一阶段员工的表现做总结，也是为了下一阶段员工的成长做铺垫。下一节将专门讲述绩效沟通的内容。

5. 发展性

在公平、客观的前提下，小团队管理者进行绩效评估的时候，一定要考虑员工的发展和部门的发展，适当予以鼓励性评估。

比如两个员工都很优秀，都符合 A 级的标准，但公司的规定只能有一个 A。这种情况下，团队管理者要从发展的角度考虑，哪一位员工更具有后期发展潜力，就给哪位员工做出鼓励性评估。与此同时，团队管理者要与另一位员工进行深度沟通，解释清楚评估结果产生的原因，并且在可控范围内，给予他其他方面的鼓励，比如安排其跟进老板重点关注的新项目等。

6. 公开性

团队人员较少时，考核结果不至于发布一个皇榜公示，但也完全不需要藏着掖着。什么样的员工能够拿到 S 级、A 级，什么样的员工需要大家帮助他努力改进，都需要公开出来。这种公开可以是在月度会议上提出，也可以是跟员工一对一沟通的时候说明，具体方法取决于小团队管理者自己的管理风格以及团队员工的特点。

7. 解释性

解释性是针对小团队管理者的要求，每一个员工的评级，都应该有相应的评估解释。对于绩效优秀的，要说明为什么是优秀，哪里做得好；对于绩效中等的，要说明为什么是中等，和优秀相比，有什么地方需要改进；对于绩效差的，要说明以什么标准评估的，等等。不能只给结果，而没有任何解释。

6.1.3 案例场景

案例 1　3 位员工需要有 1 个 C 级，怎么评

哈总是某服装公司财务部门的主管，该部门主要负责资金及往来账目管理。哈总手下有 3 位员工：小周、小郑和小张，分别负责女装、男装和童装业务的财务工作。按照公司的要求，每个部门必须有一个 C 级员工，表 6.2 所示为 3 位员工第一季度的基本信息，哈总应如何对员工进行绩效考核？

表6.2 某服装公司财务部门绩效表（第一季度）

模块	内容	小周	小郑	小张
基础信息	工作内容	财务	财务	财务
	工作年限	5年	2年	3年
	加入公司	3年	2年	2年
核心指标	资金预算准确率	10分	8分	10分
	财务报表及时率	10分	10分	10分
	财务报表准确率	10分	10分	10分
	结算及时率	10分	10分	10分
	财务处理出错率	10分	10分	8分
关联指标	业务满意度	7分	10分	8分
	财务分析数量	10分	8分	10分
价值观	工作态度	10分	10分	10分
其他信息	—	本季度有1条投诉	—	—
评级	—	?	?	?

从已知信息来看，小周是3人中工作年限最久，经验最丰富，且在资金预算准确率、财务分析数量方面都领先于小郑和小张，但是本季度收到了1条投诉，业务满意度最低。小郑工作年限最短，资金预算准确率和财务分析数量均落后于小周和小张。小张工作年限居中，整体较为优秀，但财务出错率得分最低。

哈总在对3人进行绩效评估的时候，首先复核了小周的投诉情况，主要是因为业务人员对一笔存疑支付的催促，导致两人在沟通中发生了口角。然后，哈总分别查阅了小郑和小张的情况，经确认，小郑经验较少，在预算估算上有所失误，但整体没有造成损失；小张在财务处理上出现了较为严重的错误并造成了损失，所以财务处理出错率和工作满意度的得分较低。

经过思考，哈总最终决定把C的评级给小张。哈总说："我们考核员工，主要是看关键指标的完成情况，如果关键指标出现了完成率偏差，那么整体绩效也会受到影响；而负面评价的出现，首先需要了解背后的真实情况，再做评判。"也就是说，当小团队管理者面临"绩效考核必须打C"时，首要要关注员工核心指标完成情况的排序，再考虑次要指标和价值观。特殊情况下，如价值观出现严重问题（如违法乱纪、严重违反职员道德等），则必须打C。

案例 2　两位员工符合 A 的要求，但只有 1 个 A 的名额，该给谁

哈总是某电商公司 A 类目的运营主管，该部门主要负责 A 类目的运营销售工作。哈总有两位员工本季度销售完成率都达到了 120%，符合针对各自设定的优秀标准，但根据公司的要求，部门只有 1 个 A 的名额。表 6.3 所示为两位员工第一季度的基本信息，哈总该如何做出选择呢？

表 6.3　某电商公司运营部门绩效表（第一季度）

模块	内容	小周	小郑
基础信息	工作内容	运营	运营
	工作年限	4 年	3 年
	加入公司	3 年	不满 1 年
核心指标	销售额	10 分	10 分
	毛利率	8 分	8 分
	购买转化率	10 分	10 分
关联指标	用户访问量	8 分	10 分
	用户复购率	10 分	8 分
价值观	工作态度	10 分	10 分
其他信息	—	负责重点商品	负责潜力商品
评级	—	?	?

从已知信息来看，小周和小郑都是有一定年限工作经验的运营人员，但小郑加入公司不满 1 年。二者在核心指标的完成情况方面的评分一致，销售额和购买转化率均得到了 10 分，毛利率则都是 8 分。二人在关键指标上各有千秋，小周在用户复购率上领先，小郑在用户访问量上占优。整体来看，小周和小郑旗鼓相当，都很优秀。

哈总在对二人进行绩效评估的时候，首先查阅了两人负责的商品的历史销售情况。小周负责的商品一直是部门销售的重点，本次考评周期在全部门的销售占比最高；而小郑负责的商品之前的销售额占比都偏低，经过近一段时间的运营，整体销售额已经上了一个台阶。另外，小周作为部门的骨干，最近刚刚加薪；而小郑因为加入公司不满 1 年，不符合调薪的要求。

经过思考，哈总最终决定把 A 的评级给小郑。哈总说："手心手背都是肉，

但是绩效考核要用发展的眼光来做取舍。同样优秀的员工，成长潜力更大的，需要获得更多鼓励。同时，这也是对老员工突破自己的一种激励。"也就是说，当小团队管理者面临"部门只有1个A的名额"时，首先要关注优秀背后的真实原因，其次要关注优秀之后的发展潜力，同时对员工的薪酬激励也要予以关注，在符合公司规定的情况下，做适当平衡。

案例 3　3位员工的表现差不多，怎么评A、B、C级

哈总是某互联网公司数据部门的主管，该部门主要负责数据报表、数据分析工作。哈总手下有3位员工：小周、小郑和小张，分别负责市场、运营和供应链的数据分析工作。按照公司的要求，部门评级需要有A、B、C级。表6.4所示为3位员工第一季度的基本信息，哈总该如何对员工绩效考核结果进行评级？

表6.4　某互联网公司数据部门绩效表（第一季度）

模块	内容	小周	小郑	小张
基础信息	工作内容	数据分析	数据分析	数据分析
	工作年限	4年	3年	3年
	加入公司	2年	1年	1年
核心指标	数据提取及时率	10分	9分	10分
	数据提取准确率	9分	10分	10分
	数据报表及时率	10分	10分	9分
	数据报表准确率	10分	10分	10分
	数据分析案例数	8分	8分	8分
关联指标	维护报表数量	10分	10分	10分
	业务满意度	10分	10分	10分
价值观	工作态度	10分	10分	10分
其他信息	—	对接市场	对接运营	对接供应链
评级	—	?	?	?

从已知信息来看，小周、小郑和小张3人都是有一定经验的数据分析人员，且都加入公司时间不久，小周比其他二人多一年的工作经历。3人的核心指标都在某一方面存在不足，小周数据提取准确率较低，小郑数据提取及时率较低，小张数据

报表及时率较低。与此同时，3人在维护报表数量和工作态度方面均没有明显差异，也都获得了业务人员的认可。

哈总在对这3个人进行绩效评估的时候，首先分析了他们核心指标表现不足但业务人员依然认可的原因。3个人负责的业务模块存在差异，小周面对的市场部门口径经常调整，且主要是流量数据，数据提取准确率方面存在挑战；小郑负责的运营部门对数据提取的需求量最大，整体任务重，数据提取及时率难以保障；小张对接的供应链部门主要以看报表为主，但指标逻辑最为复杂，所以小张数据报表的及时率有所欠缺。

经过思考，哈总最终决定给小周、小郑和小张分别为C、A和B的评级。哈总说："从表面上看，员工拿到的结果没有差异，考核定级时，一定要多考虑结果与期待的差距。小周的经验最深，面对问题本该有更好的解决方式，但实际结果低于预期；小郑面临了最多的任务，应接不暇与人力不足有较大关系，但他能够超出预期完成；小张中规中矩，完成期望，这就是对他们评级的依据。"也就是说，当小团队管理者面临"部门一定要有A、B、C级"时，首先要看核心指标完成情况，如无明显差异，则转变思路，以对员工的期望与员工的实际工作表现之间的差距来做评定。

6.1.4 思考问题

【问题1】你所在部门的绩效考核方式是什么？为什么选择当前的考核方式？

【问题2】本章关于绩效考核的3个案例，分别对应哪些绩效考核评估原则？

【问题3】某位骨干员工本季度的业绩为部门最佳，但相较上季度没有增长，还给他打A吗？

【问题4】某位老员工得过且过，连续5个季度绩效考核结果都是B，还继续给他打B吗？

6.2 绩效谈话聊什么

> "绩效考核结果出来了没，怎么半天没有动静？"
> "主管说要跟我聊绩效，不知道说什么好。"
> "我今年绩效应该不会很差，等着发奖金呢。"
> "小郑这个月绩效不太好，要怎么跟他沟通呢？"

管理者做完绩效评估之后,需要找部门每位参与绩效考核的员工进行绩效谈话。那么,绩效谈话聊什么呢？要如何着手准备呢？

6.2.1 核心公式

【绩效沟通】=【沟通原则】×【沟通框架】×【绩效面谈表】

【沟通原则】绩效沟通是主管和下属围绕绩效结果进行的谈话,和日常沟通相比,需要针对绩效的内容做出相应的调整和补充。对员工的尊重和开放的心态是良好沟通的基础,但绩效沟通有自身的重点和关注点,需要遵循相应的原则。

【沟通框架】绩效沟通是一个双向沟通的过程,可以依赖于一定的沟通框架。沟通前准备好沟通环境和沟通内容,沟通中按照沟通结构稳步推进,沟通结束后做归结整理,最终实现绩效沟通的目的,促进员工和部门共同发展。

【绩效面谈表】绩效面谈表是绩效沟通的重要工具。一方面,管理者可以运用绩效面谈表提前罗列出本期绩效沟通重点关注的问题,在绩效沟通的过程中,避免出现遗漏的情况;另一方面,绩效面谈表作为绩效沟通的完成交付物,记录了绩效沟通的主要结论和改进方向,可以为下一次做绩效评估和总结提供参考。

一、沟通原则：BEST 法则

绩效沟通以沟通绩效结果作为开始,以绩效改进计划作为重点,以绩效评估表的记录作为完结。管理者可以遵循 BEST 法则进行绩效沟通。

1. 描述行为（Behavior Description）

绩效沟通要给出具体的绩效结果,更重要的是,绩效结果要给出具体的评判标准,并且尽量以数据指标化、事例化的方式进行阐述,让员工清楚自己的问题出在哪里。

2. 表达结果（Express Consequence）

绩效沟通需要客观,避免情绪化。对于绩效欠佳的员工,管理者不能板着脸,更不能进行谩骂。绩效沟通是建立在绩效结果之上的,只是就事论事,阐述员工上一阶段的工作表现,以及带来的工作结果。

3. 征求意见（Solicit Input）

绩效沟通是双向沟通的过程,不只是传递结果。管理者要多鼓励员工表达,既要听到员工对自己这一阶段工作状态和结果的总结,也要了解员工对绩效改进优化有什么具体想法。

4. 着眼未来（Talk About Positive Outcomes）

管理者要以肯定和支持的方式结束绩效沟通，让员工了解积极改变后会有哪些收获，并且管理者要提出对员工未来的期许，提供具体的改进方案，让员工与团队共同进步、共同成长。

二、沟通框架

绩效沟通的沟通框架，主要包括以下7个方面。

1. 面谈准备

首先，绩效沟通之前，管理者应该已经有了明确的绩效评估结果，并且对绩效评估结果有较为客观、翔实的评判理由。

其次，管理者需要为绩效沟通提前选好沟通的时间和地点，避免出现突发情况。例如，因为环境嘈杂而导致绩效沟通被打断，或者引起员工的负面情绪。

最后，管理者要在绩效面谈之前准备好绩效面谈表，并提前罗列沟通的重点。

2. 开场白

绩效面谈的开场白，是为了让绩效面谈的员工放松。虽然是正式的工作沟通，但尽量给对方营造一种轻松的氛围。

例如，"小郑，你今天这个发型很不错，跟你的气质很搭。又一个月过去了，我们花半个小时左右的时间一起聊聊。"

3. 员工自评

开场白之后，先让员工自己陈述一下过去的绩效目标和绩效达成情况，倾听员工对自己过去一段时间的绩效完成情况和工作表现等的评价。

在宣布结果之前，了解员工对自己的认知。一方面可以加深对员工的了解，另一方面，针对其中的评估偏差，也可以做好记录，并重点进行沟通。

4. 绩效结果

等员工自评之后，告知员工这一阶段，管理者对其绩效完成情况和工作表现等方面的综合评价。首先是员工做得出色的部分，其次是不足的部分，最后告知其最终的绩效结果和评判理由。

如果员工这个阶段的绩效评估结果比较优异，那么管理者可以加一些戒骄戒躁、更进一步的引导；如果员工这个阶段的绩效评估结果不尽如人意，那么管理者可以加一些再接再厉、迎头赶上的鼓励。

5. 员工反馈

宣布完绩效结果并且与员工解释了绩效评判理由后,需要接收员工对绩效评估结果的反馈意见。一方面了解对方是否认同管理者的评判结果;另一方面了解对方对评判结果是否满意。

如果员工这个阶段的绩效评估结果不佳,那么在沟通的时候可能会产生冲突,这时管理者需要照顾对方的情绪,等其冷静后继续沟通。

6. 计划共识

无论绩效结果员工是否认同或者满意,绩效结果评定后通常都不会更改。绩效评估的重点也不局限于告知结果,重要的是针对员工不足的地方,能够提出对应的改进措施。

管理者需要帮助员工,共同制定下一阶段的成长目标和行动方案,以期实现下一阶段的绩效目标。

7. 结束面谈

双方就改进措施和计划达成共识后,管理者需要再次确认绩效评估表内是否有遗漏的内容,并且与员工确认绩效沟通的内容。最后,需要感谢员工参与绩效面谈,共同期待下一阶段的成果。

三、绩效面谈表

绩效面谈表(见表6.5)主要由基础信息和沟通内容组成。基础信息部分包括绩效周期(针对实际的绩效评估周期的结果进行的绩效沟通)、面谈时间、面谈地点、参与沟通的员工、参与沟通的主管以及绩效结果。这部分内容在绩效沟通之前就要填好,面谈时间和地点以实际发生的情况为准。

沟通内容主要包括员工自评、改进计划和员工建议等内容。这部分内容是绩效沟通的主体,在绩效沟通过程中填写,但不用每句面谈对话都完整填写,而是要挑选重点内容填写。最后,双方确认无误后,在绩效面谈表上签字,包括双方的姓名和沟通的日期。

表 6.5 绩效面谈表

沟通员工：		部门：	职位：
沟通主管：		部门：	职位：
绩效周期：			
面谈时间：			
面谈地点：			
绩效结果	最终结果		
	评断原因		
员工自评	工作绩效		
	工作态度		
	工作短板		
改进计划	改进重点		
	改进举措		
	完成标准		
	需要支持		
员工建议	对主管建议		
	对部门建议		
其他			
沟通员工签字：		日期：	
沟通主管签字：		日期：	

6.2.2 案例场景

1. 面谈准备

"小郑，你明天下午时间上方便吗？"

"怎么了，哈总？"

"上季度已经结束了，我们沟通一下上个季度的绩效。"

"好的，我时间上都可以。"

"那我们约明天 14：00，1301 会议室。"

"收到。"

2. 开场白

"小郑，我们开始吧。大概半个钟头的时间，就是聊聊，有什么就说什么。你觉得自己上个季度的绩效完成情况怎么样？"

3. 员工自评

"好的，哈总。我上个季度的主要绩效目标有三块：一块是基础建设，我主要完成了 A 项目和 B 项目的数据基础建设工作；一块是数据分析，我上个季度主要完成了 5 份分析报告，其中帮 C 部门做了 X 市场的人群分析，最终带来了 30 万元的销售转化；最后一块的绩效目标是提高需求响应速度，我上个季度收到的临时需求有 57 条，平均完成时间都在 8 小时内。整体完成情况和季度初期的目标相符。"

"你对自己上个季度的工作表现满意吗？"

"我还是比较满意的，设定的目标都达成了，自己也有成长和收获。"

4. 绩效结果

"嗯，你上个季度的绩效表现不错，绩效评估结果是 A。一方面，和你说的一样，个人绩效目标完成的情况比较好，跟你对接的部门主管也跟我表扬了你，值得肯定；另一方面，你还完成了 CDA（数据分析师）认证考核，是部门第一个，大家要向你学习。"

5. 员工反馈

"谢谢领导的栽培，都是大家配合得好。"

"不过，我们也不能骄傲，虽然整体的绩效目标完成了，但是在 C 项目里面还是出现了一些小的失误，需要引起重视。"

"收到。"

6. 计划共识

"你本季度有什么个人目标吗？"

"主要是想在项目里做更深的沉淀。A 项目和 B 项目的数据基础已经完成，我希望在本季度针对其中的内容输出一些分析，能够给项目的发展提供一些帮助。"

"我赞同你的想法。能够有一些分析的输出，并且能够落地实现价值，是我们努力的方向。有什么需要帮助的地方，可以告诉我。"

"因为整体的事情会比较多，可能需要您再协调一位同事一起处理。"

"这两个项目确实很有意义，我考虑一下安排谁比较合适。你对我个人或者部门还有什么建议吗？"

……

7. 结束面谈

"我们今天的沟通就到这里,希望这个季度一起加油。"

这次绩效沟通的绩效面谈表如表 6.6 所示。

表 6.6 绩效面谈表

沟通员工:小郑	部门:运营分析		职位:分析员
沟通主管:哈总	部门:运营分析		职位:主管
绩效周期:2021 年 4 月—2021 年 6 月			
面谈时间:2021 年 7 月 8 日 14:00—14:34			
面谈地点:1301 会议室			
绩效结果	最终结果	A	
	评断原因	(1)绩效部分:超出期望完成了第二季度的目标,其中帮 C 部门做了 X 市场的人群分析,最终带来了 30 万元的销售转化 (2)个人成长:部门第一个完成了 CDA 认证考核	
员工自评	工作绩效	满意自己的绩效,设定的目标都已达成,自己也有所成长和收获	
	工作态度		
	工作短板		
改进计划	改进重点	深入分析输出	
	改进举措	对 A 项目和 B 项目进行深入分析	
	完成标准	对 A 项目和 B 项目进行深入分析	
	需要支持	人员支持	
员工建议	对主管建议		
	对部门建议		
其他			
沟通员工签字:小郑		日期:7 月 8 日	
沟通主管签字:哈总		日期:7 月 8 日	

6.2.3 思考问题

【问题】你最近一次与员工做绩效谈话是怎么进行的?是否有可以改进的地

方？你计划怎么优化？

6.3 绩效改进计划怎么做

> "你听说了吗？小王被约谈了，听说要执行PIP。"
> "PIP？那是什么？"
> "就是绩效改进计划，危险了，可能很快就要走人了。"
> "祝他顺利吧。"

绩效改进计划（Performance Improvement Plan，PIP）是近些年频繁出现的一个词，有些公司已经开始灵活运用，有些公司还处在探索阶段，很多员工和主管都是谈PIP色变。那么绩效改进计划究竟是什么呢？绩效改进计划又要怎么做呢？

6.3.1 核心公式

【绩效改进计划】=【绩效改进场景】×【绩效改进步骤】×【绩效改进表】

【绩效改进场景】很多管理者认为绩效改进的使用场景就是裁员或变相裁员，但实际上它的出现，是为了帮助员工和企业共同成长。绩效改进场景主要是员工没有达成绩效目标，但存在绩效改进的可能。

【绩效改进步骤】绩效改进是管理者和员工共同参与的，用于提升员工绩效以满足公司发展要求的一种办法，核心步骤也都是围绕员工绩效提升展开的。管理者提供帮助或者对员工进行培训；员工付出努力，缩短与绩效要求之间的差距。

【绩效改进表】绩效改进表主要包括绩效改进计划表和绩效改进结果表，是绩效改进计划的应用工具，其中包括绩效改进的内容、计划、实施等。绩效改进表由管理者和员工共同确认，共同推进，并且作为绩效改进是否完成的主要评估记录。

一、绩效改进场景

应用绩效改进计划的场景，主要是员工未达成绩效目标的情况下。

绩效改进计划具有全面性，无论是业绩没有达标、态度出现问题，还是工作能力不足，都可以实施绩效改进计划。并不是说员工严重不符合预期了，才对其实施绩效改进计划，更不能把绩效改进计划等同于裁员。

绩效改进计划要有铺垫，管理者在推行绩效改进计划时，需要与员工进行充分的沟通，而不是贸然出具绩效改进计划表。整体改进计划是需要双方共同确认，且无异议后才可以实施的，整体绩效改进的过程也是需要管理者和员工共同参与的。

绩效改进计划的前提是员工仍然存在绩效改进的可能。对于完全不能胜任工作岗位，或者通过培训仍然不能胜任工作岗位的员工，已经不再适合使用绩效改进计划，直接予以解聘处理即可。

二、绩效改进步骤

绩效改进计划因工作内容、岗位性质、员工实际绩效情况的不同而存在比较大的差异。绩效改进计划的推进，主要遵循以下7个步骤。

1. 评估绩效差距

绩效改进计划的存在，是因为员工未达成绩效目标。而进行绩效改进，首先需要评估绩效目标和实际结果之间的差距，包括确定员工具体是哪些方面没有实现绩效目标，差距在哪里。

2. 分析产生差距的原因

分析绩效存在差距的原因，这里所说的"原因"是指具体的原因，要能匹配到可以改进的关键点，而不是泛泛而谈的。比如工作态度差是宽泛的原因，没有改进点；具体而言，工作态度差的表现则是上班迟到、任务完成效率低等，这些是可以量化进行改进的。

3. 制订改进计划

遵循SMART原则，设立绩效改进计划的目标，相应的改进计划要有明确的完成时间点，通常不超过3个月。绩效改进计划不应该包含实际上不可能完成的任务，而是要在符合岗位设置要求和员工实际情况的前提下寻找可改进的契合点。

4. 提供改进帮助

对于已经制订的改进计划，需要对员工进行相应的绩效改进帮助，包括但不限于为其提供相应的资源、培训。每项绩效改进任务都可以安排对应的辅导人员，同时该辅导人员也作为当前绩效改进任务是否完成的评估人员。

5. 实施改进计划

按照计划实施绩效改进计划，协助员工完成绩效改进的各项子任务，让员工在绩效改进期间努力缩短与绩效目标之间的差距，履行绩效改进义务。

6. 跟踪改进进度

在员工落地绩效改进计划期间，管理者要按照计划要求，定期检查跟踪当期任务的完成情况，及时调整员工的状态。

7. 复盘改进结果

在计划周期结束后，针对整个绩效改进计划的完成情况进行评估，判断员工是否完成了绩效改进计划，并且说明具体的原因，由员工、主管、人事等关键人员签字确认。

三、绩效改进表

绩效改进计划表（见表6.7）主要包括绩效改进的背景和改进计划两部分内容。背景主要包括绩效改进人员、辅导人员、绩效改进的原因和目标；改进计划则需要明确计划内容、起止时间、完成标准和辅导人员，并且由相关人员签字确认。

表6.7 绩效改进计划表

绩效改进人员：		部门：		职位：	
绩效辅导人员：		部门：		职位：	
绩效改进原因：					
绩效改进目标：					
绩效改进计划：					
计划内容	计划开始时间	计划完成时间	计划完成标准	辅导人员	其他
计划1					
计划2					
计划3					
绩效改进人员签字：			日期：		
绩效辅导人员签字：			日期：		
部门经理签字：			日期：		
人事经理签字：			日期：		

绩效改进结果表（见表6.8）主要用于跟进绩效改进计划的完成进度，并且对

绩效改进结果进行评估。团队管理者需要根据具体计划任务的时间节点来追踪员工的完成情况，而不是等到整体计划结束后再统一填写。

表 6.8 绩效改进结果表

绩效改进人员：		部门：		职位：	
绩效辅导人员：		部门：		职位：	
绩效改进原因：					
绩效改进目标：					
绩效改进计划：					
计划内容	计划时间	实际时间	完成情况	改进人员签字	辅导人员签字
计划1					
计划2					
计划3					
绩效改进结果：					
总体评估：（合格/不合格）					
具体说明：（原因）					
绩效改进人员签字：			日期：		
绩效辅导人员签字：			日期：		
部门经理签字：			日期：		
人事经理签字：			日期：		

6.3.2 案例场景

"小王，你上个季度的绩效完成情况比较差，你的绩效目标是完成销售额 100 万元，实际完成额只有 60 万元，而部门其他人都完成了绩效目标。"（第 1 步，评估绩效差距。）

"老板，上个季度是我的问题。"

"我们之前一起讨论过，你现在的问题主要有两个：一，拜访客户的频率比其他人低；二，对公司新上线产品的培训资料掌握不足。"（第 2 步，分析产生差距的原因。)

"老板,我会努力改进的。"

"公司这边会和你一起加油,我们一起制订绩效改进计划。"

"知道了。"

"你不要对绩效改进计划有什么其他看法,我们一起讨论,并且公司会提供相应的辅导,最终的目的是希望你可以赶上团队其他人的步伐。"

"好的。"

"你自己有什么改进计划?"

"我会多花时间拜访客户,并且尽快熟悉新产品,促进新产品的销售。"

"具体一点呢?"

"我手头上现在有26个客户,这个月我准备每周拜访7个,有5个客户在N城,会集中一周拜访。"

"嗯,我们再明确一点,7月1日至2日集中进行新产品的培训,7月3日至9日完成A区域的客户拜访,7月10日至16日完成N城的客户拜访,7月17日至23日完成B区域的客户拜访,7月24日至30日完成C区域的客户拜访,你有没有问题?"(第3步,制订改进计划。)

"时间上我可以。"

"这次的培训我们会加入考试部分。产品培训由我来负责;N城的客户拜访小郑会陪你一起;拜访本地区域客户时如果你有需要,可以让小张跟你一起。我们每周进行打卡,最终的目标是本月能够完成30万元的销售额。"(第4步,提供改进帮助。)

"好的,谢谢老板。"

"以下是我们此次的绩效改进内容,没有问题的话,我们来签字,之后按照这个计划执行。"(第5步,实施改进计划。)

表6.9所示为小王7月份的绩效改进计划表。

表6.9 小王7月绩效改进计划表

绩效改进人员:小王	部门:营销部	职位:销售员
绩效辅导人员:哈总	部门:营销部	职位:销售经理
绩效改进原因:第二季度绩效未达标,目标销售额100万元,实际销售额60万元,主要原因是拜访客户的频率比其他人低,对公司新上线产品的培训资料掌握不足			
绩效改进目标:7月份通过新产品培训,完成26家客户拜访,并且完成30万销售额			

续表

绩效改进人员：小王		部门：营销部		职位：销售员	

绩效改进计划：

计划内容	计划开始时间	计划完成时间	计划完成标准	辅导人员	其他
产品培训	7月1日	7月2日	通过考试	哈总	
客户拜访	7月3日	7月30日	完成26家客户拜访	小张	
A区域	7月3日	7月9日	完成拜访，销售目标5万元	小张	
N城	7月10日	7月16日	完成拜访，销售目标10万元	小郑	
B区域	7月17日	7月23日	完成拜访，销售目标10万元	小张	
C区域	7月24日	7月30日	完成拜访，销售目标5万元	小张	
销售完成	7月1日	7月30日	完成30万元销售额	哈总	

绩效改进人员签字：小王	日期：6月28日
绩效辅导人员签字：哈总	日期：6月28日
部门经理签字：严总监	日期：6月28日
人事经理签字：李经理	日期：6月28日

"小王，我们这期的绩效改进进行到一半了，产品培训已经完成，并且你也通过了考核，A区域和N城的客户拜访工作都已完成，销售额也达到了16万元。继续努力，有什么问题可以找我或者小张。"（第6步，跟踪改进进度。）

"小王，恭喜你，经过这一个月的努力，绩效改进计划顺利达标，你已是合格的销售人员，再接再厉。这个是绩效改进结果表（见表6.10），你看一下有没有问题。"（第7步，复盘改进结果。）

表6.10 小王7月绩效改进结果表

绩效改进人员：小王	部门：营销部	职位：销售员
绩效辅导人员：哈总		
绩效改进原因：第二季度绩效未达标，目标销售额100万元，实际销售额60万元，主要原因是拜访客户的频率比其他人低，对公司新上线产品的培训资料掌握不足		
绩效改进目标：7月份通过新产品培训，完成26家客户拜访，并且完成30万元销售额		

绩效改进计划：

续表

绩效改进人员：小王		部门：营销部		职位：销售员	
计划内容	计划时间	实际时间	完成情况	改进人员签字	辅导人员签字
产品培训	7月1日—7月2日	7月1日—7月2日	完成培训，考试成绩85分	小王	哈总
客户拜访	7月3日—7月30日	7月3日—7月30日	完成26家客户拜访	小王	小张
A区域	7月3日—7月9日	7月3日—7月9日	完成拜访，销售额6万元	小王	小张
N城	7月10日—7月16日	7月10日—7月16日	完成拜访，销售额10万元	小王	小郑
B区域	7月17日—7月23日	7月17日—7月23日	完成拜访，销售额10.5万元	小王	小张
C区域	7月24日—7月30日	7月24日—7月30日	完成拜访，销售额5.5万元	小王	小张
销售完成	7月1日—7月30日	7月1日—7月30日	完成32万元销售额，完成率107%	小王	哈总

绩效改进结果：	
总体评估：合格	
具体说明：完成新产品培训、客户拜访，销售额完成了32万元，完成率为107%；符合合格要求	
绩效改进人员签字：小王	日期：8月3日
绩效辅导人员签字：哈总	日期：8月3日
部门经理签字：严总监	日期：8月3日
人事经理签字：李经理	日期：8月3日

6.3.3 思考问题

【问题1】你是否了解过绩效改进计划？绩效改进的步骤是什么？

【问题2】你可以利用绩效改进计划，提高落后员工的绩效表现吗？

第 7 章

阶梯，如何帮助员工成长

阶梯，或者说员工职级体系，是管理者团结员工、为员工规划发展方向的一项工具，是团队进步的动力来源之一，也是分工安排的一项基础工作。因此，本章将重点讨论小团队岗位阶梯的相关知识和实操案例。

本章涉及的主要知识点

◇制定部门岗位阶梯：能力要求、业绩要求、阶梯性。
◇给下属争取加薪：薪酬制度、业绩优先、部门平衡。
◇员工能力很差要如何处理：适当激励、员工培训、分工调整、清退处理。

7.1 制定部门岗位阶梯

> "来公司两年了，所做的事情一直没变，也没有职级调整，什么都没变。"
> "我刚毕业入职公司，好希望知道做下去的话要往哪个方向努力！"

部门岗位阶梯的设置既可以为员工规划努力的方向，也可以对员工不同阶段工作能力进行肯定。如果说绩效评估的是员工的功劳和苦劳，岗位阶梯则主要评估员工的能力和业绩，小团队管理者如何制定部门岗位阶梯呢？

7.1.1 核心公式

【岗位阶梯】=【能力要求】×【业绩要求】×【阶梯性】

【能力要求】能力要求是岗位阶梯的基础,任何岗位都存在基本的胜任条件。比如销售员要求沟通能力,程序员要求代码能力,分析师要求研究能力,不同岗位存在不同的岗位能力要求,不同的岗位级别存在能力的高低。

【业绩要求】能力是岗位的胜任条件,而业绩则是员工在岗位上承担的责任,以及实际做出的贡献。能力很强的员工,如果业绩很差,实际上并不符合高阶级别的要求,毕竟没有落地的靴子不知道能不能扛钉子。

【阶梯性】阶梯性是岗位阶梯的特性:一方面,阶梯性能够对不同的能力和不同业绩要求做良好的区分,相邻级别的岗位要求不能差别太小,也不能差别很大,需要和楼梯一样,一步一阶;另一方面,岗位阶梯的阶梯性需要与薪酬挂钩,如果不能匹配对应的薪酬体系,设计得再精良的岗位体系,也不能促进员工向上成长。

一、能力要求

一个人的能力有很多,包括组织能力、语言能力、记忆能力、想象能力、学习能力等,但是对于岗位阶梯而言,与岗位不同阶梯相符的岗位能力,才是设计岗位阶梯的必要性。从核心来讲,包括以下3个方面的能力。

1. 胜任力

胜任力指的是员工能否胜任对应岗位级别的基础能力,员工掌握了这项能力,就可以着手做某项工作,进行具体的业务操作。比如对于技能(如Java、Python、C语言等)的掌握程度;对于资格证书的获取情况,如CFA(Chartered Financial Analyst,特许金融分析师)、CPA(Certified Practising Accountant,注册会计师)等。岗位级别越高,对于胜任力的要求也就越高。但通常在到达某个岗位级别后,对胜任的基础要求便趋于饱和,比如同时拥有CFA、CPA以后,对证书的要求不会再增加。

2. 执行力

执行力指的是员工在实际工作过程中的落地能力,即员工即使符合胜任力的要求,但如果没有办法执行落地,也是不符合对应岗位职级的要求的。比如员工虽然持有了CFA、CPA证书,但不代表他一定可以出色地完成财务分析的落地工作。岗位级别越高,对于执行力的要求也就越高;越高级别的员工,越能驱动更为复杂的项目落地,或者进行更为长远的落地思考。

3. 影响力

影响力指的是员工在一定范围内的影响能力。也就是说，即使员工符合胜任力的要求，并且能够推动一些项目落地，管理者仍然需要考虑员工在部门、公司，甚至行业范围内的影响能力。岗位级别越高，影响的范围也就越广，且越高级别的员工，越重视影响力和执行力的权重，而不只是局限于岗位的具体业务的胜任力。

二、业绩要求

业绩要求对应能力要求，更侧重对公司的贡献情况，或者绩效的完成情况。

对于刚入职的员工，主要参考过往的职业经历，对其进行定岗定级；而入职以后的阶梯性成长，则需要考虑员工在本公司、本部门的实际贡献情况。

业绩要求通常可以参考绩效指标的完成情况，但与绩效考核不同的是，职级体系内的绩效更看重历史的累计情况，而不是一定周期内的绩效考核情况。

比如绩效考核的销售额为当月销售额，而职级体系参考的是员工累计完成的销售额情况。累计贡献越多，反映到岗位级别上则级别越高。相较于短期绩效的波动性，职级的业绩要求更看重长期发展。

三、阶梯性

部门岗位职级的设置首先需要与公司的级别体系相对应。有的公司按照0~18设置岗级，有的公司按照专业线、营销线、管理线等设置岗级，还有的公司在每档级别中又设置了3个小的岗位级别，比如同属于营销专员，又分为1、2、3级。

目前主流的阶梯主要按照专业线和管理线设置，小团队管理者自身通常是专业优秀的转型管理。但对于部门的岗位级别设置，小团队管理者主要考虑的是专业线，管理线不在讨论范围。岗位级别的设置并非越多越好，阶梯过多、分级过细，反而会导致职级设置失去意义。不过不能只设一两个岗位级别，否则会不利于员工发展提升。

根据不同岗位的情况，职级通常可以按照专员、高级专员、资深专员、专家、高级专家和资深专家6个级别。专家之前的级别侧重胜任力的发展，专家之后的级别侧重执行力的加深和影响力的发展。

7.1.2 案例场景

表 7.1 所示为某互联网公司数据分析师职级体系。

表 7.1 某互联网公司数据分析师职级体系

层级		P4 数据分析师	P5 高级数据 分析师	P6 资深数据 分析师	P7 数据分析 专家	P8 高级数据 分析专家	P9 资深数据 分析专家
能力要求	胜任力	工具使用	Excel/PPT/ SQL/WeData	P4+Tableau	P5+Python	同 P6	同 P6	同 P6
		统计基础	描述统计	P4+ 推断 统计	P5+ 机器 学习	P6+ 深度 学习	同 P7	同 P7
		交叉学科	运营	P4+ 产品	P5+ 财务	P6+ 行研	同 P7	同 P7
	执行力	问题识别	在一定指导下能准确识别问题	能够独立清晰地识别问题	识别问题并转化为分析目标	识别问题并推动解决问题	思考数据的价值并规划推进	提出对业务发展的前瞻性建议
		分析规划	在一定指导下能完成分析规划	能够明确范围并做好分析规划	能够提炼问题并做好分析规划	同 P6	同 P6	同 P6
		数据展现	能够形成报告，传递分析结果	展现得有条理、有逻辑、表达清晰	结论突出、清晰，并能指导他人	同 P6	同 P6	同 P6
		指标建设	—	根据需求建表，完成应用	根据需求建表，兼顾使用效率	规划业务域表，兼顾使用效率	同 P7	同 P7
		价值应用	—	完成业务需求，提出建议	提出建议，推动建议被采纳	提出有效建议，独立主动	同 P7	同 P7
	影响力	任务影响	合理分配和安排，完成分析任务	作为核心成员，控制进度和质量	领导跨部门项目，寻求资源	完成影响较大的复杂项目	独立主导完成影响较大的项目	同 P8
		人物影响	—	推动建议采纳，跨团队沟通协调	具备一定影响力、判断力	在业务单元层面有影响力	在公司层面有影响力	在专业领域有一定的影响力
业绩要求		数据看板	—	建设数据看板/数据集≥10	建设数据看板/数据集≥20	建设数据看板/数据集≥30	同 P7	同 P7

续表

层级		P4 数据分析师	P5 高级数据分析师	P6 资深数据分析师	P7 数据分析专家	P8 高级数据分析专家	P9 资深数据分析专家
业绩要求	专题分析	—	完成数据分析案例≥10，且综合评分≥3.75	完成数据分析案例≥20，且综合评分≥3.75	完成数据分析案例≥30，且综合评分≥3.75	同P7	同P7
	数据应用	—	—	累计增加收入＋降低成本≥30万元	累计增加收入＋降低成本≥100万元	累计增加收入＋降低成本≥500万元	累计增加收入＋降低成本≥1000万元
	制度文化	—	—	推动数据制度和数据分析文化	制定并优化数据制度	建设数据分析文化	同P8

7.1.3 思考问题

【问题】你所在团队主要有哪些岗位的员工？岗位职级体系如何？是否有更好的职级体系设计方案？

7.2 给下属争取加薪

> "主管，我来公司已经3年了，工资一直没涨。"
> "老板，我想在杭州买房，薪水能不能加一下？"
> "老板，别的地方现在都开8000元，我们只有5000元，是不是可以……"
> "主管，我最近工作太累了，我想要加薪！"

从员工的角度来看，薪水是其合法的劳动报酬，多多益善。管理者经常要面对下属对薪水低的抱怨。对于业绩出色的下属，管理者甚至要帮他们争取加薪。那么，具体要如何给下属争取加薪呢？

7.2.1 核心公式

【争取加薪】=【薪酬制度】×【业绩优先】×【部门平衡】

【薪酬制度】公司的薪酬制度和习惯是管理者为下属争取加薪的前提条件。有些公司有每年的普调，有些公司有一年两次的涨薪机会，还有些公司加薪就是领导的一句话。不管是哪种情况，公司具体的薪酬制度，都是团队管理者为下属争取加薪的框架范围。

【业绩优先】有很多因素会影响员工对薪酬的渴求，比如有些员工可能本身起薪低且几年没有加薪，有些员工家庭条件不是很好。但无论是什么样的情况，对于争取加薪而言，一定是业绩优先，员工的业绩才是加薪的基础。

【部门平衡】加薪是一门平衡的艺术，无论团队管理者有没有加薪的决定权，但至少有建议权。如何使用加薪的手段来维持部门的稳定、人员的发展，团队管理者需要综合考虑各项因素。

一、薪酬制度

给下属争取加薪，需要在公司的薪酬制度框架之下进行，如果团队管理者没有薪酬的决定权，则需要有充足的理由说服有决定权的上级。通常而言，无论薪酬是以现金、股票形式发放的，还是以实物形式发放的，其构成都主要包括三部分。

1. 固定薪酬

（1）**基本工资**：员工的基本工作收入。

（2）**岗位工资**：员工岗级津贴，根据员工岗位级别制定。

（3）**工龄工资**：公司工龄津贴，根据员工进入公司服务的时间制定。

（4）**学历工资**：员工学历津贴，根据员工的最高学历制定。

2. 绩效薪酬

（1）**提成奖金**：根据销售情况，给予员工的阶梯式销售收入提成。

（2）**绩效奖金**：根据绩效情况，给予员工的绩效奖金。

（3）**其他奖金**：根据项目或者不同阶段给予员工的特殊奖金或者其他奖金。

3. 其他薪酬

（1）**加班工资**：根据员工的加班情况，给予员工的工资补贴。

（2）**工作补贴**：夏季高温补贴等特殊工作补贴。

（3）**其他福利**：公司其他福利。

其中，小团队管理者能争取的部分主要是岗位工资和绩效奖金，即通过员工评优推荐加薪，或者推荐员工晋升实现加薪的目的。相对正规的公司，每年都会进行一到两次的薪酬调整或者为员工提供晋升机会；一些人数少的公司，则是老板"一言堂"，随时可能进行薪酬的调整。团队管理者为下属争取加薪，需要把握相应的时间节点。

二、业绩优先

员工提请加薪的理由纷繁复杂，有些理由令人啼笑皆非，比如最近工作太累了、家里有人生病了、女朋友要求买房等。部分员工对加薪的理解是，工资不是因为我做了什么，而是因为我为了做这份工作失去了什么，工资是一种补偿，所以越多越好。

从公司和部门的角度来看，管理者对于员工无限度的加薪要求都要考虑再三。既要防止员工因为薪资问题产生不良情绪，甚至离职；又要考虑行业背景、公司利润及发展情况。

对于员工的加薪要求，管理者首先需要考虑的是员工的业绩情况。员工在最近一段时间（通常是一年以上）内，是否能够持续地完成工作任务，并且能够超过期望地创造工作价值，都需要有详细的材料佐证。

小团队管理者为下属争取加薪的时候，需要拿出下属的产出情况，有的放矢地向有决定权的上级阐述加薪的理由。此时，小团队管理者给的是一项建议，在得到实际的加薪结果之前，不宜向员工提出许诺。

三、部门平衡

加薪的首要考虑因素是员工的业绩，但在实际操作过程中有两种情况，管理者可以做更好的权衡。一种是按照部门整体形式加的，由管理者建议部门下属的分配比例，比如部门有1万元的加薪，5个员工，可以每人2000元，也可以其中1人1万元，剩余4人不加薪；另一种是按照加薪的名额加的，如果加薪的名额只有1个，那么通常会选择业绩最好的，或者业绩进步最大的员工，但如果名额较多，则有更多的选择。

无论是以上哪种情况，团队管理者都需要好好利用分配的权力。首先，对业绩最好或者业绩进步最大的员工要给予鼓励；其次，要考虑虽然近期没有绩效，但一直勤恳的员工，加薪也是对他们的一种鼓励；最后，对于一直没有产出且工作态度较差的员工，可以考虑不加薪。

7.2.2 案例场景

案例 1　员工提加薪如何处理

"主管,我来公司已经3年了,工资一直没涨。"

"小王,感谢你对公司的付出。你的情况我也了解,入职的时候工资并不低。"

"但是,这也不是不涨工资的理由吧。"

"当然,肯定不是高了就不给涨。你觉得,你最近一年的工作表现情况如何?"

"我最近一年参与了集团的用户画像项目,给集团带来了1万以上的新增用户。"

"这个1万以上你是怎么得出来的?"

"在这个项目推进之前,集团每天的新增是1000人;上线项目之后,每天的新增人数增加到了1200人。按照时间推算的话,这两个月已经带来了1万以上的净增长,以后还会持续增加。"

"嗯,但是这个项目应该不是你主导的吧?这个主要是小郑在负责的,是不是?"

"我也深度参与了。"

"我们要看贡献情况,不能只看参与,你说是不是?否则是不是会对其他人不公平?"

"知道了。"

案例 2　如何给下属争取加薪

"老板,您有时间吗?跟您汇报个事情。"

"你说吧。"

"公司最近要申报加薪的名单,我们部门我推荐的是小郑。"

"好的。"

"一方面,他在我们公司这一年半的时间里,工作绩效都是A,最近的B项目也出色地完成了任务,是标杆项目;另一方面,他的工资在入职的时候比较低,我建议可以给15%的涨幅。"

"嗯,这个情况我了解了。小郑还是不错的,你把具体的材料准备一下发给我。"

"好的,老板,我替小郑谢谢您的栽培。"

7.2.3 思考问题

【问题】你有给下属争取加薪的经历吗?你是怎么做的?是否有更好的方式?

7.3 员工能力很差要如何处理

> "老张的能力太差了,跟他讲半天他都听不懂。"
> "是啊,明明是很简单的东西。"
> "上次一个需求,我感觉一个小时就能做好,结果他搞了两天。"
> "说话还一套一套的,没有重点。"

身边总有一些员工,表现出来的能力很差,在部门阶梯里属于最下层。这类员工中,有些仍然有进步的空间,而有些则需要进行清退,那么面对员工能力很差的情况,团队管理者要如何处理呢?

7.3.1 核心公式

【员工能力差】=【适当激励】×【员工培训】×【分工调整】×【清退处理】

【适当激励】适当的员工激励可以帮助能力较差的员工树立信心,并且可以帮其设立提升能力的目标。很多时候员工能力差只是表象,其内在动力的缺乏才是工作产出低下的主要原因。

【员工培训】对于能力较差的员工,管理者需要与其共同探讨,发现他和其他员工之间的差距,尤其是与优秀员工之间的距离。并且要有针对性地对其进行思维、技能、制度等方面的培训,帮助其更好地适应所在岗位。

【分工调整】管理者在进行分工的时候,既要合理也要合情。有些能力较差的员工其实是被放错了位置的优质资源。每位员工都有自己的性格、特点,找到适合他们做的事情,也许就能有不一样的结果。

【清退处理】在激励、培训和调整分工都失效的情况之下,可以针对能力较差的员工最后做一期绩效改进计划。如果仍然没有达到预期,则要做清退处理,否则会造成资源的更大浪费。

一、适当激励

员工能力差只是表象，真正的原因可能是没有接受过培训，可能是没有丰富的工作经历，也可能是被其他事情干扰了，还有可能是缺失明确的目标动力。管理者应对能力差的员工提供更多的激励，而非谩骂和指责。

员工激励包括物质激励和精神激励，对于能力差的员工，要侧重于精神层面的激励。德鲁克认为，激励员工唯一有效的方法是加强员工的责任感，而非满意度。对于能力差的员工，管理者需要判断他们是否还有责任感及努力的意愿。如果对方只是混沌度日，那么趁早清退才是更好的解决办法。

如果员工尚未丢失责任感，仍然有进取心，管理者就可以通过非正式的沟通，让员工先放松下来，并表达自己对他存有信心，相信他可以在接下来的时间里发挥自己的优势，取得一些亮眼的成绩。管理者要有耐心，要给予机会，要了解员工当前面临的困难，以及有哪些地方可以给予帮助。

二、员工培训

当管理者对能力较差的员工进行了坦诚的沟通和翔实的分析之后，一般就可以找到员工能力差的具体原因，比如理解力偏差、执行力存在问题、团队配合存在问题、流程熟悉度存在问题等。针对各项问题，员工培训是最通用的解决方法。具体而言，员工培训主要包括以下6个方面。

1. 职业能力培训

职业能力培训是职业共同的基础能力培训，包括沟通表达、商务礼仪、演讲口才等通识能力的培训。

2. 岗位能力培训

岗位能力培训是岗位需要的技能培训，包括操作工具的能力、测算市场的能力、制作报表的能力等，与具体的岗位要求紧密相关的能力培训。

3. 公司制度培训

公司制度培训主要是了解公司基本流程制度，比如会议制度、审批流程、消防安全等，属于公司范围的通识能力。

4. 岗位流程培训

岗位流程培训主要是了解岗位特定的标准作业程序，如客服的标准话术、活动上线规则等，不同的岗位有不同的岗位操作流程。

5. 心理健康培训

心理健康培训主要针对员工心理健康、情绪释放等方面进行的培训，部分有企业社工的公司，会进行相关的培训。

6. 价值观培训

价值观培训主要是针对员工正确价值观进行宣讲，通常围绕公司的发展、使命、价值观等展开。

对于能力比较差的员工，管理者对其进行的培训，通常是一种补足，而不是从头来过。例如，公司制度培训在新员工入职的阶段就已经进行过，管理者需要做的培训需要更有针对性，尤其要注重岗位能力培训和岗位流程培训，因为这是对员工能力有直接影响的部分。

另外，针对员工岗位能力的培训和岗位流程的培训，管理者可以自己搭建框架，并且让其他优秀员工参与其中，毕竟知识的总结和分享，才是真正的系统化和内化。培训材料的整理和培训的完成，也可以提升管理者自身的能力。

最后，如果员工经过培训之后仍然不能胜任工作岗位，管理者则应该对该员工进行岗位调整或者做清退处理，而不应该反复占用公司资源。

三、分工调整

常规的分工可以遵循三维对照法，即事的三维——重要、紧急、难度，人的三维——能力、效率和日程。针对能力较差的员工，给其安排不重要或不紧急的任务；对于空闲度比较高且能力又比较差的员工，可以适当给其安排紧急但难度小的任务。

当管理者认为该员工的能力较差，不适应当前工作密度的时候，可以逐渐剥离其手中相对重要的项目类工作，仅围绕其职责进行其他工作安排和培训。当员工经过培训后仍然不能胜任岗位的主要任务时，管理者需要寻求上级领导和 HR 的支持，给员工调整更适合的工作岗位，并进行下一步的分工调整。

7.3.2 案例场景

1. 背景

"老张的能力太差了，跟他讲半天他都听不懂。"

"是啊，明明是很简单的东西。"

"上次一个需求，我感觉一个小时就能做好，结果他搞了两天。"

"说话还一套一套的,没有重点。"

2. 适当鼓励

"老张,你时间上方便吗?我们聊一下。"

"好的,哈总。"

"是这样的,你也是公司的老员工了,对公司各个方面都比较了解,最近是不是不在工作状态?"

"最近是有点跟不上,对新的系统还不熟悉,操作不熟练。"

"不用担心,系统的问题花点时间就可以了。你是部门经验比较丰富的员工,新系统可能有些东西和以前有区别,但是大体上还是围绕公司的流程来走的,只是操作层面需要熟悉一下。我对你有信心。"

"谢谢哈总,我会努力的。"

3. 员工培训

"老张,新系统我们邀请了产品经理给大家做一次培训,时间是明天下午4点,在181会议室,你有任何问题都可以咨询他。"

……

"老张,今天的培训如何,有没有解答你的困惑?我记得你之前说操作上有些不明白的地方。"(培训反馈)

"已经了解了一些,但还是不太熟悉。"

"哪块儿不熟悉?"

"这个配图的坐标轴标签设计不是很理解。"

"那我给你再讲一下。"

4. 分工调整

"老张,B项目的进展如何了?"

"完成了需求沟通,还没有正式开始。"

"这项工作我们可能要做一下调整,后面由小王来跟进。现在有个C项目的需求,需要处理一下,我把相关资料发给你。"

7.3.3 思考问题

【问题】你是否有能力较差的下属?他的工作态度和意愿如何?你计划如何处理?

第 8 章

新人，如何快速提高生产力

新人，是团队不断发展的新生力量，既是团队资源的重要补充，也是团队新鲜感的重要来源。任何团队都会面临新人的融入问题，其中最为核心的问题是如何快速提升新人的生产力。本章将重点讨论小团队新人融入的相关知识和实操案例。

> **本章涉及的主要知识点**
>
> ◇ 为小团队争取招人名额：人员规划、申请材料、影响关键决策人。
> ◇ 收到简历如何评估：基本条件、岗位匹配、意愿匹配、简历呈现。
> ◇ 面试别人时问什么：简历审阅、问题结构、典型问题、面试点评。
> ◇ 帮助新人融入团队：入职手册、新人培训、导师制度、新人计划、入职仪式。

8.1 为小团队争取招人名额

> "哈总，能不能赶紧加人啊，我们都忙不过来了。"
> "是啊，最近天天加班，快吃不消了。"
> "还有新的项目要上，真的要赶紧招人了。"

人员招聘是团队管理的重要一环，在进行招聘工作之前，团队管理者首先要为团队争取招人名额（Head Count）。那么，具体要怎样争取呢？

8.1.1 核心公式

【争取招人名额】=【人员规划】×【申请材料】×【影响关键决策人】

【人员规划】人员规划是申请招人名额的基础，如果管理者对自己团队的目标和人员配置没有清晰的认知，则提不出充足的理由去申请更多的人力。毕竟每个人力的背后对于团队和公司来说，都是一笔不小的支出。如果只是单纯地说缺人，或者抱怨加班太多，那都是没有说服力的，反而暴露了自己的管理问题。

【申请材料】当管理者能够按照公司和部门的发展规划，提出合理的人力配置方案以后，可以形成相对完善的申请材料，提交给关键决策人审批。如果人力的招聘属于紧急情况，如工程马上要交付，需要立马补充工人，那么团队管理者要以口头形式条理清楚地阐述问题。

【影响关键决策人】招人名额的关键决策人指的是对人力扩充有决策权力和影响力的上级管理者。流程体系比较完善的公司，主要是上级负责人和人事经理决定招聘人数的；人数较少的公司，则直接由老板决定招聘人数。小团队管理者需要影响到这些关键决策人，才能实现最终的招聘。

一、人员规划

管理者通常会在年终或者年初的时候进行新一年的公司目标和部门目标设定，而与之相关的就是，小团队的人员规划。人员规划包括两个方面：一方面是人员数量的规划，另一方面是人员结构的规划。

人员数量的规划比较好理解，就是新一年需要多少人，已经有多少人，还需要招多少人。人员数量主要是根据整体的目标规划而决定的，比如某工程公司的项目预算团队，已知下一年度有 30 个工程，每个人平均可以完成 5 个工程，总共需要 6 个人，如果已经有了 4 位在岗员工，就需要申请额外的两个招聘名额。

人员结构的规划相较于人员结构的优化更为复杂，具体如下。

人员结构的优化是指现有人员阶梯的优化。考虑到绝大多数留下的员工都是具有成长性的，那么仅有 1 年经验的小白，在接下来 1 年时间里就需要逐渐成长为熟手；而拥有 3 年经验的熟手，则需要承担其他方面的责任来优化团队的工作效率。

人员结构的规划是指新招聘人员的结构规划，管理者针对新招聘的人员需要具备的工作背景、项目经验等，决定是进行校园招聘，还是进行社会招聘。如果管理者希望本团队人员年轻化，就需要重点招收应届生，或者招聘经验较浅但符合基本要求的员工。

新招聘人员的结构规划,甚至会影响新招聘人员数量的规划。比如团队目前面临的项目是比较复杂而重大的,招一个资深员工,显然比招两个没有经验的人员更符合当前的招聘要求。

人员规划需要围绕公司和团队目标,根据团队自身的特征进行思考。以下4个因素是管理者必须考虑的。

1. 人效

人效是指团队的人均产出,也是管理者进行人员规划时要重点考虑的因素。比如当期的任务是完成1000万元的销售额,而过往人均完成的销售额只有200万元,那么至少需要5位平均水平的员工,才可以完成当前的销售要求。所以,管理者需要结合团队的当期目标,来进行人员数量和人员结构的规划。

2. 成本

成本是指团队的人员支出,通常公司在做预算的时候,会考虑每个部门总的人力成本,而管理者在进行人员规划的时候,要尽量在人力成本可控的范围内调整。比如整个部门的人力预算只有100万元,团队内就不可能同时拥有6个年薪20万元的资深员工,而是要安排5个年薪20万元的,或者4个年薪20万元和2个年薪10万元的。

3. 革新

革新主要是针对团队人效的升级,这样的升级有两种方式。

一种是通过内部的升级来控制。比如当期的生成任务是10万件,当前人均可以完成4万件,按照目前的情况需要3人才能完成。但如果生产效率可以升级到人均完成5万件,那么只需要两位员工。

另一种是通过招聘来完成。比如有计划地招聘一些在某些领域有经验或者有专长的员工,在他们加入以后,团队的整体生产力将得到较好的提升。

团队的管理者一定要通过团队的整体来获益,而不是只靠自己;一定不能让自己成为这个团队的上限。

4. 补位

补位的经验源自对已有员工的深入了解和对部门发展的长远判断,在人力资源预算相对充足的时候,管理者可以适当安排补位员工加入。

一方面,新鲜的血液可以发挥鲇鱼效应,给团队带来新的发展动力;另一方面,可以及时应对可能出现的员工离职的情况。一个行业、一个岗位都有它的平均离职年限，管理者可以了解一下相关的历史数据，作为补位的一种参考。

当然，如果员工提出了离职请求，此时补充的招人名额并不应计入整体的规划，而是要对计划中发生的异常情况进行补充调整。

二、申请材料

基于团队人员的规划，如果确有必要申请招人名额，那么管理者可以先自己整理相关的申请材料。一方面是为了符合制度要求，另一方面是帮助自己厘清思路。如果公司有相关的申请流程，那么可以按照流程需要的内容来填写；如果公司缺乏相关流程或者流程内容比较简单，则可以从以下 5 个方面入手整理材料并汇报。

（1）**申请原因**：阐述团队需要新增人员的原因，比如工作任务调整、工作内容增加、某方面的人才缺失等，主要围绕团队目标与人员规划的内容展开。

（2）**招聘要求**：阐述需要招聘什么样的人，包括性别、年龄、学历、专业、工作经验、公司背景、岗位级别等，要贴合人员结构规划的内容提出具体要求。

（3）**人员分工**：阐述新增人员的主要工作，如负责某个模块、某个程序或者其他分工等。

（4）**期望产出**：阐述新增人员能够给部门带来什么产出，比如他可以增加销售额，或者能够补充生产线、促使任务完成，抑或可以升级现有架构、提升运行效率等。

（5）**到岗时间**：阐述新增的人员需要什么时候到岗，对应的是什么时候需要完成招聘任务。如果招聘需求比较紧急，则需要拓展招聘渠道。

申请材料的格式可以参考表 8.1，管理者也可以在人员结构规划的汇报材料内说明申请需求。

表 8.1　新增职位申请表

申请部门		申请日期	
申请数量		申请人	
人员1	申请原因：		
	招聘要求：		
	人员分工：		
	期望产出：		
	到岗时间：		

续表

人员2	申请原因：		
	招聘要求：		
	人员分工：		
	期望产出：		
	到岗时间：		
部门总监意见		签字：	日期：
人事总监意见		签字：	日期：
CEO意见		签字：	日期：

三、影响关键决策人

招人名额的关键决策人指的是对人力扩充有决策权力和影响力的上级管理者，能够影响关键决策人，招人名额的申请才有可能获批。其中比较重要的关键决策人如下。

1. 上级领导

上级领导是小团队管理者最直接的汇报对象，对于部门的工作内容和人员结构比较了解，能够比较好地理解招聘需求，甚至有可能是招聘需求的发起人。获取上级领导的信任，也是小团队管理者推动获取其他相关资源支持的重要基础。

2. 人事经理

人事经理掌握着公司招人名额的部署，即使没有决定权，也有建议权。而且招聘工作需要人事部门协助完成，能够获得人事经理的支持，既能顺利地获得招人名额，也能推动招聘的进程。

以前，管理者往往把人事部门当成是辅助决策，而现今越来越多的公司开始重视人力资源规划。人事部门对业绩部门也存在较大的建议指导作用，尤其是在招人方面。需要注意的是，与人事经理的沟通中，要站在对方的角度考虑，重点强调人效问题，用数据和事实说话。

3. 合作部门主管

针对研发部门或者后勤部门等非业务部门的招聘，有时需要更强势的业务部门领导者协助推进。双方是合作共赢的关系，非业务部门可以完成招聘计划，而新增人员可以更好地服务业务部门。

另外，在非业务部门招人名额比较紧张，而业务部门的招人名额又比较充足的情况下，甚至可以借用业务部门的招人名额来完成当下的招聘计划。

4. 老板

一般情况下，单一部门的人事招聘不需要经过老板审批。但有两种情况，老板起决定性作用：第一种情况是公司规模比较小，老板亲自决策人事事宜，此时老板便是主要的影响人；第二种情况是招聘需求比较紧急，必须经过老板特批才能推进。在向老板汇报招聘计划的时候，需要站在公司整体发展的角度，阐述招聘计划能够给公司带来什么样的产出。

8.1.2 案例场景

1. 背景

"哈总，能不能赶紧加人啊，我们都忙不过来了。"

"是啊，最近天天加班，快吃不消了。"

"还有新的项目要上，真的要赶紧招人了。"

2. 人员规划

项目情况：上半年完成需求 28 项，下半年新增立项 35 项。

人员情况：团队人员共有 4 人，其中资深员工 1 人、普通员工 3 人。

人效情况：上半年平均每人完成了 7 项需求，资深员工 1 人承担 10 项，普通员工总计承担 18 项，普通员工人均 6 项。

人员规划：根据下半年新增立项的情况，目前 4 位员工无法完成；总体需要 5 人完成，目前缺少 1 人。由于部门仅有 1 位资深员工，考虑到公司的发展，需要以补充资深员工为主。如果无法完成，则可以考虑补充普通员工，以确保下半年工作顺利完成。

3. 申请材料（见表 8.2）

表 8.2　新增职位申请表

申请部门	业务分析	申请日期	6 月 20 日
申请数量	1	申请人	哈总
申请原因：下半年部门新增立项 35 项，目前平均每人可以完成 7 项，至少需要 5 人可以完成。团队已有 4 人，特此申请补充 1 人			
招聘要求：本科以上学历，经管类专业，相关岗位 2 年及以上经验。研究生优先考虑，工作经验 3 年以上优先考虑			

续表

人员分工：	新增人员负责 C 部门来源的新增需求		
期望产出：	新增人员在 1 个月内适应岗位要求，并在下半年顺利完成 C 部门的新增需求		
到岗时间：	8 月 1 日		
部门总监意见		签字：	日期：
人事总监意见		签字：	日期：
CEO 意见		签字：	日期：

4. 影响关键决策人

"严总监，您时间上方便吗？"

"怎么了？"

"上半年快要完结了，我们根据下半年的任务目标进行了人力资源规划。"

"你继续。"

"根据目前的任务情况，我们平均每人可以完成 7 项，下半年部门新增需求量将达到 35 项，一共需要 5 人完成。目前我们团队只有 4 个人，还需要再补充 1 个人。"

"你把具体的任务清单和分工发给我看一下。"

"在这里。"

8.2 收到简历如何评估

> "哈总，给你找了两个候选人，你看一下简历。"
>
> "哈总，我这边有个朋友想来咱们公司工作，要不把简历发给你看看？"

好不容易争取到了招人名额，进入了招聘环节。管理者要有招聘的主人翁意识，主动通过各种招聘渠道获取简历。另外，人事部门也会协助提供一些简历。收到简历以后，团队管理者要怎么进行评估呢？

8.2.1 核心公式

【简历评估】=【基本条件】×【岗位匹配】×【意愿匹配】×【简历呈现】

【基本条件】基本条件指的是硬性筛选要求，即根据公司和岗位的招聘要求，筛选候选人的工作年限、学历、专业、性别等，淘汰不符合要求的候选人。如果是招聘程序员，那么通常需要计算机相关专业或者经过岗位培训的人员。

【岗位匹配】岗位匹配主要是评估候选人的工作背景和工作经历是否符合当前的招聘要求。通常而言，同行业同岗位同等规模公司的候选人，更容易上手和适应同类型的工作。如果是招物流公司的财务经理，在其他物流公司当过财务经理的候选人则比较匹配。

【意愿匹配】意愿匹配主要是评估岗位提供的招聘条件是否匹配候选人的期望。对于主动投递简历的候选人，只需要稍加留意是否匹配，但如果是管理者自己搜寻的简历，则一定要花时间寻找相关信息，看看意愿是否匹配。比如对方的求职意愿是总监，管理者提供的职位却是资深专员，则存在意愿不匹配的情况。

【简历呈现】简历呈现包括简历的样式、条理、是否有错别字等，以及简历附件中提供的作品成果。通过候选人简历相关内容的最终呈现方式，管理者可以从侧面判断该候选人是否符合期望。

一、基本条件

硬性的筛选条件在做岗位申请和招聘前就已经存在，不同的岗位存在不同的基本要求，包括但不限于以下几个方面。

1. 个人背景

（1）**性别**：候选人的性别是一个敏感的话题，但是考虑到工作类型和工作强度等因素，某些岗位会限制性别，比如矿工通常为男性。

（2）**年龄**：目前法定工作年龄最低是16岁；文艺、体育和特种工艺单位招用未满16周岁的未成年人，必须依照国家有关规定，履行审批手续。

（3）**籍贯**：部分工作需要掌握当地方言，所以对候选人的籍贯有一定的要求。

2. 教育背景

（1）**学历**：候选人的学历通常是指最高学历，比如初中及以下、中专、高中、大专、本科、硕士、博士。

（2）**院校**：候选人的学校通常是指最高学历学校，也有些情况下会考虑本科学历的学校情况。学校类型主要有"985""211"、双一流、海外高校等。

（3）**专业**：候选人的专业背景（包括第二专业），主要有计算机、经济管理、自动化、中文、生物、医学等。

（4）**证书**：候选人获得的等级证书，包括英语等级证书、从业资格证书等。

（5）**培训**：候选人相关岗位或者技能的培训经历。

3. **工作背景**

（1）**工作年限**：候选人工作的总年限。通常的划分标准为应届、1年以内、1~3年、3~5年、5~10年和10年以上。

（2）**相关岗位经验**：候选人从事相关岗位的情况，包括是否从事过相关岗位，从事相关岗位的年限；工作岗位是否具有连续性，是否一直从事相关岗位、相关行业。

（3）**在职状态**：候选人是在职还是离职，预计多久可以到岗。

二、岗位匹配

岗位匹配主要是评估候选人的工作背景和工作经历是否符合当前的招聘要求，具体而言主要从以下5个方面进行评估。

1. **工作经验**

员工的工作经验包括但不限于工作年限、人员级别、公司背景、工作旅程。其中同行业知名公司的工作经验会有加分，但更重要的是看部门的岗位需求情况，比如入门岗位不需要资深经理。

2. **项目经验**

评估候选人是否有和岗位需求匹配的项目经历，如果有，则要评估候选人在项目中承担的角色，项目的实现周期，项目的规模情况等。通常而言，工作经验是基础，项目经验更能反映候选人的实际经历情况。从大型企业出来的候选人也可能因为从事比较基础的工作，而不如中小型企业有丰富项目经验的候选人。

3. **亮点业绩**

亮点业绩是指候选人简历里突出的亮点信息和业绩，比如工作成果、为公司带来的价值、个人拿过优秀员工等。亮点业绩是候选人的加分项，能够从侧面反映候选人的优秀程度，并且数据化的业绩更具有说服力。

4. **稳定程度**

候选人是否频繁跳槽反映了他的工作稳定性，招聘员工既要考虑员工是否能够胜任岗位，也要考虑员工是否能够长期为公司做出贡献，否则刚招聘的员工过段时间就要离职，会增加用工成本。对于候选人是否频繁跳槽的判断，可以根据行业的平均跳槽情况，对候选人最近2~3段工作经历进行评判。

5. 其他要求

其他与岗位相关的要求，比如候选人的颜值、技能、阅历等。

三、意愿匹配

意愿匹配主要是评估岗位提供的招聘条件是否匹配候选人的期望。一方面，管理者可以通过简历获取信息；另一方面，可以在正式面试前通过打电话进行简短的沟通。具体而言，主要从以下 5 个方面评估意愿是否匹配。

1. 期望薪资

候选人的期望薪资是首先需要判断的意愿匹配条件，一般而言，岗位薪资要符合候选人的期望薪资。如果候选人的薪资期望远大于岗位提供的范围，则没有必要浪费双方的时间。而如果候选人的薪资远低于行业平均水平或者接受大幅度降薪，则管理者也需要谨慎处理。

2. 工作地点

评估候选人期望的工作地点是否能得到满足，包括员工的常住地是否符合期望，以及是否需要频繁出差。部分候选人会在简历中注明不接受出差，管理者需要注意这些关键信息。

3. 工作岗位

评估候选人期望的工作岗位是否能得到满足，比如对方的求职意愿是主管，但公司提供的是非管理岗位，则不能匹配。

4. 工作强度

评估候选人期望的工作强度与公司实际情况是否符合，比如部分候选人完全不接受加班、对上下班时间有要求。

5. 其他要求

评估候选人在简历中注明的其他期望和要求是否能得到满足，比如发展要求、培训要求等。

四、简历呈现

简历的呈现方式给了管理者对于候选人的第一印象。对于简历相近且都符合招聘要求的候选人，管理者可以从以下 4 个方面对简历呈现方式进行评估。

1. 格式

简历呈现的格式包括简历的文件格式和排版方式，通常 Word 版简历会存在字体不统一、错位等问题，PDF 格式的简历更为加分。按照表格方式填写的简历或者整体过于复杂、过于花哨的简历，都会减分。

2. 逻辑

简历内容不应该有明显的逻辑问题。常见的问题如项目经验与岗位经验严重不符，工作经验远大于毕业年限，同一时间在两家公司从事相同的全职工作，等等。同时，简历内容的呈现需要有条理、有逻辑，按照时间序列或者模块进行整理。

3. 语言

语言简洁，多用短语和关键词，能够给人更深刻的印象。与之相对应的，简历中如果出现过多口头用语，就会显得不够专业。优秀的候选人往往能够通过 1~2 页的简历，完整地呈现个人的经历、优势及匹配度。

4. 附件

如果候选人提供了与工作成果相关的附件，则可以方便管理者对其工作能力的评估。但是，管理者需要注意附件是否脱敏。如果附件内容有候选人前公司的敏感信息，那么可以认为该候选人是缺乏商业安全意识的，在以后的工作中也会存在隐患。

8.3 面试别人时问什么

> "哈总，刚刚给你推荐的候选人怎么样？"
> "还不错，经验比较符合我们的要求。"
> "那我约一下面试，你什么时间方便？周四或者周五下午？"
> "周四下午可以。"
> "好嘞，我联系一下候选人。"

终于有合适的候选人了，管理者需要准备面试了。需要特别注意的是，从面试开始就已经是新人融入团队的第一步了，管理者既要通过面试找到合适的候选人，也要让候选人对公司留下不错的印象。具体而言，面试的时候要问些什么呢？

8.3.1 核心公式

【面试别人】=【简历审阅】×【问题结构】×【典型问题】×【面试点评】

【简历审阅】简历审阅是面试前最重要的准备工作,如果没有仔细阅读候选人的简历,对应聘者没有大致的了解,并且没有有针对性地准备问题,则不能更好地挖掘应聘者的能力值和适配度,同时,也是对应聘者的不尊重。

【问题结构】面试可以遵循一定的问题结构,从面试开始到提问,从管理者追问到应聘者反问,最后到面试结束,都可以提前准备一些相应的问题,以保证面试的顺利进行。这样既可以避免冷场,也可以避免浪费面试时间。

【典型问题】不同类型的问题考察的内容存在较大的差异,除了专业性问题可以考察应聘者是否能够胜任本岗位以外,还需要了解其他的匹配情况,比如沟通能力、学习能力、价值观等。熟悉常用的问题,管理者能够在面试过程中更加从容,并且能够有重点地进行面试。

【面试点评】比较好的面试习惯是面试结束之后,对应聘者从各个维度进行评分并做面试总结,对面试结果有个比较明确的结论。另外,对于面试过程中的经验,也要进行总结,为下一次面试提供帮助。

一、简历审阅

简历审阅是面试前的重要准备工作,管理者除了要根据简历对应聘者与岗位的匹配情况进行评估外,更重要的是可以有针对性地准备问题。对问题的准备有如下建议。

(1)标记兴趣点:标记应聘者简历中的亮点,尤其是与岗位相关性比较强的地方,可以有针对性地准备进一步的提问;标记项目阐述内容中需要进一步确认的部分。

(2)标记疑问点:标记对于应聘者简历存在疑问的部分,比如工作期间存在断层,追问断层原因;工作期间有跨行业跨岗位的经历,具体原因需要确认。

(3)标记印象分:标记对应聘者简历的结构、样式、逻辑的初步印象分是多少;标记简历中的错别字、针对本公司本岗位是否有专门的修改,以及对本岗位的工作意愿,等等。

二、问题结构

1. 开场白

面试的开场白,一方面尽量以轻松的方式打开话题,让参与面试的双方能够彼此熟悉，比如问一下应聘者从哪里过来、乘坐了什么交通工具、是否方便；另一方面，面试者可以做简单的自我介绍和面试时长的介绍，自我介绍主要包括自己的姓名和职务等。

很多面试官会忽略自我介绍，导致应聘者在面试结束后也不知道面试官是谁，面试体验不太好；面试时长的介绍，可以给应聘者留下比较专业的印象，也是为面试官接下来的工作安排做出提醒。

2. 自我介绍

开场结束以后，通常可以让应聘者进行自我介绍。由于自我介绍是应聘者比较熟悉并且可以提前准备的，所以也可以达到让参与面试的双方放松的目的。同时，不同应聘者的自我介绍方式会有比较大的差异，管理者可以根据应聘者的陈述，了解应聘者的沟通习惯和语言逻辑等。

3. 项目经历

在应聘者做完自我介绍以后，管理者可以针对自我介绍里自己比较关心的问题进行追问，也可以从应聘者的日常工作问起，再过渡到问应聘者的项目经历。

项目经历是面试时需重点关注的部分，尤其是对于有一定工作年限的应聘者，他参与了哪些项目，在项目中总结了哪些经验，这是管理者判断应聘者对当前所面试的岗位或者行业是否有充分经验的重要依据。管理者不需要应聘者回答所有的项目，而是要让其阐述最有成就感或者印象最深刻的正面项目，也可以让其额外补充最失败的项目经历。

追问应聘者的项目经历时，管理者要重点关注以下内容。

其一是关注应聘者在项目中承担的职责。有些应聘者会讲一些有亮点的项目，但是其本人在项目内仅仅是作为辅助执行者，他对项目的影响就需要打折扣。

其二是关注应聘者如何组织语言阐述项目内容，看看其是否符合 SMART 原则，是否条理清晰、是否有逻辑。如果应聘者阐述项目的时候缺乏逻辑或者闪烁其词，那么很有可能其本人对于项目的参与度不足，很大概率不是项目的主导者。

其三是关注应聘者如何评价项目成功或者失败的原因，重点了解他对项目的看法，评估他是否有足够的洞察力，是否能够抓住问题的本质。

4. 工作经历

工作经历主要指的是应聘者的工作履历，项目经验侧重考察应聘者的能力和经验，工作经历则重点关注应聘者对职业生涯的规划和转型。

应聘者每次换工作的原因，尤其是本次换工作的原因，可以让管理者了解应聘者的工作价值观，并初步判断应聘者对下一份工作的期许，即判断应聘者与当前岗位是否匹配，或者是否能够长久稳定地在本公司贡献能量。

5. 场景问题

场景问题主要是假设一些场景，考察应聘者的想象力、逻辑能力、表达能力和潜力等。设置场景问题的时候，可以尽量贴合当前公司或者当前岗位的工作场景，通过场景问题，进一步了解应聘者对于应聘公司的了解和重视程度。通常来讲，管理者都希望应聘者对本公司做过一些功课，对以后在公司就业存在期许。

6. 应聘者提问和答疑

应聘者提问也是必不可少的环节，需要给应聘者留出一定的提问时间，管理者要回答应聘者对公司、岗位、薪资等方面的疑问。这样一来，即使应聘者并不适合招聘的岗位，也可以给面试官留下不错的印象，以后有机会还可以进行合作。

7. 结束语

面试结束前管理者要做面试结语，通常话术为："今天的沟通就到这里，如果有进一步的消息，我们会在一周内给你答复；如果没有，可能就是双方暂时不合适，感谢你对我们公司的关注。"

三、典型问题

1. 针对项目经历

（1）职业经历内，你觉得最成功或者最有成就感的项目案例是哪个？请你简单介绍一下。

（2）职业经历内，你觉得最失败或者最遗憾的项目案例是哪个？请你简单介绍一下。

（3）项目由多少个成员组成？分工是什么样的？你在其中的职责是什么？

（4）项目的目标是什么？你们是如何实现的？

（5）你们失败的主要原因是什么？如果再次发生这种情况，你准备如何解决？

（6）你们面临的最大挑战是什么？你是如何解决的？

（7）这个项目里面的××结论是怎样得出来的？××思路是如何设计的？

（8）这个项目给公司和你个人带来了什么收益？

（9）这个项目给你最大的启发是什么？

（10）如果再次操盘相似的项目，你会怎么做？

2. 针对工作经验

（1）你为什么选择××行业？

（2）你为什么选择××工作？

（3）你从 A 公司离职的原因是什么？

（4）你怎么评价你在 A 公司的经历？

（5）你怎么评价你在 A 公司的上级？

（6）什么情况下你可能再次回到 A 公司？

（7）A 公司让你最失望的事情是什么？

（8）A 公司让你最满意的事情是什么？

（9）你在 A 公司的绩效评价情况如何？

（10）你为什么获得了相应的绩效评价？

3. 场景问题

（1）你对未来 3~5 年的职业规划是什么？如何实现？

（2）你对下一份工作有什么期望？

（3）你希望和什么样的上级或者同事共事？

（4）你理想中的工作氛围是什么样的？

（5）如果和同事起了冲突，你将如何处理？

（6）如果工作和个人生活起了冲突，你将如何处理？

（7）如果安排的工作是你不擅长的，你将如何处理？

（8）如果你被录用，你会如何开始工作？

（9）如果你被录用，你希望从公司获得什么？

（10）如果入职后，你发现工作内容和预期存在差距，你将如何处理？

四、面试点评

面试点评是在面试完结后，根据应聘者的表现对其进行评价，核心的评价是针对面试结果的评价：通过、未通过或者待定。

如果应聘者符合预期，能够进入下一轮面试，则面试结果为通过；如果应聘者不及预期，不能胜任岗位要求，那么面试结果是未通过。

如果应聘者介于胜任与不胜任之间，且存在其他应聘者，则面试结果为待定；

可以等其他应聘者面试结束以后，进行最终的面试决定。

针对应聘者的面试表现，可以围绕以下几个方面进行评价。

1. 专业能力

专业能力主要是指应聘者对于当前招聘岗位的专业胜任程度，其中最重要的考核方式就是深入追问应聘者的项目经验。如果招聘的岗位是财务，那么掌握财务的专业知识、持有相应的职业证书、拥有相关的岗位经验，都可以作为关于专业能力的考察范围。

2. 沟通能力

沟通能力是所有岗位的通用技能，良好的语言表达能力、沟通理解能力是做好工作的基础。对于应聘者的沟通能力，可以从他的自我介绍和问题沟通等方面做出评判。对于特定的岗位，如果与人交流是主要的工作内容，那么对应聘者沟通能力的考核要求会更高。

3. 学习能力

通过对应聘者工作履历的询问可以了解他的学习能力，也可以给对方假设一个工作场景，通过他的应对方式来评判他的学习能力和适应能力。好的学习能力和适应能力，有助于应聘者快速上手新的工作，适应快速变化的市场和工作环境。

4. 抗压能力

快节奏的工作方式、复杂的人际关系、充满挑战的项目等，给各行各业从业者造成了一定的压力。面对繁复的压力，足够的抗压能力将有助于提升应聘者在后续工作中的表现。适当的压力测试，能够评估应聘者面对压力时处理事情的能力。

5. 成长潜力

在面试应聘者的时候，一方面要评估当前情况下，他是否能够上手工作；另一方面要评估应聘者的未来规划与公司和岗位的发展期望是否匹配。事在人为，如果是有潜力的应聘者，那么即使当前缺乏经验，未来也可以发挥重要价值。

6. 薪资要求

记录应聘者的薪资要求。需要注意的是，关于薪资要问年薪，不要只问月薪要求，因为不同背景的公司对计薪月份会有所不同。对于高级别的应聘者，其他方面的要求也需要进行记录。

面试点评可以记录在面试评价表（见表8.3）中，该表主要包括应聘者的基础信息，各维度的评价情况，以及整体的面试结果。备注部分可以记录关键信息，提供给下一轮的面试官，如 HR 和上级主管等。

表 8.3 面试评价表

姓名		应聘职位				面试日期	
评价类型		评价等级				备注	
专业能力		☐优	☐良		☐中	☐差	
沟通能力		☐优	☐良		☐中	☐差	
学习能力		☐优	☐良		☐中	☐差	
抗压能力		☐优	☐良		☐中	☐差	
成长潜力		☐优	☐良		☐中	☐差	
薪酬要求		期望的薪酬待遇、工作环境与岗位是否适合 （目前年薪：　　期望年薪：　　其他：　　　）					
初试综合评价：							
初试面试官（签字）：　　　　日期：							
建议：☐复试　　☐不适用　　☐暂存人才库　　☐推荐相关部门							
复试综合评价：							
复试面试官（签字）：　　　　日期：							
建议：☐录用　　☐不适用　　☐暂存人才库　　☐推荐相关部门							

8.3.2 案例场景

1. 开场白

"韩丽，你好，我是哈总，财务 BP 部门的负责人，这一轮面试由我来负责。我们简单聊一下，大约需要半个小时。"

"好的。"

2. 自我介绍

"那我们开始吧，要么你先做个自我介绍？"

"好的。哈总好，我叫韩丽，毕业于浙江理工大学，本科学的是会计专业。工作到目前为止一共有3年时间，一直在A公司做财务BP工作。"

"你是负责哪条业务线的财务BP？"

"我主要对接家居业务线，是公司的三大业务线之一。"

3. 项目经历

"简单介绍一下你的日常工作吧。"

"我的日常工作主要包括3个方面：第一个是预算管理，协助家居业务建立KPI和相应的预算；第二个是项目财务管理，针对具体项目进行预算管理和成本控制；第三个是财务分析，帮助家居业务线从财务数据角度增收降本。"

"你觉得在这3年时间里，最有成就感的项目是什么？"

"我们公司曾推出一个99元抢座椅的项目，我在其中进行了预算管理和风险测算，协助进行了99元的定价，并且最终取得了不错的销售效果，整体销售额达到了300万元。"

"你当时是怎么进行定价测算的？"

"我们的目标用户群集中在A地区，我根据历史销售情况和国外的预算支出情况，结合了当年家居业务整体的目标和销售达成，最后测算出了新的优惠定价。既保证了正常的促销活动，也保证了基本的利润空间。"

4. 工作经历

"你在A公司工作了3年，同事们是怎么评价你的？"

"我跟同事的相处都很融洽，无论是和财务部门的同事，还是和业务部门的同事，都可以很顺畅地配合。总体而言，他们认为我是靠谱的、细致的、可以沟通的，并且在360互评内对我也给出了比较好的评价。"

5. 场景问题

"你对未来3~5年的职业规划是什么？如何实现？"

"我计划未来3~5年继续从事财务BP工作，深入学习财务知识和行业知识，能够成长为资深的财务BP。"

"你的薪资目前是多少？"

"11K（即11000元）每个月。"

"近一年的年终奖是多少？"

"我们公司是13薪。"

"那你的期望薪资是多少？"

"我希望有 30% 左右的上浮。"

6. 应聘者提问和答疑

"你有什么问题想了解的吗？"

"我想知道公司的发展规划情况，您怎么看未来几年公司的发展？"

"我们也是以家居类为主，目前公司重点关注的是企业客户这块，后续会在此发力，未来 3~5 年，有望做到本省市场的前三名。"

7. 结束语

"感谢你今天来参加面试，今天的沟通就到这里。如果有进一步的消息，我们的 HR 会在一周内跟你取得联系；如果没有，可能就是暂时还不太合适，感谢你对我们公司的关注。"

关于韩丽的面试评价如表 8.4 所示。

表 8.4 面试评价表 - 韩丽

姓名	韩丽	应聘职位	财务 BP			面试日期	2022.11.10
评价类型		评价等级				备注	
专业能力		√优	□良	□中	□差	家居业务线经验	
沟通能力		□优	√良	□中	□差	同事评价：靠谱的、细致的、可以沟通的	
学习能力		□优	√良	□中	□差		
抗压能力		□优	√良	□中	□差		
成长潜力		√优	□良	□中	□差		
薪酬要求	期望的薪酬待遇、工作环境与岗位是否适合 （目前年薪：11K×13　期望年薪：上浮 30%　其他：　　　　）						
初试综合评价： 有相关岗位工作经验，整体沟通顺畅，工作期望与岗位期望相符							
初试面试官（签字）：哈总　日期：2022.11.10							
建议：√复试　□不适用　□暂存人才库　□推荐相关部门							

续表

姓名	韩丽	应聘职位	财务 BP	面试日期	2022.11.10
复试综合评价：					
复试面试官（签字）：　　　　　日期：					
建议：☐录用　　☐不适用　　☐暂存人才库　　☐推荐相关部门					

8.4　帮助新人融入团队

> "下周我就要去新公司报到了。"
> "恭喜恭喜，感觉怎么样？"
> "有点儿兴奋，但是也有点儿紧张。不知道新同事怎么样。"
> "没事儿，你很快就能适应的。"

新人如期入职，面对新的公司、新的环境、新的同事，新人都会感到陌生和紧张。那么此时团队管理者要怎样帮助新员工消除对陌生环境的恐惧，并快速融入工作团队呢？

8.4.1　核心公式

【新人融入】=【入职手册】×【新人培训】×【导师制度】×【新人计划】×【入职仪式】

【入职手册】入职手册是帮助新人快速熟悉工作的简要指南，其中最主要的是开通各种系统权限的参考手册和简易工作标准流程。如果有可能，管理者可以尽量标注更多的信息，帮助员工通过书面材料快速熟悉团队和工作。

【新人培训】新人培训的内容包括企业介绍、规章制度等，通常由人事部门组织。同批进入公司的新员工共同参与培训，大家彼此适应，快速学习公司文化，融入公司团队。

【导师制度】新人导师是直接影响新员工融入团队进度的核心人物,通过导师带教制度,新人可以快速熟悉部门、公司、环境,快速适应岗位工作。同时,对于导师来说,新人带教也是其职业成长的一部分。

【新人计划】新人也需要有试用期目标,也就是新人计划。新人计划既是新员工融入团队的一种手段,也是针对新员工进行考核的重要内容。很多公司试用期的考核比较随意,没有按照新员工的特点来设计新人计划,有较大的优化空间。

【入职仪式】对于特点鲜明的团队,入职仪式是团队文化的一部分,比较简单的仪式是约一个饭局。通过入职仪式,可以让新员工感受到团队的力量,让新老员工有一个轻松的氛围可以互相熟悉。

一、入职手册

入职手册中主要包括以下内容。

1. 公司介绍

关于公司的介绍,如公司的成立、发展轨迹、主要管理层、愿景使命等,可以让新员工对公司在做的事业有初步的了解。

2. 行业资料

行业资料是指公司所处行业的行业报告和参考资料,针对跨行业的新员工,可以让其对本行业有基本的了解;对已经熟悉行业的新员工,可以丰富其行业知识。

3. 入职流程图

入职流程图主要包括入职的基本流程和注意事项,需要提交的材料、办理的手续和其他相关事宜,这有助于新员工迅速完成入职手续。

4. 权限申请帮助

权限申请帮助包括新员工需要加入的工作群、需要开通的系统账号、需要安装的基础软件、工作系统的操作手册等,新员工可以通过权限申请帮助,快速获取工作账号权限,完成工作软件的安装。

5. 简易工作标准流程

本团队新员工所属岗位的简易工作标准流程,有助于新员工快速了解接下来主要从事的工作内容及在本公司的基本工作流程。如果入职手册内无法详细标注,则需要通过新人沟通或者导师带教的方式进行传达。

6. 关键联系人

针对新员工工作过程中可能会涉及的关键联系人进行标注，包括人事行政部门，也包括业务或者技术相关部门。标记的内容包括岗位、职位、联系方式、联系事宜等，可以让新员工在适应新工作的周期内快速获得帮助。

7. 公司周边的环境

为新员工提供生活上的指南，包括但不限于饮食、住宿、交通、车位等信息，让新员工快速了解公司周边的环境，为新员工提供生活和出行上的便利。

二、新人培训

新人培训主要包括以下几个方面。

1. 文化培训

培训内容包括企业发展历程和变革、公司使命和价值观等，建立新员工对公司文化的初步认知，激励新员工为了共同的使命而奋斗。

2. 制度培训

制度培训是指企业的人事行政、安全生产等相关制度的培训，包括但不限于薪酬、考勤、晋升、安全条例、保密条例等，让员工在规章制度下进行工作，避免触碰"红线"。

3. 行业培训

由公司资深员工或者外部专家，针对新员工进行行业背景知识培训，这样可以让新员工快速熟悉和了解当前行业的现状和发展趋势。

4. 岗位培训

岗位培训主要是岗位相关技能、流程和制度等内容的培训，目的是使新员工熟悉并掌握完成本职工作所需的相关技能，从而让其迅速胜任工作。

三、导师制度

给新人安排导师，可以促进公司人员成长的良性循环。一方面，新人可以通过带教导师快速适应工作环境，并且在遇到问题的时候可以立刻找到寻求帮助的对象；另一方面，带教导师的老员工在带教新人的过程中，既可以把自己了解到的信息传递给新员工，也可以加深对公司和团队的了解。

由于小团队的特殊性，团队人员需要更加团结，一对一的帮扶有助于提升双方的工作友谊。具体而言，带教导师的主要职责如下。

（1）协助新人完成入职流程，帮助新人顺利办理入职手续、领取入职物资。

（2）带领新人熟悉公司的环境，包括工位情况、会议室、茶水间、厕所等，向有交集的工作部门介绍新人，其中最重要的是带新员工一起吃饭。

（3）协助新人开通相关系统权限、安装工作软件，针对新人在开通权限过程中的疑问进行解答。

（4）协助新人完成新人计划内容，针对新人在新人计划推进过程中遇到的疑问进行解答。需要注意的是，新人计划虽然主要是小团队管理者与新员工共同制订的，但带教导师也需要参与其中，了解新人计划的目标，帮助新人实现目标。

（5）提供新人入职和岗位适应的其他相关帮助。

（6）及时反馈新人在岗位适应期内的异常情况。

带教导师的具体工作内容可以参考表8.5所示。带教导师需要根据员工入职的阶段，进行不同的工作跟进，帮助新人逐渐融入新的团队。

表8.5 带教导师的工作内容

时间	具体内容	结果	材料
新员工入职前	1）了解新员工的基本信息，方便带教 2）初步制订新员工带教计划	提前了解员工信息，制订带教计划	—
入职第1天	1）向新员工做自我介绍 2）初步沟通，了解新员工的基本情况，介绍带教的流程和制度 3）向本部门和关联部门同事介绍新员工 4）介绍新员工需要了解的基本办公软件，如企业微信、邮箱等 5）告知新员工需要了解的规章制度 6）邀请新员工与部门同事共进午餐，了解周边环境 7）初步介绍本部门的主要情况、基本任务	融入团队，了解部门基本情况以及周边环境	—
入职第1周	1）介绍部门的组织架构、相关对接部门和同事 2）详细说明本部门的特有工作流程规范、周例会、主题分享、工作汇报等 3）导师、部门负责人及新员工根据岗位的实际情况共同制订岗位带教计划 4）向新员工介绍本部门近期的工作目标和岗位任务，协助新员工完成第一个月（30天）的工作计划	制订新员工30天工作计划	提醒新员工提交30天工作计划表

续表

时间	具体内容	结果	材料
入职第30天	1）点评新员工30天的工作完成情况 2）对未完成的工作计划做原因分析及改进 3）对新员工第一个月的综合表现给出评价 4）与新员工共同制订第二个月的工作计划 5）督促新员工第30天当周的周五提交工作总结和计划	点评新员工30天内的工作情况，制订第二个月的工作计划	提醒新员工提交30天工作总结和第二个月的工作计划表
入职第60天	1）督促新员工积极参加公司及部门组织的主题培训或交流活动 2）与新员工保持至少一次且不少于半个小时的沟通 3）对未完成的计划做原因分析及改进 4）对新员工第二个月的综合表现给出评价 5）与新员工共同制订第三个月的工作计划 6）督促新员工第60天当周的周五提交工作总结和计划	点评新员工60天内的工作情况，制订第三个月的工作计划	提醒新员工提交60天工作总结和第三个月的工作计划表
入职第90天	1）与新员工保持至少一次且不少于半个小时的沟通 2）对未完成的计划做原因分析及改进 3）对新员工第三个月的综合表现给出评价 4）聆听新员工对导师工作的建议和想法 5）督促新员工第90天当周的周五提交工作总结	点评新员工90天内的工作情况，完成带教任务	提醒新员工提交90天工作总结
带教结束	带教结束当周的周五下班前，提交新员工评估表	提交新员工评估表	新员工评估表

四、新人计划

新人计划需要有明确的目标，并且该目标要符合SMART原则。通常员工的试用期为3~6个月，可以根据试用期的时间，分3个阶段制订新人计划。

第一阶段以适应环境为主，工作目标基本按照流程制度，在带教导师协助下，处理基础的工作内容，并且跑通工作流程。

第二阶段在适应环境的基础上，适应岗位的更高要求。通常跑通工作流程之后，在带教导师的协助下，能够产出一些有亮点或者重要的内容。这个阶段主要考验新人对岗位的适应性。

第三阶段需要新人独立产出，表现出对岗位的胜任力。如果在这一阶段无法独立按要求完成计划目标，则管理者可以根据当前的人力资源情况，不予新员工转正。

新人工作计划表如表8.6所示。

表 8.6　新人工作计划表

员工姓名		所属部门		工作岗位		
导师姓名		部门负责人		HRBP		
工作模块	月度工作计划		预计完成时间	本月输出成果		备注
1						
2						
3						
待解决／协助问题						
工作评价	优秀／超出预期／符合预期／不符合预期					
导师点评	（培训总结后可从工作态度、表现、结果输出等方面点评，同时写出新员工待改进的点）					

员工签字：　　　　　导师签字：　　　　　上级领导签字：

五、入职仪式

入职仪式是部门特有的入职方式，属于部门文化的一部分，能够加强团队成员的归属感和荣誉感。好的入职仪式能够让新人更加热爱当前的部门和当前的工作。

新人容易接受的主要有以下几种入职仪式。

（1）**欢迎邮件**：一份正式的欢迎邮件能够让部门同事快速了解新员工，也能够让新员工有自我展示的机会。除了正式邮件以外，在社交群内对新员工表示欢迎，也能加快新员工的融入。

（2）**入职礼物**：有公司特色、部门特色或者岗位特色的入职礼物，能够给新员工更愉快的入职体验，比如代表公司形象的玩具、书籍、纪念品等。

（3）**公司游览**：带领新员工游览公司，是必不可少的入职仪式之一，这有助于新员工更快地适应环境，这项工作可以由主管自己、HR或者新人导师来完成。

（4）**互动游戏**：这是最容易让人沉浸其中的环节，很多公司都会通过游戏来引导新员工与老员工的互动，以轻松愉快的方式加深彼此之间的认识，也让新员工感受到团队的热情。

（5）**影像记录**：新员工入职时，可以用照片或者视频记录这一特别时刻。

第9章

离职，如何维持团队稳定

离职，无论是团队员工的离职，还是小团队管理者自己的离职，都是小团队管理者不得不面对的情况。自己离职往往知道如何顺利交接，但是当团队员工提出离职的时候，团队管理者则有可能手足无措。

员工离职，有时是蓄谋已久，有时是突发情况，还有的时候是管理者针对团队情况，主动辞退不适合团队发展的员工。天下没有不散的筵席，管理者要学会处理员工离职的情况。本章将重点讨论小团队管理者处理员工离职的相关知识和实操案例。

本章涉及的主要知识点

◇ **员工提离职怎么办**：对员工离职原因的分析，如何挽留提出离职的员工。
◇ **员工离职交接文档怎么写**：员工离职时做好交接安排，写清离职交接文档。
◇ **员工提出离职之后消极怠工怎么办**：表示理解、沟通劝解、奖惩规则、提前放人。
◇ **员工竞业协议**：竞业协议的使用方法及使用场景。
◇ **辞退不适合团队发展的员工**：辞退的标准及方法。

9.1 员工提离职怎么办

> "哈总，您有时间吗？我有个事情想跟您说一下。"
> "怎么了，遇到什么事情了？"
> "我，那个，我想离职。"

员工突然找到小团队管理者，说要离职，甚至毫无征兆。如果提离职的员工对团队有很大的价值，那么团队管理者要如何处理呢？

9.1.1 核心公式

【员工提离职】=【离职原因】×【挽留员工】×【平稳交接】×【管理优化】

【离职原因】员工提离职的原因多种多样，管理者要足够重视，并且挖掘背后的真实原因——是管理的问题，还是员工的自我选择，从而判断是否有挽留的可能，是否有改进的空间。

【挽留员工】挽留员工需要合适的环境、恰当的话术，不要用道德绑架方式对待提出离职的员工，也不要承诺无法实现的条件。挽留的目的一方面是确实想要通过沟通留下员工，另一方面是留出缓冲期，方便工作交接。

【平稳交接】通常情况下，员工提出离职后，团队管理者的第一要务是确保工作顺利交接，避免出现工作断档问题。设计团队管理规范的时候，团队管理者就需要设计好离职交接文档。

【管理优化】每一次有员工离职，团队管理者都需要先从自己身上寻找管理方面的原因，分析自己是否帮助员工争取了足够的利益，是否为员工提供了足够的成长空间等，要适时进行管理反思，避免引起连锁的离职反应。

一、离职原因

通常而言，员工的离职原因不外乎收入问题、空间问题和文化问题。

收入问题最为常见，如员工对当前的工资不满，或者有更高收入的岗位机会。

空间问题主要指的是员工因工作环境和成长空间问题提出离职。例如，员工在一个岗位或者一家公司待的时间久了，对当下的工作驾轻就熟，希望有新的挑战，从而选择离职；有些岗位的工作内容单调、重复，也容易导致员工的离职。

文化问题主要指的是公司企业文化或者团队文化，与员工的发展方向不契合，或者员工与团队内部成员产生了冲突，也有可能选择离职。

员工离职时，他在当前公司任职的累计时间不同，离职的原因也会有较大差异，因而沟通的重点和关怀重点也会存在差异。

（1）员工入职两周内离职，甚至是入职的当天就提出离职

很大原因是新员工体验到的工作环境和预期存在极大差距，员工不能适应或者

反感新工作、新公司的环境。针对这种情况，需要新员工导师帮助员工熟悉公司的环境。

该阶段的主要离职原因是文化问题，需要适当进行公司文化宣讲，让新员工感受到公司的关怀。

（2）员工在试用期内离职，通常时间是1~3个月

有可能因为被分配到的工作内容与员工预期存在比较大的差距。

一般而言，员工试用期内会有新人计划，根据员工的岗位要求，帮助其熟悉工作内容和工作流程。这个阶段，员工一边在适应公司的考核要求，一边在对公司进行二次评估。

该阶段的主要离职原因是成长问题和文化问题，需要让新员工在岗位学习中得到成长，体验到完成新人计划的成就感。

（3）员工在工作1~2年后离职

此时员工已经对公司和岗位颇为熟悉，甚至成为老手，一般而言是要发挥创造力的时候，但也正是因为员工认为自己比刚入职的时候更为优秀或者更为适应了，就会对薪资的增长产生想法。与此同时，员工对公司文化和团队氛围也有了更深入的了解，容易再次评估自己的预期。

该阶段的主要离职原因是收入问题和文化问题。一方面，如果员工确实做出了更大的贡献并且需要长期留用，那么管理者要帮助员工争取加薪，哪怕比例很小，也要体现出对该员工的认可；另一方面，管理者需要积极吸收离职员工的想法，对公司文化或者团队文化进行迭代。

（4）员工在工作3~5年后离职

此时员工对工作已经驾轻就熟，甚至可能独当一面，是公司某一个模块或者领域的专家，可以解决很多工作问题，也可以培养新人。此时员工离职，对公司造成的损失是最大的。该阶段的主要离职原因是收入问题和成长问题。

一方面，收入的增长与行业平均水平的匹配度会直接影响员工是否选择离职，毕竟再有工作理想的员工也需要"真金白银"来养家糊口。很多时候，管理者对公司老员工的收入关怀比较少，甚至很多公司会出现严重的工资倒挂情况，这些情况都会导致员工离职。

另一方面，即使给了员工较为匹配的工资，但该阶段的员工依然会因为成长问题选择离职。这种成长是源于对自身更高阶段的要求，如果当前工作已经没有挑战，

或者当前职位已经没有进步，很多时候就会促使部分中坚力量离职。此时管理者要做的，是给予更多的成长机会。

（5）员工在工作 5 年以上离职

此时员工已经与公司共同成长了比较久的时间，对公司已经产生了较为深厚的感情，甚至已经是公司文化的一部分。在很多公司，入职 5 年以上的员工已经是一个小团队的主管，而如果此离职员工仍然还是普通职员，则很有可能是因为对岗位、行业感到不适，想要更换环境；也有可能是在晋升中失败了，想要找新的机会。

该阶段员工的主要离职原因是成长问题，也许公司没有办法给出足够的成长空间，也许双方也确实到了分道扬镳的阶段，离职是此阶段员工做出的有利于自己职业生涯发展的选择。同时，由于员工对公司仍然存在一定的归属感，所以会为公司做出最后的贡献，确保工作顺利交接。

二、挽留员工

挽留员工要有挽留的态度。什么是挽留的态度呢？就是员工提出离职的当下，立即做出反馈，如果有可能，要尽快完成与员工的初步沟通。如果说员工提完离职，管理者半天都没有反应，那么这种离职多半是不可逆的。

与提离职的员工沟通，需要在安静封闭的会议室进行。一方面，在安静的一对一环境中，更能挖掘员工离职的原因，同时也给员工撤回离职申请提供了可能性；另一方面，避免员工离职的信息过早被传播，从而影响到其他在职员工的工作情绪。

另外，在挽留员工的过程中，团队管理者需要做到 3 点：其一，明确离职员工的诉求，离职员工的诉求可以通过直接询问的方式获知，比如为什么想要离职、是不是有什么困难，也可以侧面了解离职员工接下来的计划是什么、新工作准备找什么样的；其二，针对诉求提出解决方案，如果是可以满足的诉求，并且能够实际帮助员工解决的，比如调整薪水、调整岗位、调整工作内容等，则管理者可以进行协商；其三，安抚该员工的情绪，主要是多倾听员工的想法和表达，多做出积极的回应。

针对不同阶段离职的员工，主要的挽留方法如下。

（1）员工入职两周内离职，甚至是入职的当天就提出离职

多询问新员工的适应情况，是否对工作内容有不明白的。告知员工在没有了解公司实际情况时就离职，会损失一个很好的工作机会，希望对方能够继续接触，并且管理者亲自进行引导学习。

（2）员工在试用期内离职，通常时间是 1~3 个月

尝试了解员工在试用期内是否遇到了困难，跟同事的相处是否有不融洽的地方，对于岗位目标是否有不清晰之处，并且告诉员工自己对他试用期内表现的评价。如果对员工比较认可，则需要告知员工公司和团队之后重点发展的方向，希望可以帮助其一起发展。

（3）员工在工作 1~2 年后离职

尝试了解员工对自身和公司发展的看法，沟通其过去的工作适应情况和产出情况。如果对该员工比较满意，则可以告诉对方公司的薪酬和岗位调整计划，让对方了解到管理者正在为他积极谋取更好的收入激励，并且在一定周期内就可以实现。如果对方有其他方面的问题，管理者也可以往正向引导。

（4）员工在工作 3~5 年后离职

尝试了解员工的职业规划，寻找可以协调的空间。比如帮助员工对当前工作内容或者岗位做出调整，让员工了解到在同一家公司也能不断有挑战和成长的空间。另外，多收集员工对当前岗位和部门的问题反馈，为接下来的管理调整提供参考信息。

（5）员工在工作 5 年以上离职

尝试了解员工在公司还有什么想要完成的挑战，帮助员工突破职业瓶颈。同时，了解员工的离职去向，探讨未来合作的空间。尽量以开放的心态和这一阶段离职的员工面谈。

（6）其他特殊情况离职

如果是家庭原因离职或者工作强度的问题离职，那么管理者可以尝试引导员工休息一段时间，而不是直接提出离职要求。如果休假以后仍然坚持离职，再帮助员工做其他调整。

三、平稳交接

一旦确定员工去意已决，那么管理者首先要表示自己的祝福，希望员工在未来的工作中一切顺利，同时，也希望员工能够站好最后一班岗。

管理者与离职员工沟通时除了要挽留员工以外，更重要的是要确保工作的平稳交接。关于工作的交接，管理者需要做好以下工作。

1. 明确离职时间

明确离职员工的离职时间，根据《劳动法》的规定，员工需要在离职前 30 日

书面通知工作单位。但实际操作过程中，员工的离职申请通常比较紧急，有些员工在提交申请一周或者两周后就会离开，也有希望当天就能办理离职交接的情况。

管理者在和员工的沟通过程中，需要明确员工的具体离职时间，同时评估工作内容需要的交接时间，并且尽量动之以情，晓之以理，说服对方完成交接后离职。

2. 明确交接内容

交接的内容主要包括员工的日常工作和项目工作，管理者要确认好交接的范围，是否涉及资金和资产的交接，是否有可以终止的工作事项，哪些是重要紧急的任务，哪些是只有该员工熟悉的工作。工作有操作文档的可以直接用操作文档完成交接，如果没有操作文档的，则需要根据实际情况整理交接文档。

交接的内容需要管理者和离职员工共同确认，管理者需要判断工作内容的重要程度，明确交接的范围和要求。

3. 明确被交接人员

尽早根据剩余人员的工作情况，安排好离职人员的交接对象。既可以将整体工作都交接给同一个人，不过这样需要承担被交接人工作过饱和、工作效率下降的风险；也可以按照离职员工的工作模块，将工作拆分给不同的人，这样相对而言可以减少每个被交接人额外的工作内容。但需要注意的是，此时被交接者已经是各工作模块的主要负责人，需要对交接的工作内容负责。

作为团队管理者，要尽量参与工作的交接，以防有交接遗漏的情况。同时，管理者也可以作为被交接工作的补位人员，确保工作的顺利交接。

4. 制订交接计划

有了明确的离职时间、交接内容和被交接人员，就需要据此制订完整的交接计划，以确保员工在离职前完成工作交接。可以按照工作内容的重要程度依次交接，也可以按照被交接人的顺序依次交接。总之，交接计划需要有明确的节点，需要实际可行，避免出现人员已经离职，但工作还没有交接完毕的情况。

5. 离职交接文档

根据交接计划，可以要求离职人员协助整理离职交接文档，让交接有迹可循。被交接人可以通过离职交接文档，迅速了解和回忆交接的工作内容。

四、管理优化

管理者从离职员工身上可以获取很多有助于管理优化的信息，无论员工是由于收入问题、空间问题，还是文化问题提出的离职，背后反映的都是员工诉求和管理诉求之间的差距。

其中，员工未被满足的管理问题，有些是合理的，如公司的激励措施、部门的工作安排、人员的培训发展等，能够帮助管理者提升管理能力。

越是集中度高的问题，越要引起重视，并且着手调整优化。有时员工未必会直言，但管理者可以从侧面进行挖掘。

9.1.2 案例场景

1. 背景

"哈总，您有时间吗？我有个事情想跟您说一下。"

"怎么了，遇到什么事情了？"

"我，那个，我想离职。"

2. 明确离职原因和挽留员工

"怎么这么突然？是遇到什么问题了吗？"

"没有，就是单纯出于对自己职业发展的考虑。"

"你来公司多久了？"

"大概有2年时间了，我是2019年2月入职的，特别感谢哈总一直以来的照顾。"

"已经有2年了，你对公司各项业务已经很了解了，正是大展拳脚的时候啊。"

"是的，我也是纠结了很久，好不容易都熟悉了。"

"具体是因为什么呢？有没有我能帮上忙的？"

"都挺好的，就是我自己想换个环境。"

"是不是因为薪资问题？我们马上要做下半年的晋升推荐了，你这两个季度的绩效都很不错，有很大希望可以通过。"

"不是，不是，谢谢哈总。其实是因为新家离公司太远了，马上要搬进新家了。"

"啊，这样啊，那要先恭喜了。"

"我其实很喜欢公司和咱们团队，但是住址要变更，所以没有办法，只能换工作了。"

3. 平稳交接

"理解，那你什么时候搬家？"

"还有两个月的时间。"

"那还有时间，可以晚些再提离职的。"

"但是家里还有事情要处理,所以现在就先提了。"

"了解,你打算什么时候离职?"

"越快越好,最好是月底。"

"嗯,理解你的心情,但是毕竟工作还有最后一班岗,你走前,还要完成交接工作。"

"我会完成好工作交接的。"

"那你先理一下手头上的工作,准备一下交接文档,我们再看看怎么进行交接,然后确认离职时间,你觉得可以吗?"

"好的。"

9.1.3 思考问题

【问题】你遇到过员工提出离职的情况吗?你是如何处理的?有什么更好的处理方式吗?

9.2 员工离职交接文档怎么写

员工已经提出了离职,并且无论如何都不会改变心意,管理者的工作重点就应该放到工作的交接上,比较有效的工作交接方式是使用离职交接文档。

如果工作移交的对象比较熟悉离职员工的工作,就很容易接手;但如果有不明白的地方,就可以通过离职交接文档进行查阅。管理者要和离职员工、被交接人一起比对离职交接文档,以作备份。那么,员工离职交接文档要怎么写呢?

9.2.1 核心公式

【离职交接文档】=【职能交接】×【任务交接】×【资源交接】×【行政财务】

【职能交接】职能交接主要指的是当前岗位的职责范围、主要工作流程等内容的交接。交接文档内需要明确好交接的主要职能是什么,如果涉及多人交接,则需要明确每个模块的职责范围。

【任务交接】任务交接主要是围绕当前岗位职责展开的工作任务和工作项目的交接。已经完成并且已进行归档的,进行归档资料的交接;已经完成但未进行归档的,简要归档后交接;尚未完成的,简单概述后进行交接。

【资源交接】资源交接是指围绕当前岗位职责和工作任务，对需要联系的相关人和相关资源进行交接。资源交接的主要目的是确保职能和任务在员工离职后依然可以正常进行，如果涉及外部资源的交接，则需要离职员工进行引荐。

【行政财务】行政财务方面的交接，主要是厘清公司行政资产和财务资产，按照公司统一的规章制度进行交接即可。

需要特别注意的是，交接文档需要以电子邮件的形式发送给被交接对象、上级主管，以完成备案。

一、职能交接

职能交接主要包括以下几个方面。

1. 日常工作职责

日常工作职责的范围主要包括日常负责哪些工作、对接哪些部门、主要职责内容。如果同部门人员的工作职责接近，则不需要详细展开职责部分；如果同部门人员存在不同的职责，则需要较为明确地说明职责范围。

2. 主要工作流程

工作流程的交接内容包括如何开展日常工作、遵循哪些流程、特殊注意事项、完整的操作手册等。工作流程和工作职责的交接内容类似，如果工作职责接近，那么工作流程也不用详细说明，只需要记录重点部分。

3. 其他职能说明

与工作职能相关的其他资料的交接，包括参考文档、汇总资料、历史报告等有助于新接手员工快速了解和接任离职员工岗位的资料。

二、任务交接

任务交接主要包括以下几个方面。

1. 日常工作任务交接

日常工作任务交接主要指围绕日常的工作任务，尤其是事务性工作任务进行的交接，包括但不限于工作内容、工作周期和工作要求等。工作内容指的是事务性工作是什么；工作周期指的是多长时间需要重复做该任务，是每周、每月，还是每个季度；工作要求则是指该任务的完成标准。

2. 项目工作任务交接

该交接主要是指围绕项目制工作任务进行的交接，包括但不限于项目清单、项目背景、项目进展、项目归档文件等。通常而言，项目类工作有现成的工作资料，离职员工只需要针对手头的项目整理交接即可。另外，建议对于重点项目一对一进行交接，以确保信息沟通准确。

3. 未完成工作任务交接

如果工作内容刚刚开始，则可以直接将工作移交给接手的员工。如果工作内容进行过了一半，离职员工在离职日期前可以完成，则需要在完成后按照项目工作任务交接的方式进行交接。如果工作内容进行到一半，但是离职员工在离职日期前无法完成，则可以让接手的员工一边参与一边完成交接工作。

三、资源交接

资源交接主要包括内部资源的交接和外部资源的交接。

内部资源主要包括两大方面：一是工作系统账号及权限；二是工作主要干系人及联系方式。内部资源按照流程交接即可，通常不会出现过多的风险，主要需要离职员工在理顺职能交接和任务交接后，尽可能全面地完成内部资源交接工作。

外部资源主要包括外部客户资源、外部合作干系人及联系方式。很多销售岗位的员工在离职时会保留外部资源，这时需要分阶段、有技巧地让其完成客户资源交接。比如要求离职员工用公司邮箱发送离职声明并说明接手工作的对象，以避免员工离职后依然借用公司的名义进行对公联系。

四、行政财务

行政财务交接主要按照公司规章制度的要求，归还电脑、电话等办公用品，归还欠款等财务欠账，退出公司工作群，以及完成相关账号的销户或迁移。

9.2.2 案例场景

数据分析师离职交接文档的相关事项如下。

（1）原则

内容完整、口径清楚、文档清晰。

（2）总交接表（见表9.1）

表9.1 总交接表

模块	内容	场景	业务人员	被交接人
项目	项目1	场景	人员	人员
	项目2	场景	人员	人员
日常报告	报告1	场景	人员	人员
	报告2	场景	人员	人员
调度任务	任务1	场景	人员	人员
	任务2	场景	人员	人员
数据集	名称1	场景	人员	人员
	名称2	场景	人员	人员
数据看板	名称1	场景	人员	人员
	名称2	场景	人员	人员

（3）项目交接

注：1个项目1个文件夹。

①项目介绍，包括背景、业务人员。

②归档文档。

③数据口径及代码。

（4）日常报告交接（日报/周报/月报/季报等）

注：1个日常报告1个文件夹。

①报告介绍，包括背景、业务人员。

②操作手册。

③数据口径及代码。

（5）调度任务交接

①调度任务：任务名称列表、对应场景和业务人员。

②数据集：数据集名称列表、对应场景和业务人员。

（6）数据看板交接

数据看板：数据看板的标题，数据看板的网址链接，与数据看板对应的调度列表，对接的业务人员。

9.2.3 思考问题

【问题1】你的团队是如何进行工作交接的？有哪些可以改进的地方？

【问题2】你是如何确保交接顺利进行的？如何让离职员工配合交接工作？

9.3 员工提出离职之后消极怠工怎么办

> "怎么回事，小王又不知道去哪里了？"
> "啊，有什么事情找他？他已经提离职了。"
> "提离职也不能不见人啊，这不是还在职嘛？"
> "你找哈总吧，让他给你解决。"

有些员工提出离职之后，就开始放飞自我，遇到事情也不处理，甚至玩消失，不配合离职的交接工作，遇到这样的消极怠工情况，小团队管理者要怎么处理呢？

9.3.1 核心公式

【离职员工消极怠工】=【表示理解】×【沟通劝解】×【奖惩规则】×【提前放人】

【表示理解】员工提出离职后，工作状态不如提出离职之前，管理者需要表示理解，毕竟从提出离职的那一刻起，员工的发展方向和公司部门的发展方向就已经出现了分歧。

【沟通劝解】通过沟通的方式，了解员工消极怠工的原因，并且有针对性地加以劝导，尽量让离职员工耐心完成交接工作，站好在公司的最后一班岗。

【奖惩规则】通过单纯沟通无法转变离职员工的工作态度时，可以利用一定的奖惩方式来引导其交接行为。例如，在员工拒不配合时，可以据此进行最后的绩效评判，扣减相应的绩效奖励。

【提前放人】如果沟通或者奖惩规则都无法触动离职员工，那么管理者唯一能做的是在工作交接完成的情况下，提前放人，表示祝福。

一、表示理解

员工提出离职后，通常很难再像往常一样，全身心地投入当前的工作中。

其一，是因为提出离职后，员工没有工作业绩的压力，也不用再重复手头的工作，甚至可以不用再笑脸相迎一些自己不喜欢的相处对象，工作情绪一下子得到了释放。

其二，是因为员工可能已经找好了下家，对更高收入的追求和更新挑战的期待，导致离职员工迫切地想要加入新公司，而不是在当前公司继续服务。

这些都是人之常情，管理者对员工的行为需要进行理解。但是，如果员工因为消极怠工，影响了交接工作，甚至影响了团队其他在职员工的工作情绪，破坏了团队的工作氛围，则需要引起重视并积极沟通。

二、沟通劝解

针对离职员工消极怠工的沟通劝解，需要保持平常心，不可急躁或者发生情绪冲突，更不能谩骂，甚至发生肢体冲突。简单而言，管理者可以从以下3个方面进行劝解。

1. 交之以心，注重倾听

先听听离职员工说什么，是否存在误解、冲突障碍，是否还有尚未释放的情绪压力，了解员工消极怠工的原因后才可以对症下药。有时员工遇到了离职阻力，会引起比较大的情绪问题，管理者需要提供相应的帮助。

2. 动之以情，讲讲过往

试用期内的员工离职，通常在提离职的当天就完成了工作交接。而离职员工消极怠工的情况通常发生在已经转正的员工身上。这类员工至少在公司工作了一段时间，对公司还有些感情。员工在公司工作的时间越长，对公司的感情越深。

对于在公司工作时间较长的离职员工，管理者需要讲讲该员工过往工作中的优秀表现和同事感情，并且希望在最后的工作交接过程中能够发挥余热，给大家相互都留下较好的印象。同时，要告知对方，积极配合，顺利完成工作交接也是高职业素养的一种体现。

3. 晓之以理，行有行规

在沟通劝解过程中，既要通过感情交流，希望员工配合工作交接，也要跟离职员工讲清楚消极怠工的负面影响。

首先，背景调查。如果对方去的是有一定规模的公司，那么这样的公司在员工入职前通常会进行背景调查，而背景调查的访问对象主要是前公司的同事和领导。如果离职员工在离职前最后一段时间的交接表现很差，那么管理者便会如实反馈。

其次，即使没有背景调查，一个岗位一个行业都有自己的圈子，消极怠工最终影响的是其在业内的口碑。

最后，消极怠工可能会影响其最后阶段的绩效收入。

三、奖惩规则

公司的绩效管理条例中通常会说明，员工离职的情况下，奖金如何分配处理。

一种情况是，员工如果离职，奖金完全不发，这种情况下很难通过绩效奖金约束员工的行为；另一种情况是，根据员工离职具体季度或者月份的绩效表现，发放当月的绩效奖金，这种情况下，员工如果不配合离职交接，表现出比较大的消极怠工情绪，则会直接影响绩效情况，管理者可以以此作为辅助手段，转变员工的消极怠工情绪。

四、提前放人

如果管理者无论如何处理，员工都没有任何改变和调整，依旧我行我素，那么在交接工作完成的情况下，提前放人才是最好的选择。强行按照 30 天的要求让员工继续为公司服务，反而会引起员工更大的不满，影响其他员工的工作情绪。

如果离职员工的交接工作尚未完成，那么管理者需要判断剩余的交接内容和工作量，在最小损失的原则下，尽快做出决策。

总之，处理离职员工相关事宜的时候，管理者自己不能带有情绪，也不能被对方的情绪引导，而是要站在团队稳定和整体发展的角度来处理。同时，要尽可能地感谢和祝福每一位离职的员工，职业生涯很漫长，能够做同事也是一件比较幸运的事情，遇见彼此，才能成就彼此。

9.3.2 案例场景

1. 背景

"怎么回事，小王又不知道去哪里了？"

"啊，有什么事情找他？他已经提离职了。"

"提离职也不能不见人啊，这不是还在职嘛？"

"你找哈总吧，让他给你解决。"

2. 表示理解 & 沟通劝解

"小王，有时间吗？我们聊一聊。"

"好的，哈总，马上过来。"

"你到月底就要正式离职了，工作上面有所放松这是人之常情，可以理解的。"

"嗯。"

"但是咱们是不是也要理解一下在职的同事，他们也是你曾经的战友，在公司最后这些天还是要站好最后一班岗，做一天和尚不也得撞一天钟吗？！"

"好的，哈总，我知道了。"

"嗯，我知道你对大家还是有感情的，好聚好散，你有什么问题也可以随时向我反馈，部门最后也不会有太多的工作给你，但是该收尾的还是要收好尾，该交接的我们也还在交接的过程中，辛苦你了。"

9.4 员工竞业协议

随着市场经济的发展，相关的法律法规已逐渐完善起来，其中就包括竞业协议。市场竞争越来越激烈，很多企业开始对离职员工执行竞业协议，以阻止优秀的人才流向竞争对手公司。那么作为小团队管理者，具体要在什么情况下使用竞业协议，又该如何使用竞业协议呢？

9.4.1 核心公式

【竞业协议使用方法】=【协议合法】×【针对使用】×【评估成本】

【协议合法】对员工启用竞业协议，首先需要确保竞业协议是合法签订的，在法律框架内，约束了双发的权利和义务。虽然合法性的工作主要由公司法务人员审核，但管理者也需要掌握一些基础知识。

【针对使用】通常而言，企业会在员工申请离职的时候评估是否启用竞业协议，竞业协议本身并不是对所有离职员工都要启用的，团队管理者需要掌握一定的使用原则，有针对性地使用竞业协议。

【评估成本】任何决策都需要考虑收益和成本，竞业协议的使用同样如此。竞业协议生效的其中一个前提，是对启用了竞业协议的员工进行一定时间内的经济赔偿，而这部分的赔偿就是使用竞业协议的主要成本。

一、协议合法

竞业协议有相关的法律法规参考，其中主要是《中华人民共和国劳动合同法》

的第二十三、第二十四和第九十条的规定，具体如下。

第二十三条　用人单位与劳动者可以在劳动合同中约定保守用人单位的商业秘密和与知识产权相关的保密事项。

对负有保密义务的劳动者，用人单位可以在劳动合同或者保密协议中与劳动者约定竞业限制条款，并约定在解除或者终止劳动合同后，在竞业限制期限内按月给予劳动者经济补偿。劳动者违反竞业限制约定的，应当按照约定向用人单位支付违约金。

第二十四条　竞业限制的人员限于用人单位的高级管理人员、高级技术人员和其他负有保密义务的人员。竞业限制的范围、地域、期限由用人单位与劳动者约定，竞业限制的约定不得违反法律、法规的规定。

在解除或者终止劳动合同后，前款规定的人员到与本单位生产或者经营同类产品、从事同类业务的有竞争关系的其他用人单位，或者自己开业生产或者经营同类产品、从事同类业务的竞业限制期限，不得超过二年。

第九十条　劳动者违反本法规定解除劳动合同，或者违反劳动合同中约定的保密义务或者竞业限制，给用人单位造成损失的，应当承担赔偿责任。

竞业协议的核心是约定期限和提供赔偿，竞业协议最常不超过两年，并且在协议启用期内，需要对员工进行竞业的补偿，否则竞业协议是失效的。现在很多互联网公司，在员工入职期间就要求签署竞业协议，并且罗列了详细的竞业公司范围，但是在员工离职阶段才决定是否启用。

二、针对使用

《中华人民共和国劳动合同法》中规定，竞业限制的人员限于用人单位的高级管理人员、高级技术人员和其他负有保密义务的人员，除了高级管理人员以外，实际针对员工使用竞业协议通常有以下3种情况。

1. 工作岗位敏感

员工工作岗位敏感，掌握了公司的很多核心信息，比如公司的数据管理人员和财务管理人员，都是熟知公司敏感信息的人。针对这些特殊岗位的员工，公司通常会根据情况启动竞业协议，以防止公司机密外泄。

2. 工作能力突出

员工工作能力突出，主要是指员工掌握了核心技术或者核心资源，如果去竞争对手公司，就可能带来竞争优势的变化，能够影响一定时间内公司的发展。这种情况下启用竞业协议是有必要的。

3. 市场竞争激烈

整体市场环境竞争激烈，尤其是相应工作人员难以培养的时候，管理者可以对相应的离职员工启用竞业协议，以防止本公司损失优秀人才的同时，竞争对手公司的人才队伍开始壮大。

无论是哪种情况下针对员工使用竞业协议，归根究底都是为了维护公司的利益，保护公司的知识产权和商业机密，维护市场的良性竞争。

是否对离职员工启用竞业协议，主要根据离职员工去竞争对手公司后是否会对本企业造成的利益伤害而定，不应该也没有必要对所有的离职员工都启用竞业协议。

三、评估成本

如果对离职员工启用了竞业协议，那么随之而来的是支付成本。其中既包括实际支付给离职员工的竞业补偿，也包括随之而来的其他费用和成本。

实际支付给离职员工的竞业补偿，通常要求不低于员工近12个月平均工资的20%，不高于50%，支付时间周期则与竞业时间周期相同，也有一次性支付竞业补偿的情况。比如员工竞业期是6个月，近12个月平均工资为10000元，竞业补偿比例为20%，则可以按月支付2000元，累计支付6个月，或者一次性支付12000元。

一般而言，竞业协议会规定好公司发放竞业补偿的时间，如离职后30天内或者每个月10日之前。如果到期未支付相应的竞业补偿，那么竞业协议自动失效。

其他费用和成本主要指的是，竞业协议生效后，需要员工举证自己并未违反协议内容。比如有些公司要求被启用竞业协议的员工每个月用当前公司邮件回复举证信息。如果被启用竞业协议的员工实际违反了竞业条例，那么还存在公司举证和诉讼的过程，这其中也存在资金成本和时间成本。如果公司频繁使用竞业协议，就有可能在招聘市场上形成一定的负面口碑。虽然这与公司的招聘不会产生必然的联系，但是有可能因此错失人才。

总之，在执行竞业协议的时候，既要评估员工去竞争对手给公司造成的损失，又要评估公司为了竞业限制而支付的成本。只有当损失大于成本的时候，才更需要对离职员工启用竞业协议。

9.5 辞退不适合团队发展的员工

员工离职多数情况下是员工的主动行为，这对小团队管理者来说，是一种被动接受的状况，主要考虑风险应对和管理。但从团队整体规划的角度来考虑，管理者也需要辞退不适合团队发展的员工，这对小团队管理者来说是一个主动的过程，是在充分考虑团队发展的基础上做出的选择。那么，小团队管理者要如何辞退不适合团队发展的员工呢？

9.5.1 核心公式

【辞退员工】=【标准】×【合法】×【择机】×【避免不当】

【标准】管理者需要判断什么样的员工是需要辞退的，不能按照自己的情绪和个人的想法来辞退员工，而是要重点考虑团队的发展，要有相对客观的评判标准，如绩效表现等。

【合法】辞退不适合团队发展的员工，一定要在符合法律法规要求的情况下进行，包括辞退的时间、辞退的赔偿、辞退的书面说明等。

【择机】辞退不适合团队发展的员工，需要选择合适的时机。虽然尽早处理对于团队的伤害最小，但也要结合当下的实际情况进行调整。主要参考团队当前的发展情况，以及被开除员工对团队的影响情况，以求团队利益最大化。

【避免不当】一些公司或者团队管理者习惯用逼迫、孤立等手段来辞退员工，但管理者需要尽量避免采用这些方式，以诚相待，则以诚相迎。

一、标准

什么样的员工是需要辞退的？工作能力不行？工作情绪不高？工作绩效太差？评判的标准可以有很多，管理者需要注意的主要有以下3个方面。

1. 考虑团队发展情况

管理者在判断员工是否合适留下的时候，要以团队利益和团队发展为主。具体而言，需要考虑员工对团队造成的伤害程度和持续时间，伤害程度大或者伤害持续时间长的，都被认为该员工不适合继续留在本团队。

如果员工个人工作能力强，但是经常和部门其他员工发生冲突，就会严重影响团队的团结；如果员工长期工作情绪低落，并且经过多次沟通、反复调整都没有改善，就会严重影响团队氛围；如果员工长期工作绩效垫底，并且占用了过多其他人的时间来进行善后工作，那么这样会严重影响团队的业绩。上述这些员工都不适合继续留在团队中。

2. 避免受个人情绪影响

团队管理中，管理者需要尽量避免受个人情绪的影响，尤其是在处理与团队员工相关的问题时，不能因为员工在某些时候顶撞了自己就给员工"穿小鞋"，也不能因为自己和员工的个人摩擦就要辞退员工。

尤其需要注意的是，管理者与员工发生分歧的时候，不要以辞退员工相威胁，否则既不利于自身在团队中树立威信，也不利于团队的团结发展，容易给大家造成非常负面的影响。

3. 特殊情况特殊处理

员工如果有违法犯罪行为，一定要及时处理，不能留有余地，更不能包庇纵容。如果员工严重违反公司的规章制度，也需要按照公司的规定及时辞退。

红线行为是所有公司和团队的底线，针对有红线行为的员工要特殊处理，无论该员工之前的绩效表现如何，与团队相处的情况如何，都要辞退。另外，还有一种特殊情况，即员工罹患精神疾病，可能会对管理者或者团队人员造成伤害的，需要在专业人员的帮助下谨慎处理。

二、合法

辞退员工，或者说公司主动与员工解除劳动合同，《劳动法》从第二十四条至第三十条有较为详细的规定。管理者需要特别关注的是可以解除劳动合同的情形（第二十四至二十六条）、不能直接解除劳动合同的情况（第二十九条），以及是否需要经济赔偿（第二十八条），具体如下。

第二十四条　经劳动合同当事人协商一致，劳动合同可以解除。

第二十五条　劳动者有下列情形之一的，用人单位可以解除劳动合同：

（一）在试用期间被证明不符合录用条件的；

（二）严重违反劳动纪律或者用人单位规章制度的；

（三）严重失职，营私舞弊，对用人单位利益造成重大损害的；

（四）被依法追究刑事责任的。

第二十六条　有下列情形之一的，用人单位可以解除劳动合同，但是应当提前三十日以书面形式通知劳动者本人：

（一）劳动者患病或者非因工负伤，医疗期满后，不能从事原工作也不能从事由用人单位另行安排的工作的；

（二）劳动者不能胜任工作，经过培训或者调整工作岗位，仍不能胜任工作的；

（三）劳动合同订立时所依据的客观情况发生重大变化，致使原劳动合同无法履行，经当事人协商不能就变更劳动合同达成协议的。

第二十七条　用人单位濒临破产进行法定整顿期间或者生产经营状况发生严重困难，确需裁减人员的，应当提前三十日向工会或者全体职工说明情况，听取工会或者职工的意见，经向劳动行政部门报告后，可以裁减人员。

用人单位依据本条规定裁减人员，在六个月内录用人员的，应当优先录用被裁减的人员。

第二十八条　用人单位依据本法第二十四条、第二十六条、第二十七条的规定解除劳动合同的，应当依照国家有关规定给予经济补偿。

第二十九条　劳动者有下列情形之一的，用人单位不得依据本法第二十六条、第二十七条的规定解除劳动合同：

（一）患职业病或者因工负伤并被确认丧失或者部分丧失劳动能力的；

（二）患病或者负伤，在规定的医疗期内的；

（三）女职工在孕期、产假、哺乳期内的；

（四）法律、行政法规规定的其他情形。

第三十条　用人单位解除劳动合同，工会认为不适当的，有权提出意见。如果用人单位违反法律、法规或者劳动合同，工会有权要求重新处理；劳动者申请仲裁或者提起诉讼的，工会应当依法给予支持和帮助。

三、避免不当

已经决定辞退某个员工的时候，团队管理者应提前做好交接准备事宜，并且要尽快与该员工沟通。某些公司或者团队可能会采取一些正面或者侧面的方法逼迫员工主动离职，这样做是不合法也不道德的，管理者应该尽量避免，主要应该避免的情况如下。

1. 给员工布置不能完成的任务

最常见的方式是设置一个不合理的KPI，给员工布置不可能完成的任务，以此逼迫员工主动离职。

2. 将员工调至不熟悉的岗位

让人事去做销售，让销售去做开发，让开发去做客服，将员工调至陌生的岗位，让其难以适应，以此逼迫员工主动离职。

3. 倒置员工的汇报关系

让岗位级别高的员工将工作汇报给岗位级别低的员工，甚至汇报给实习生，给该员工制造倒置的汇报关系，让其难堪，以此逼迫员工主动离职。

4. 边缘化员工，不给其安排工作

与布置过重任务相反，边缘化员工是完全不给员工任何工作，也不让员工参与会议，让员工缺乏工作信息，以逼迫员工主动离职。

5. 口头辞退员工，设置旷工陷阱

口头告知员工被辞退了，让员工第二天开始就可以不用来公司，但没有书面的解聘书，将员工后续的缺勤记录视为旷工，以此来辞退员工。

6. 无端责骂员工，故意放大过错

找到员工的工作失误，无限放大，打击员工的积极性和工作兴趣，并进行言语谩骂，甚至是人身攻击，以逼迫员工主动离职。

7. 拖延或者克扣员工薪资和奖金

不发工资或者改变薪酬结构，甚至违法拖延或者克扣员工的薪资和奖金，以此要挟，逼迫员工主动离职。

8. 鼓动员工寻找新工作

表面鼓励员工寻找新工作，甚至邀请猎头来动摇员工，实则是对该员工已经不满，想要员工主动离职。

管理者要避免在辞退员工的时候使用以上不当的方法，要直截了当地进行沟通，并且要按照流程进行辞退，按照法律规定予以员工赔偿。当管理者自己遇到上述不当的做法时，要及早收集证据，为后续的劳动仲裁，甚至是庭审提供资料。

9.5.2 思考问题

【问题】你的团队是否有需要辞退的员工？你的判断标准是什么？你计划如何辞退该员工？

第 10 章

文化，如何提高团队凝聚力

文化，是小团队管理不可或缺的部分，关乎了团队的氛围、凝聚力和团队性格标签等。积极的团队文化能够促进员工之间的融合，提升员工的工作效率，促进团队的工作产出。

小团队文化的建设，既需要结合公司价值观和文化理念，也要符合小团队自身的实际情况。在小团队的文化建设中，影响最大的是小团队管理者，管理者如何思考团队文化，都会体现在最终的团队文化上。本章将重点讨论小团队文化管理的相关知识和实操案例。

> **本章涉及的主要知识点**
> ◇ **安排座位**：安排座位的原则，座位中的文化标签。
> ◇ **组织团建**：组织团建的目的、时间、经费、内容和注意事项。
> ◇ **建立仪式**：团队包括的仪式及建立团队仪式的方法。
> ◇ **居家办公**：居家办公的仪式感、节奏感，居家办公的管理方法。

10.1 安排座位

Sociometric Solutions 是一家波士顿公司，该公司用传感器来分析工作场所的沟通模式。该公司的联合创始人兼 CEO 本·瓦贝尔称："一名员工在工作日中的每一种互动都有 40%~60% 是与邻座展开的，从面对面交谈到电邮信息都是如此。员工与相隔两排的同事进行互动的概率仅为5%~10%。如果仅改变组织架构，但座位保持不变，则不会产生很大的效果。如果我保持组织架构图不变，但调整你的座位，则会让一切产生巨大变化。"由此可见，座位安排的重要性。

10.1.1 核心公式

【安排座位】=【安排原则】×【文化标记】×【特定场景】

【安排原则】安排座位看似简单、随意，却是一件值得思考的事情。不同的座位安排，对于员工交流协作和部门运行效率有着不同的影响，好的座位安排能够用最简单的方式提升部门的工作氛围。

【文化标记】除了特定岗位以外，工位几乎是员工在公司办公或者与其他同事相处最多的场所。工位布置得当，有助于团队文化的形成，这其中既有员工自主的安排、个性发挥的部分，也有团队整体的文化标记。

【特定场景】常规的座位安排指的是工位的安排，但是除了工位以外，还存在会议、宴席、接洽等场景，其中偏正式的场景需要谨慎安排参与人员的座位。

一、安排原则

当管理者进行座位安排，尤其是工位安排的时候，可以参考以下原则。

1. 要和团队的人坐在一起

第一原则，作为小团队管理者，一定要和自己的团队成员坐在一起。

有的管理者会有专属的小办公室，在某种程度上，能够提升威严感，但是这种威严并不能提高成威信，反而产生了距离感，可能会影响与团队的融合。

有的管理者担心和团队人员坐在一起，会影响团队人员的工作效率，实际情况却恰恰相反。跟团队人员一起战斗，跟团队人员经常沟通，有问题随时解决，才会更好地提高团队产出。

2. 要坐在员工中间位置

管理者要尽可能坐在员工居中的位置，这样对小团队里的其他成员能很好地进行信息的输入和输出，方便更高效地处理事务。同时，也能够给组员传递公平、平等的信息，避免厚此薄彼的情况发生。

如果座位是圆桌，那么管理者可以选择圆桌中心的位置；如果是对排座位，则可以选择某一排中间的位置。在整个团队的座位是一排的情况下，管理者可以坐到排首或者排尾，这样更方便让关联人联系，而且在这种情况下，假设管理者居中坐，管理者座位两边的员工的沟通效率就会下降。

3. 重点对象安排在左右手

无论座位如何安排，重点对象都要安排在左右手，或者将新员工安排在左右手或对面的座位。所谓重点对象，既可以是重点关注和重点培养的人，也可以是重点项目或者任务的执行人，即部门的工作骨干；把重点对象安排在左右手，可以加强管理者对重点事项的跟进和随时调整，也可以加深与重点对象的沟通和配合。

将新员工安排在左右手或者对面座位，主要是因为新员工刚加入一个陌生的团队，通常曾经的面试官或者主管的存在，可以增强新员工的归属感和安全感，帮助新员工尽快适应。

4. 将新人安排在老手身边

除了将新员工安排在左右手或者对面的座位，还需要确保他的身边有一位以上的老员工，最好是性格相对温和、对公司和部门较为熟悉，能够解答新员工疑问，帮助新员工融入的员工。如果管理者在新员工入职的时候已经安排了新人导师，那么在安排座位的时候，尽量让新员工紧邻自己的入职导师。

5. 考虑员工的关系情况

安排座位需要考虑员工之间的关系情况，这种关系一方面是指员工的工作关系，即需要高度配合的员工就近安排座位，这样能够提升双方的沟通效率；另一方面指的是员工的私人关系，如果员工之间存在过节或者其他方面的冲突，那么在座位上设置缓冲地带是较为有效的选择。

最后，需要注意的是，邻座员工的工作情绪和工作态度是会相互影响的，对于主动奋进的员工，其邻座也会感受到进步的压力，并且调整自己的工作方式。

二、文化标记

工位是员工最主要的工作场地，也是员工最主要的沟通空间，是员工工作期间花费时间和精力最多的工作场所。同时，通过工位可以判断出工位主人及其所属团队的特质，工位如何布置既能展现团队的文化，也能影响团队的文化。这种文化标记，主要由以下两部分构成。

1. 员工如何布置自己的工位

有些员工的工位干净整洁，除了办公电脑和使用的文件以外，没有其他杂物；

有些员工的工位较为杂乱，资料、手机、饮料、线材随意放置；有些员工的工位非常温馨，会放置照片或模型；有些员工的工位能量满满，贴着工作日程和加油打气的便利贴。

管理者虽然不必干涉员工布置工位的习惯，但是可以提供比较好的收纳用品，比如桌面收纳架、手推箱等，方便员工对工位进行安排。

2. 团队如何布置团队的工位

团队工位布置包括团队名片、装饰物等。虽然员工个人工位有自己的布置习惯，但是团队需要在相对整齐一致的地方标记员工的工牌，记录员工的所属部门、姓名和岗位等信息，即团队名片，以便其他团队沟通的时候，能够快速找到沟通对象。装饰物主要包括绿植、口号牌等。绿植可以打造绿色的工作环境，有助于员工身心健康；口号牌主要是一些励志性或者警示性的口号内容，能够输出企业和部门文化，激励团队员工进步。

三、特定场景

常规的座位安排指的是工位的安排，但是除了工位以外，还存在会议、宴席、接洽等工作场景，不同的场景对于座位的安排也存在一定的差异。

虽然越来越多的公司开始强调扁平化，但是了解基本的座位安排礼仪，既是出于礼貌和尊重，也可以应对科层制管理比较严重的场景，具体参考如下。

在国际上，通常的座次安排原则上以右为尊，而我国因历史悠久，有尚左之传统，又有尊右之历史。因本书介绍的座次安排主要面向商务会谈，以遵循国际惯例为原则：以远离正门为尊，以右为尊，以上为尊，以中央为尊，以靠近主人为尊，以客为尊。

1. 长桌会议

正门对着竖向摆放的长条桌，通常以长条桌为中心，背对门方向左为主方，右为客方（以右为尊）。正门对着横向摆放的长条桌，通常客方面对正门而坐，主方背对正门而坐。同桌内，以中心为1号人物，右、左依次交替而坐。

2. 圆桌宴席

如果是两桌及以上的圆桌宴席，按照礼仪，安排桌次时有高低之分，通常的原则是右边为尊，居中为尊，远离正门为尊。而同桌内，主人居中，对门而坐；右手为尊，右、左交替落座。

3. 多排合影

重要人物（尤其是领导）为单数时，1号人物居中，2号人物在1号人物右手边的座位，3号人物在1号人物左手边的座位。重要人数为双数时，1、2号人物居中，2号人物仍在1号人物的右手边，3号人物仍在1号人物左手边，以此类推。

10.1.2 思考问题

【问题】你所在的部门如何安排员工的座位？有什么有趣的文化标记吗？

10.2 组织团建

想到团队文化，多数人的第一印象是组织团建活动。无论公司的规模大小，部门的属性构成如何，小团队管理者都会希望用团建的方式来加强团队成员之间的凝聚力，但是要如何成功地组织团建呢？

10.2.1 核心公式

【团建】=【目的】×【时间】×【经费】×【内容】×【注意事项】

【目的】团建的目的是什么？在组织团建活动之前，管理者要思考这个基本问题。一般而言，团建是围绕团队建设的活动，是团队意识、团队精神和团队文化的一部分。

【时间】组织团队建设，要确定好时间，并且提前通知员工。如果时间选择错误，那么效果一定会大打折扣。其中最重要的是，尽量不占用周末的时间。

【经费】除了时间以外，还必须考虑团建的经费问题。一方面要有一定的预算，不同的预算对应的活动内容会存在差异；另一方面要考虑经费来源问题。

【内容】内容是在确定好团建时间和团建经费的情况下进行组织的，团建活动可以选择的内容多种多样，也有专业的公司承接内容策划和执行，管理者可以根据实际情况进行选择。

【注意事项】团建活动最基本的原则是安全和自愿，与之相关的还有其他一些注意事项，了解这些，将有助于管理者顺利组织团建。

一、目的

团建的目的是什么？在组织团建活动之前，要思考这个基本问题。一般而言，团建是围绕团队建设的活动，是团队意识、团队精神和团队文化的一部分。从团建活动设计的初衷来看，团建活动的目的主要有以下 3 个层面。

第一个层面，对于老板而言，希望通过团建活动，提升员工的团队意识，增强团队协作力和凝聚力。但是，要想通过团建实现团队的融合，可能只限于新员工的融入，对于老员工而言，相互之间已经非常熟悉，不太可能通过团建活动发生质变。

第二个层面，对于主管而言，可以通过团建活动认识员工工作之外的另一面。团建活动通常有别于工作活动，无论是娱乐类、音乐类，还是体育类活动，都可以让员工展现不同的自己，也可以让员工之间建立工作以外的关系。但是，这是建立在活动策划比较好的情况之下，如果需要员工做过于精心的准备，则有可能失去团建的初衷。

第三个层面，对于员工而言，团建活动就是带薪放假。团建活动不需要自己出钱，不占用自己假期的话，相当于免费游玩，从这个角度出发，吃喝玩乐相关的活动，平时体验不到的活动，对员工更具吸引力。如果组织的活动重脑力或是需要体力投入，则与员工放松的情绪相背离，并不利于员工调整身心，反而变成了比工作还严重的负担，这也是一些所谓的户外拓展活动遭遇员工抵制的原因。

二、时间

团建的时间约束主要包括以下几个方面。

1. 非工作日

很多公司的团建活动会占用员工的休息日，部分公司存在单休的情况，把团建安排在唯一的休息日，这样很大程度上会引起员工的反感，甚至会导致员工因此而选择离职。

其实很好理解，员工的工作日都是有收入的，因为公司组织团建而占用了员工自己的假期，尤其是一些无聊的活动，却没有相应的补偿，这就会造成员工心理上的失衡。

正确的做法是尽量利用工作日，即使要占用员工的假期，也要尽可能安排调休。

2. 周期性

团建活动分为周期性的和非周期性的两类。周期性的活动包括公司组织的年会活动、部门定期的聚餐等；非周期性的活动包括欢迎新员工入职、欢送老员工离职，还有其他不定期的培训或者项目激励活动等。

一般而言，以小团队为单位，团建活动 3~4 个月一次为宜。团建过于频繁，员工感知不强；而时间间隔过于久远，员工对团建活动的期盼会下降。

3. 季节性

组织团建活动一定要结合当期的季节因素，尽可能地安排符合当季特征的活动。比如春秋季节可以安排周边的郊游活动，夏天可以组织一起游泳或者海边活动，冬季可以组织滑雪、滑冰等活动。

4. 团建时长

团建时长指的是一次团建活动持续的时间，比较短的团建活动，如团队聚餐，可以是中午，大约占用 2 个小时；而如果选择以旅游作为团建活动，那么可能会占用 1 天到 1 周的时间，这取决于是短途的周边游，还是长途的跨省旅游，甚至是跨国旅游。

有时团建时长也需要和员工的假期时间相结合，比如出国旅游 1 周，占用个人假期 3 天，公司赠送 4 天，可以根据实际情况与员工进行协商。

5. 通知时间

不同的团建活动需要提前通知的时间是不同的。如果是团队聚餐，通常提前一周较为适宜，要尽可能协调团队所有成员的时间；而如果是需要占用 1 天时间的团建活动，则尽可能提前两周通知；如果是超过 3 天的活动，因为涉及的计划安排比较详细，且可能需要进行安全投保，所以尽可能提前 1 个月通知到具体参与的员工。

三、经费

除了时间以外，还必须考虑团建的经费问题。一方面要有一定的预算，不同的预算对应的活动内容会存在差异；另一方面要考虑经费的来源问题。需要注意的是，尽量避免让员工出钱。对员工来说，团建活动本身已经占用了他们的时间，如果还需要额外付费，他们心里的接受度会非常低。

经费的来源主要有以下两个。

一个是公司本身就有针对各个部门的团建经费，通常分配到每位员工身上的费用在 100 元 / 月 ~500 元 / 月。需要注意的是，公司提供的团建经费，对于小团队而言，既可以分多次使用，每次使用少量经费，也可以积攒起来，组织更为丰富的团建活动，具体根据团队的实际情况来定。如果公司组织年度活动，小团队就可以将经费用于日常团建；如果公司没有年度团建活动，小团队就可以将部分经费积攒起来，作为部门年度活动的资金来源。

另一个是小团队管理者，管理者需要通过自筹的方式来解决团建费用的问题。对于小团队管理者来说，适当投入团建费用，有助于增强与团队成员的相处，毕竟相比在小气的管理者手下工作，员工更希望自己的老板是比较大气的。当然，部分团队活动由团队成员自发组织的情况下，可以采取 AA 制的形式筹措经费。

四、内容

团建活动的内容可参考意见：其一是参考团队成员的意见，让团队员工自行选择、自行组织；其二是组织员工平时不愿意自己花钱的活动。团队建设活动的具体内容要围绕时间和预算展开，主要包括以下几种。

1. 餐饮类

较常见的团建活动就是餐饮类团建，组织起来较为容易，占用时间短、活动效果好。通常可以选择公司附近的餐厅，且选择午饭时间，这样既不太占用员工的休息时间，也可以及时处理工作上的事项。

当然，如果团队成员都喜欢小酌一杯，那么建议将餐饮类活动改为晚上进行，这样不至于影响当天的工作。同时，饮酒也要适量，且不可强迫员工饮酒。

与此同时，饮酒后要尤其注意员工安全：不可以酒驾；散场后让大家在群内报备到家时间。

2. 娱乐类

娱乐类活动是活动内容最为丰富的团建活动，新鲜的娱乐活动层出不穷，传统的娱乐活动也有拥趸，选择积极向上、放松身心的娱乐活动，是除了餐饮类活动以外，最受员工欢迎的团建类型，尤其是年轻的员工，更愿意投入其中。

传统的娱乐活动，包括棋牌、钓鱼、KTV、真人 CS、狼人杀等；新涌现的娱乐活动既包括手游吧、密室逃脱、剧本杀等"烧脑"、刺激的游戏，也包括话剧、脱口秀等轻松有趣的演出，同时还包括绘画、陶艺等参与感强的手工活动。

每年都会有新流行起来的娱乐活动，比较简单的方式是向部门的年轻员工询问有哪些新奇好玩的娱乐活动，让他们组织大家一起尝试。

3. 运动类

运动类活动和娱乐类活动有时会有交叉，但整体而言，运动类活动侧重用运动的方式给员工放松身体、释放情绪，并且在运动中培养相互之间的情感。

目前在各个公司都比较流行的项目是羽毛球、乒乓球和台球，主要是由于场地成本低，且男女都可以参与。如果部门里都是男性，那么打篮球或者踢足球等运动也可以适当开展，具体要以部门实际情况和员工兴趣为主。

另外，新兴的攀岩、赛车、马术、射击等项目越来越受年轻人的欢迎，但相应的活动成本较高，如果预算充足，在保障员工安全和尊重员工意愿的情况下，也可以考虑。

4. 度假类

无论是短途旅游还是长途旅游，度假类活动在所有活动里都是成本较高的。有些公司的活动预算充足，经常组织度假类活动，除了城市周边游、省内游，有些团建会选择三亚、成都、大理等热门旅游地，甚至部分公司会组织员工出国旅游。

度假类活动主要考虑公司的预算，并且要确保参与度假活动的员工的安全。

5. 培训类

培训类活动主要是组织团队或者公司内部的人员进行培训分享，也可以是邀请外部专家进行培训。培训内容可以是专业类的、行业类的、职业类的，具体需要结合员工的需求和市场的热点来定。

培训类活动比较重要的是参与感，一定要选择员工感兴趣的内容，并且能让员工学有所用。不要组织一些说大话的培训，否则非但不能吸引员工的注意，反而会引起员工反感。

6. 综合类

综合类活动一般是两种或者多种活动相融合进行的，比如餐饮类加运动类，运动完以后聚个餐；餐饮类加娱乐类，吃完饭以后K歌；培训类和度假类相结合，在度假村里进行行业交流，等等。综合类活动通常需要提前设计、提前沟通。

总之，餐饮类活动是比较常规的团建活动，一般员工都可以参与其中，而其他活动则需要让员工自主选择，尽量少数服从多数，同时也要允许个别人员缺席。

五、注意事项

团建活动最基本的原则是安全和自愿，安全是一切团建活动的基础，要确保团队成员的人身安全，不能进行过高强度或者过于危险的活动。另外，强迫式的团建活动已经越来越背离当下年轻人的价值观，故管理者需要遵从团队成员的个人意愿。

10.2.2 案例场景

斯威公司运营部门有许多前同事入职了行业龙头蒂亚公司，斯威公司运营部门负责人组织现有团队人员，结合餐饮类等活动，与现就职于蒂亚公司的前同事们一起进行团队建设活动，具体内容如下。

1. 活动目的

（1）建立蒂亚前同事（下文统称为蒂亚老师们）与斯威公司的沟通纽带，方便后续学习。

（2）了解前沿公司的工作方法和工具等，有利于认清斯威公司的优劣势，找到学习的方向和工作的重心。

（3）通过蒂亚老师们的职业历程分享（包括在斯威工作经历中获得的价值），总结成熟的职业规划，给学员提供参考。

2. 活动方案

（1）分享会前期准备：收集期待蒂亚老师们的分享内容以及进行活动提醒，如表10.1所示。

表10.1 活动准备计划

时间	准备内容	备注
11月8日—11月10日（本周一至周三）	收集期待分享的内容	线上文档
11月15日（下周一）	拉群，提前熟悉人员；发送分享会当天安排（是否需要调整）和期待分享的内容	确认分享会的开始时间和结束时间是否合适；提前通知对方老师我们期待的内容，让老师们有所准备
11月16日（下周三）	确定火锅店位置，以及分享会会议室	时间和位置的最终确定
11月19日（下周五）	群里发送聚会时间和地点，确认大家参加	群里发送火锅店的位置、时间、联系人号码

（2）活动当天：11月20日（下周六），共计5小时，活动安排如表10.2所示。

表 10.2 活动当天安排

时间安排	地点	环节	内容
12:00—13:30	待补充	破冰火锅局	享受火锅,自我介绍（不用太正经）+ 破冰游戏（真假三两事）
13:30—14:00		步行/打车回公司	
14:00—15:40（20分钟/5人）	蒂亚13楼	老师们的自我介绍,包括介绍职业经历	对老师们的背景有个深度的了解
15:40—16:00		问答环节	提问感兴趣的问题,包含神秘人物游戏环节
16:00—17:00		游戏/联谊/下午茶环节	待定

3. 游戏内容

真假三两事：目的是以一种相对轻松的方式了解大家的背景和爱好。大家依次说出 3 件自己做过但是别人可能没做过的刺激、神奇、好玩的事情，其中 1 件是编造的，其他人可以针对当事人的 3 件事情提 3 个细节问题，最后投票选出假的那件，猜对较多的人可以得到哈总的一个红包。

神秘人物：这个环节的目的是让大家充分地交流沟通。在 12 人中安排 1 位神秘人物（餐后抽卡，最大 K 的为神秘人），在 14:00 之后与神秘人互动最多的人（包括老师和学员）可以在结束时由神秘人指定，获得惊喜礼物 1 个（神秘人也有）。一旦过程中发现有神秘人暗箱操作，其他人可以举报，举报人可获得礼物，神秘人取消资格，顺位下一位神秘人。

4. 活动经费（见表 10.3）

表 10.3 活动经费表

支出项目	费用	备注
火锅费用	800 元	
游戏红包	50 元	
水果（30×6）+ 咖啡/奶茶（15×12）	360 元	可以酌情取消
神秘礼物（150×2）	300 元	
总计	1510 元	

10.2.3 思考问题

【问题】你所在的部门是否有周期性的团建活动？你是如何组织的？

10.3 建立仪式

据说斯坦福大学设计学院流行一个叫"日常绘画"的仪式，这个仪式很简单，即正式上课前，先用 2~3 分钟快速地在白纸上随意绘画，没有任何限制，画什么都可以。这样的仪式可以让学生调整自己的设计思维，迅速进入学习状态。

对于小团队管理而言，团队仪式也是必不可少的，它可以增强团队的凝聚力、归属感，调动员工的积极性。那么，团队管理者要怎样建立团队仪式呢？

10.3.1 核心公式

【工作仪式感】=【纪念仪式】×【专注仪式】×【放松仪式】×【标记仪式】

【纪念仪式】团队中重要的时间节点需要有一些仪式，这个时间节点既包括公司及团队的重要时刻，也包括对员工来说较为重要的瞬间。纪念仪式的存在，能够较好地增强部门的荣誉感和员工个人的归属感。

【专注仪式】专注仪式指的是团队仪式中与工作专注相关的仪式，既包括部门的晨会、周会，也包括项目的启动会，团队的头脑风暴会、思辨会等，不一定以会议的形式存在，但目的都是调动员工的工作情绪。

【放松仪式】放松仪式主要是指以团队放松为目的的、劳逸结合的仪式，比如项目完结后的庆功会、离职员工的欢送会、不定期的派对等。

【标记仪式】标记仪式是指本团队区别于其他团队、本公司区别于其他公司的专属的标记形式。比如专属的徽章 Logo、专属的仪式活动、专属的暗语等。

一、纪念仪式

纪念仪式包括团队的纪念仪式和个人的纪念仪式。

1. 团队的纪念仪式

团队的纪念日不仅包括公司的成立日、重要产品的发布日、重大工程的奠基日、重大项目的启动日等，以及部门的成立日、重大里程碑的标记日，还包括行业或者职业有重大影响力的纪念日、公司所在行业的纪念日、员工岗位的纪念日（如教师节、护士节）等。

2. 个人的纪念仪式

对于员工有重大意义的纪念日，既包括与公司有纽带的纪念日，如员工的入职纪念日，也包括对员工自身影响较大的纪念日，如员工的生日。

目前，越来越多的公司开始重视员工个人的纪念仪式，比如员工入职公司一周年、三周年、五周年、十周年等重要节点，颁发一些有纪念意义的礼品或者徽章，也有一些公司每年给员工发送邮件，感谢员工对于公司的贡献。

此外，有些公司会组织员工的生日会，比较常见的是每月组织一次，共同为当月生日的员工举办庆祝仪式，同时也会在员工生日的当天发送祝福及福利。

无论是团队的纪念仪式，还是个人的纪念仪式，管理者都要当成一项重要的工作来完成。毕竟一群人相聚，一群人共同努力，一群人共同庆祝，总是值得纪念的人生时刻。如果有可能，管理者也可以在员工结婚生子或者家里有亲人过世的时候，第一时间表示祝福或者安慰，帮助员工协调工作事项，让员工专注于对自己更重要的人生大事。

二、专注仪式

专注仪式指的是团队仪式中与工作专注相关的仪式，主要包括以下几种。

1. 晨会

很多部门都有开晨会的习惯，而且在晨会开始之前，会有自己的晨会仪式。比如有些团队会喊鼓舞士气的口号，还有一些团队会进行团操活动，也有一些团队对参加晨会迟到的员工有惩罚措施，如发红包或者请大家喝奶茶。

晨会仪式要尽量轻松，要能够给员工带来新一天的能量。

2. 项目启动会和总结会

项目的开始和完结可以以项目启动会和项目总结会作为标记。比较好的项目经理，既善于在项目启动会上让项目成员彼此认识并建立初步的信任，调动起大家对于项目的兴趣，也会在项目结束的时候做总结报告，针对项目过程中的经验教训做分享。项目启动会和总结会既可以让项目有头有尾，又可以让项目成员有更强的参与感和成就感。

3. 工作答辩

工作答辩包括年度答辩和晋升答辩。年度答辩主要是员工对于自己过去一年的工作进行总结和呈现，晋升答辩则是让员工思考自己晋升以后的工作目标和计划。好的答辩会是双向输出，参与答辩的人和答辩者都能从答辩会中有所收获，相互影响，相互成长。

三、放松仪式

放松仪式主要是指以团队放松为目的的、劳逸结合的仪式，比较常见的放松仪式如下。

1. 休闲日

休闲日并不是让员工真的在这一天休息，而是相对于其他紧张的工作日，让员工在这一天可以有更放松的心态。很多保险公司要求员工穿正装，但是在周五的时候可以穿商务休闲服装，这在一定程度上可以调整员工的工作心情。

2. 自由工作时间

自由工作时间源自谷歌，为了激发员工的创造力，谷歌的工程师拥有20%的自由时间去研究自己钟爱的项目。谷歌语音服务、谷歌新闻、谷歌地图等都是这20%自由时间的产物。

3. 庆功仪式

如果团队有一些值得庆祝的事情，如重大的项目结项、季度目标达成等，都可以组织一些庆功仪式。这种庆功仪式重点不在于物质奖励，而是有趣的团队活动，可以在目标设置之初进行许诺，如请团队成员去热门的网红餐厅吃饭、给大家做平时没有的分享等；也可以作为惊喜奖励，如准备一些特别的礼品、奖章等。

4. 迎新仪式

迎新仪式主要是为了让新员工快速融入团队，让老员工对新员工有一些了解。迎新仪式通常会有自我介绍、团队游戏等环节，有些团队也有自己特殊的迎新仪式，如新人任务、天使国王等。

5. 离职仪式

为离职员工组织欢送会，一方面是表示对该员工的感谢，感谢在职期间他所做出的努力和贡献，另一方面是给在职员工一次放松的机会，同时让他们体会到公司的用心和对员工的关爱。重要员工的离职，团队内部可以准备离职贺卡和离职礼物，祝愿该员工在接下来的工作中一切顺利。

四、标记仪式

标记仪式是指本团队区别于其他团队、本公司区别于其他公司的专属的标记方式，比较常见的标记方式如下。

1. 服装

衣着认知理论指出，当一个人穿上象征专业的服装时，他的注意力、自信以及抽象思维都会产生变化。团队服装的设计是团队标记仪式的一部分，部门服装既是部门的重要标记，也是团队归属感的重要组成部分。

2. 徽章

专属的徽章 Logo 是团队标记的重要组成。徽章既包括入职徽章、周年徽章，也包括项目徽章和部门徽章等。徽章和 Logo 的存在，能够给忙碌的工作带来不一样的仪式感，调动员工的工作兴趣。

3. 座右铭

如果有可能，管理者可以制定团队的座右铭。这个座右铭不只是口号，还是团队的目标和努力方向，是团队的信仰和底线原则，可以真实激励和引导部门员工的行为，也可以给团队管理者源源不断的动力。

10.3.2 思考问题

【问题 1】你所在的团队有哪些工作仪式？哪些仪式是你们部门专属的？

【问题 2】如果让你来设计部门的座右铭，你计划怎么设计？

10.4 居家办公

自 2019 年 12 月以来，短时间内疫情席卷全国，乃至全球各地，人们被迫开始居家办公。

由于新技术和互联网的发展，线上文档、线上会议、线上直播、项目管理等在线办公工具逐渐成熟，为居家办公提供了便利条件。在疫情缓解以后，很多公司也开始思考居家办公的长期方案。那么，小团队管理者要如何管理居家办公的团队成员呢?

10.4.1 核心公式

【居家办公效率】=【仪式感】×【节奏感】×【保持沟通】×【绩效管理】

【仪式感】居家办公需要建立新的工作仪式感,这样居家办公的时候可以快速进入工作状态,保持和在公司办公同样的工作效率。

【节奏感】居家办公需要有一定的节奏感,做好当天的日程安排,并且严格执行;同时要定时休息,保持正常的工作生活节奏。

【保持沟通】居家办公最重要的是保持沟通,因为团队成员处在不同的工作环境,不能像工作场所一样实时沟通。但大家可以通过微信、电话等手段保持沟通,遇到问题及时反馈。

【绩效管理】居家办公的绩效管理不可或缺,这既是居家办公的目的,也是对居家办公的重要管理手段,通过绩效管理的方式可以适当给员工一定的工作压力。

一、仪式感

居家办公的仪式感最主要的作用是把工作场景和生活场景分隔开。

1. 着装

千万不要在家穿着睡衣办公!要按照平时正常的工作和生活作息,不要因为居家办公而变成了周末办公。起床后也要注重个人仪容,稍作整理,换上日常上班穿的衣服,服装的更换也是身份角色的转变,这有助于居家办公时切换成工作模式。

如果在家一直穿着睡衣办公,那么人很容易因为状态放松而导致工作懈怠。

2. 空间

千万不要躺在床上办公!除了保持平时正常的生活作息,还需要给自己营造一个工作的空间。有条件的情况下,可以安排独立的房间仅作为办公使用,拒绝其他的环境干扰因素。

如果没有独立房间,那么也应该有一块专属的工作区域,并逐渐形成习惯。需要特别注意的是,不要躺在床上办公,这样不仅工作效率会降低,而且会给身体造成损伤。

3. 打卡

居家办公仍然可以按时上下班打卡,很多软件支持远程打卡。打卡意味着一天的工作正式开始或者正式完结，是比较好的工作仪式。

上班打卡以后，也是在暗示自己已经处于工作状态，重心都应该在处理工作事项上。

二、节奏感

居家办公对工作节奏感的培养主要有两种方法，即工作计划表和番茄工作法。

1. 工作计划表

每日起床洗漱后，需要针对当日要完成的工作做一个工作计划表。根据事情的轻重缓急和处理要求，尽可能地划分好当日待办事项的工作顺序，并且在完成每项工作之后给自己一点鼓励。

有些员工有做计划的好习惯，通过便签的方式记录每日的待办事项，完成任务后便撕掉相应的便签，或者通过软件设置当日的待办提醒，完成后进行勾选。这些既是工作的仪式感，也是让居家办公有节奏地进行的一种方法。

2. 番茄工作法

番茄工作法指的是25分钟的专注和5分钟的休息相结合的工作方法。具体而言，选择一个待完成的任务，将番茄时间设为25分钟，专注工作，中途不允许做任何与该任务无关的事，直到结束。之后进行5分钟的休息，接着开始下一个番茄时间。每4个番茄时间后多休息一会儿。

有很多成熟的软件可以帮助团队运用番茄工作法，它不单适用于在公司工作时，也适用于居家办公时，它有助于员工集中精力、保持工作节奏。同时，对于个人任务的推进，番茄工作法也是比较好的方法。

工作计划表侧重于每天的任务组合，番茄工作法则有助于具体任务的推进。将工作计划表和番茄工作法相结合，有助于员工保持高效的工作节奏，无论是在工作场合，还是居家办公，都能更好地完成工作任务。从小团队管理的角度来说，管理者需要收集员工的工作计划表和实际的完成情况，并据此进行工作协调。

三、保持沟通

居家办公最重要的是保持沟通，实际上，居家办公的沟通不局限于与公司同事的沟通，还包括和家人的沟通。

1. 与同事的沟通

需要时刻通过微信、电话等方式，保持待命状态，遇到工作问题及时通过线上会议、线上沟通的方式推进解决，不因人在家中，而把事情一再推脱。工作场所虽然变动，但是工作沟通不能减少，始终要处于一个积极的状态中。

2. 与家人的沟通

居家办公，家是工作场所。这种情况下，环境噪声则来自家人和家庭环境，需要提前与家人充分沟通，告知他们居家办公也是工作状态，希望家人不要打扰自己的工作。

对于家里有小朋友的，要安排好小朋友，准备一些玩具、零食等，同时告知小朋友自己正在做的事情，避免时不时被打断。

从小团队管理者的角度来说，线上的同事沟通，可以通过每日例会的形式进行，也可以线上组织云活动，保持良好的工作习惯，增进团队成员之间的工作友谊。

四、绩效管理

居家办公的绩效管理不可或缺，这既是居家办公的目的，也是对居家办公的重要管理手段。居家办公的绩效管理与在公司办公时的绩效管理不应该有太多的区别，仍然是在员工充分沟通的基础上，围绕核心指标展开。客观的条件可以作为目标设定的影响因素，但不能作为绩效未完成的借口。

10.4.2 思考问题

【问题】你所在的团队是否有过居家办公的经历？你是如何保持居家办公的工作效率的？又是如何进行居家办公的团队管理的？

小团队管理
如何轻松带出 1+1>2 的团队

第 3 篇

进阶篇

03

第 11 章

支招空降领导

空降，是小团队管理中一种特殊且又普遍存在的情况。小团队管理者的职业生涯不可能总是在同一家公司或是同一个团队，无论出于主动还是被动，迟早会更换管理的团队。

如果空降到一个新的团队，则会遇到哪些新的问题，又要如何面对呢？这些需要提前思考并且做好准备。本章将重点讨论小团队空降管理的相关知识。

> **本章涉及的主要知识点**
> ◇ **接手前要了解什么**：空降原因、上级期望、员工信息。
> ◇ **初次见面说什么**：准备空降后第一次见面的开场白。
> ◇ **如何开展工作**：进行员工沟通，进行业务梳理。
> ◇ **业务不熟悉怎么办**：了解公司，了解部门。
> ◇ **实现快赢**：通过快赢在新部门立足。
> ◇ **被排挤、被架空了怎么办**：稳住心态，建立权威，逐一击破。
> ◇ **接手时人员流动性大怎么办**：离职分析、管理重构、交接备案。
> ◇ **遇到部门财务问题怎么办**：入职前查询、入职后交换、联合财务部门处理。

11.1 接手前要了解什么

当接到一份新的工作挑战，一个空降的管理任务时，通常需要经过思考、论证之后再行动。如果盲目地推进工作，很有可能会适得其反。

空降情况下，接手工作前具体应该了解什么呢？

核心公式

【空降须知】=【空降原因】×【上级期望】×【员工信息】

【空降原因】空降的原因指的是为什么会存在这个岗位空缺，以及为什么选择了你。岗位空缺或者岗位新增，都有背后的驱动因素，了解真实的原因有助于空降管理者调整工作方向。了解为什么自己可以胜任该岗位，可以更好地发挥自己的优势，然后围绕优势建立根基。

【上级期望】新接手一个团队，首先要接触的不是团队成员，也不是直接上手开始工作，而是要多询问上级的想法和意见。如果有可能，在面试的过程中就应该多询问面试官，提前做出预判。在入职后也要第一时间和直属领导沟通，了解直属领导对团队的期望。

【员工信息】与团队人员沟通之前，需要尽可能多地了解已有员工的信息，可以索取员工的简历，也可以多与上级领导和 HR 沟通。收集的信息越多，越有利于做出更好的决策。

一、空降原因

空降领导首先需要了解为什么这个岗位存在空缺，原部门为什么没有直接提拔员工上来坐这个位置。其中主要的原因可能有以下几个。

1. 内部没有合适的人

原部门的员工资历都比较浅，或者原部门有资历较深的员工，但是缺乏管理经验，抑或资深员工自身不适合管理线，这个时候公司会从内部其他部门选调管理者或者从外部聘请新的主管人员。有时公司内部领导会兼任该部门管理者一段时间，但最终还是需要寻找更合适的管理者。

这种情况下，空降管理者的发挥空间相对充裕，并且潜在的工作阻力就是想要晋升而没有晋升成功的老员工。

2. 部门需要改革创新

有些部门因循守旧、长期发展停滞，甚至影响了公司的发展。这种情况下，公司需要吸收一些新鲜的血液，引进不同的思路和发展动力，推动改革创新，突破部门既有的发展瓶颈。如果空降管理者是作为革新的人员加入公司的，那么面临的阻力可能会更多，但同时也有更广阔的发展空间。

3. 上级领导培养亲信

有些公司存在内部派系斗争，如果出现管理岗位空缺，各个派系都想安排培养自己的亲信进行补缺。但有时各方利益难以平衡，只能从外部引进新人来填补岗位需求。这种情况下，空降管理者不要立刻站队，而是要先了解公司的实际情况，及时发现其中微妙的利益关系，并且从中斡旋、逐步立足。

4. 新设置部门无经验

公司的发展会产生新的部门，新的部门也存在新的要求，招聘行业内有经验的管理者，能够快速搭建和开展业务。比如公司要开发新的市场，那么在该区域已经有一定管理经验的候选人，就有可能赢得这样的岗位。此时，空降管理者作为先锋和专家，应该发挥自己已有的专业知识和行业见识，迅速打开局面，或者制订打开局面的计划并且按计划落地执行。

二、上级期望

作为空降管理者，上级领导是最需要利用好的资源。了解上级期望，既是了解上级对团队的期望，也是了解上级对空降管理者作为团队管理者的期望。对这种期望的判断可以通过以下几种方式来询问。

1. 询问团队组织定位

询问上级领导对团队组织定位的期望，希望本部门在公司内部扮演什么样的角色，创造什么样的价值，发挥什么样的作用。

2. 询问团队发展目标

询问上级领导对团队发展目标的期望，希望本部门的努力方向是什么，发展目标是什么，短期目标和长期目标分别是什么。

3. 询问团队考核标准

询问上级领导对团队目标用什么方式进行考核，量化的指标是什么，非量化的标准是什么，要求什么时候实现。

4. 询问团队重点项目

询问上级领导本阶段团队的重点项目有哪些，项目目标和考核方式是什么，以及项目进展情况和项目主要联系人的情况。

5. 询问团队最大的挑战

询问上级领导当前团队最大的挑战，或者面临的困难是什么。通过对团队面临的挑战的判断，能够提前了解可能遇到的问题，并且分析是否能给出解决方案。这一点在面试阶段就可以询问不同的面试官，从而提前做出判断。

6. 询问前任离职原因

如果部门存在前任主管，那么了解前任离职的原因，既有助于空降管理者规避一些工作中可能出现的风险，又能从中了解部门的真实发展情况。

7. 询问工作注意事项

需要再次跟上级确认，自己在工作中还有什么需要注意的地方，多询问工作流程或者与关键人相关的信息等。

与上级领导沟通得越多，一方面能够更多地了解公司对部门的期望，有助于有的放矢地开展工作，锚定发展方向；另一方面能够逐步建立起与上级的合作和信任关系，为之后的工作沟通打下基础。

三、员工信息

与员工正式见面和沟通之前，需要通过 HR 和上级领导，提前了解员工的基本信息。有可能的话，可以先审阅一遍目前在职员工的简历情况，并且听取 HR 和上级领导对各位员工的评价。

其中，需要做的重要判断是，谁可能是跟自己最对味的人，那个人有可能最先与自己建立信任关系。这对空降管理者接下来开展具体的工作尤为重要。

接手团队的起步阶段，空降管理者最基本的要求是多听多看，多收集信息，内心形成管理思路，但少做口头判断。

11.2 初次见面说什么

如果是团队内部进行的职位转换，那么团队管理者会因为与团队成员比较熟悉，需要进行的铺垫相对较少。而空降到一个新的团队，需要面对完全陌生的人员，空降管理者要如何准备初次见面呢？

核心公式

以上级身份亮相的核心公式同样适用于空降的情况,空降管理者在进行与员工初次见面的准备的时候,可以参照第 2 章有关开场白的内容。

【好的开场白】=【特定的场景 × 合适的内容】+【外在形象 × 个人谈吐】-【减少噪声】

一、特定的场景 × 合适的内容

空降管理者与员工的初次见面通常是在正式会议的场景下进行的,如果部门原管理者还在,那可以由原管理者引荐;如果部门原管理者已经离职,则由上级领导或者 HR 做开场介绍,然后空降管理者发言亮相,与团队成员建立初步联系,形成初步印象。

有的上级领导或者 HR 开场的时候比较简洁,直接会说:"这位是××,是我们新上任的主管,有着丰富的经验,大家接下来多多配合。"有的则会拓展讲述空降管理者的背景和履历中的亮点,比如有××公司的经验或者××成功的项目。

空降管理者在发言的时候,要先对上级领导或者 HR 的开场表示感谢,并且顺着他们的发言展开论述,包括但不限于自我介绍、管理理念、团队期望等内容。其中,核心传递的信息主要包括以下内容。

(1)自己对大家是无害的。虽然是空降的管理者,但是出发点是公司利益和团队利益,并不会针对大家,也不会立刻去调整已有的工作内容和工作方式。

(2)自己对大家是有益的。自己有一定的专业性和一定的成功经验,能够帮助团队和员工获取新的成果,能够帮助大家成长,并且是获得上级认可的,可以成为沟通桥梁。

(3)能很快融入大家。对大家是兼容并蓄,跟大家是合作伙伴的关系,以后的时间会一起努力,多多磨合,融入团队,非常欢迎大家多多沟通。

(4)需要大家配合工作。有一些原则和底线,也有自己的行事风格,希望大家可以尽量配合,不要触碰工作和管理者个人的工作底线。

二、外在形象 × 个人谈吐

良好的外在形象和个人谈吐能够在第一次见面的时候给新团队留下比较好的印象,空降管理者可以从仪容整洁、衣着得体、妆容适宜、行立坐正、保持微笑等方面提升个人外在形象，并且从语速平缓、语音洪亮、言语礼貌、眼神交流、避免口头禅等方面注重个人谈吐。

如果有可能，则尽量穿正装或者商务休闲装，不能过于随意，以表示对这次会面的重视；但也要提前了解团队的风格，这样才不至于格格不入。

三、减少噪声

空降管理者首次与团队员工会面的时候，需要借助 HR 来做好充分的沟通准备，主要包括提前预订安静的会议室，提醒参会人员手机调至静音、会议开始前约法三章等。

11.3 如何开展工作

终于认识了新的团队，但对空降管理者来说，一切都是新鲜的，对人员不熟悉，对业务不熟悉，对具体的工作可能也不知道如何下手。在这样的情况下，空降管理者要如何开展工作，才可以打开局面呢？

核心公式

【工作开展】=【上级期望】×【员工沟通】×【业务梳理】×【组织团建】

【上级期望】空降管理者加入团队，开展工作的第一件事情，就是和上级领导沟通请示，确认上级领导对团队和主管的期望，这与接手团队之前要做的工作是一致的。

【员工沟通】了解上级期望后，必须和团队成员一一沟通。提前准备好沟通的框架，并且根据每个员工的实际情况进行追问。与员工沟通最重要的事情是传递友好、开放的态度，找出同盟者和需要团结的对象。

【业务梳理】了解人和了解事情，是开展工作的前提条件。与上级和员工沟通的过程中，需要加深对业务的理解，同时要多参考历史资料和行业信息，掌握当前部门的人与事的匹配情况，更关键的是要通过业务梳理，找出快赢的突破口。

【组织团建】组织一次团建活动，可以从最简单的饭局开始，不谈工作，单纯放松，以拉近和员工的关系。与团队逐渐熟悉和相互了解以后，再组织更丰富的团建活动，并拓展到团队其他的文化建设。

一、员工沟通

空降到团队以后，管理者和团队员工的初次沟通，要采取一对一、面对面的形式。需要注意的是，初次的沟通不宜采取正式邀约的方式进行，提前找好洽谈室即可，不用刻意和员工预约时间。这样做一方面是营造相对轻松的沟通场景，不至于过于正式和拘束；另一方面也是管理者权威的一种体现，需要员工来配合管理者的时间安排。当然，这并不代表要颐指气使，而是要先询问对方当下的时间是否空闲，不能在员工参与其他会议的时候，就把员工喊出来谈话，否则既会影响工作事项的正常进行，也会给员工留下很不好的印象。

初次和员工一对一沟通的内容大纲可以提前梳理，具体而言，沟通的内容主要包括以下几个方面。

1. 员工的基础信息

员工的基础信息在接手之前就有所了解，但初次见面时还是需要以此为切入点打开话题。比如员工来公司多久了、住的地方离公司近不近、来公司之前是做什么的，等等。

2. 员工的岗位职责

员工目前的岗位和职责范围是什么，主要负责哪块工作、主要对接哪些客户或者部门、主要的工作流程是什么。对每个员工的岗位职责有清晰的了解后，有助于管理者进行工作安排以及后续调整分工和管理优化。

3. 员工负责的重点项目

员工目前负责的最重要的项目是什么，包括项目背景、项目目的、项目进展等信息。项目既是有别于日常工作的重点内容，也是可以实现快赢的重要切口，了解项目信息也有助于了解公司和部门重点关注的事项。

4. 员工的职业期望

员工个人的职业期望是什么，包括岗位晋升的期望、工作内容的期望，以及其他个人职业规划的情况。初次沟通的时候，员工可能不会透露过多的职业期望信息，但了解这部分信息后，有助于了解员工的诉求，并且可以做出相应的安排计划。

5. 员工面临的困难

员工当前面临的困难是什么，有什么难点是可以协调的，有什么困难是一直存在的，困难是源自员工自身，还是源自管理问题，抑或是其他部门的沟通问题。找到问题是解决问题的前提，了解员工面临的困难有助于空降管理者更好地了解自己的挑战。

6. 员工的意见反馈

询问员工是否有其他方面的意见反馈。有些员工会比较乐于分享，从这部分员工反馈的信息中可以了解公司部门面临的问题，甚至可以了解公司的人际和业务关系情况，以避开一些陷阱。

通过和员工的一对一沟通，既可以了解员工的基础信息、工作履历、专业特长等显性信息，也可以挖掘到员工的性格特质、目标动机、工作态度和价值观等隐性信息，还可以了解员工在团队中的角色定位，以及行动型、社交型和思考型等不同团队角色的分布情况。

更重要的是，在沟通过程中可以很容易地判断，哪些员工更容易沟通，更容易团结，哪些员工需要时间进行磨合，哪些员工对空降管理者心怀芥蒂。无论员工是什么样的情况，管理者都要以友好和开放的心态来面对，并且尽量不要立刻调整员工已有的职责和分工，进行大刀阔斧的改革。

二、业务梳理

与员工沟通的过程，也是进行业务梳理的过程，理解各个员工的岗位职责和重点项目，也是在理解团队的工作职责和重点项目。作为团队的管理者，把上级的期望和团队实际做的事情进行匹配，是初期空降加入团队必不可少的工作。通过与多方的反复沟通，可以整理出部门的业务蓝图，包括但不限于以下几个方面。

（1）**团队成立背景**：团队在什么背景下成立、成立的时间；员工的基础信息，入职前和入职后的工作情况。

（2）**团队组织定位**：团队扮演的角色，创造的价值，发挥的作用；员工的岗位和职责分布情况。

（3）**团队发展目标**：团队发展目标情况，短期目标和长期目标分别是什么；员工的发展目标分布情况。

（4）**团队发展阶段**：团队所处的发展阶段是否成熟稳定，员工所处的发展阶段及职业发展诉求情况。

（5）**团队考核标准**：团队目标用什么方式进行考核，量化的指标是什么，非量化的标准是什么；员工的个人考核标准分布情况。

（6）**团队重点项目**：本阶段团队的重点项目有哪些，项目目标和考核方式是什么，项目进展情况和项目主要联系人的情况；员工对重点项目的跟进情况。

（7）**团队面临的挑战**：团队工作面临的挑战和困难；员工工作面临的挑战和困难。

（8）**团队管理问题**：团队有哪些管理方面的问题，目标、分工、沟通、绩效、阶梯、文化等方面是否有改善的空间。

空降管理者可以根据部门业务蓝图，找到其中重要、紧急、容易突破的内容，作为快赢的方向，如管理优化、项目推进、方向调整等。

11.4　业务不熟悉怎么办

空降管理者的岗位职能可能没有变化，但是进入了新的行业，又或者行业没有变化，而是进入了新的岗位，哪怕岗位和行业都一样，但新的公司有新的业务特点，面对这些情况，空降管理者要如何快速熟悉业务呢？

核心公式

【业务熟悉方法】=【行业报告】×【公司蓝图】×【部门情况】

【**行业报告**】对空降的业务不熟悉时，一定要多看多想多问。其中看的部分，很重要是业务所在行业的行业报告，既包含整个行业的基本信息、主要特征、发展趋势，也包括龙头企业的信息。通过几十页的报告，空降管理者能够快速建立起对业务背景的认知。

【**公司蓝图**】了解行业信息只是对业务背景有了一定的了解，更核心的是要整理公司战略、市场、产品、技术等信息。很多公司都有相关的资料可以拿来学习，但更重要的是，要形成自己的思维框架。

【**部门情况**】部门情况既包括部门的背景、目标、项目等信息，也包括部门合作方的情况，即部门本身是如何运作的，如何在业务中发挥价值。其中比较关键的是，要掌握核心指标，部门的核心指标要了然于胸，并且要围绕指标构建业务思维。

一、行业报告

行业报告主要是由咨询公司、市场研究机构、券商研究部门、行业协会、高校和政府等研究发布的，是针对行业的综合报告。行业报告的内容包括但不限于行业概况、发展历程、行业政策、产业格局、竞争格局、企业案例、发展趋势等。

1. 行业概况

行业概况主要介绍行业的基础信息，比如行业的范围界定，主要特征和定义，行业营收规模，用户规模情况等。

2. 发展历程

发展历程主要介绍行业的发展历史，包括国际市场的发展历史和国内市场的发展历史，重要的节点事件，行业目前所处的发展阶段等。

3. 行业政策

行业政策主要介绍与行业密接相关的政策和法律法规的情况。很多行业受政策影响较大，比如医疗、能源等，对行业政策的了解非常重要。

4. 产业格局

产业格局主要是对行业产业链的分析，包括主要参与者（如公司、供应商、客户、政府、机构等）的具体特征和分布，上下游价值链路的情况等。

5. 竞争格局

竞争格局主要介绍市场竞争情况，是属于垄断市场、寡头市场，还是充分竞争市场，以及市场的集中度情况、同质化程度，头部竞争者的竞争关系等。

6. 企业案例

典型企业的案例分析，包括企业发展情况、企业的规模、目标群体、商业模式、主要竞争优势和企业高管信息等。

7. 发展趋势

发展趋势主要指的是对行业未来发展趋势的预测，包括对市场规模的预测，对市场竞争的预测，对市场发展特点的预测等。

行业报告的获取，主要有两种方式：其一是通过公司同事或者朋友获取；其二是通过桌面研究搜寻。

通过桌面研究搜寻行业研究报告或者行业研究数据时，主要推荐以下几种渠道。

（1）政府机构公开数据

政府机构公开数据包括但不限于国家统计局、商务部、发改委、卫健委等国家机构公开的数据，如果涉及海外市场，则还可以参考各国政府网站以及联合国数据库的数据。

（2）市场研究机构网站

此类网站既包括主流咨询公司和市场研究公司的官网，如麦肯锡、BCG、德勤、尼尔森、艾瑞咨询、易观等；也包括大型集团的研究机构，如阿里研究院、企鹅智库等。

（3）业内上市企业财报

业内主要上市公司的企业财报，既可以从企业官方网站设置的投资者关系栏目获取，也可以通过企业所属交易所的官方网站获取，如上交所、深交所、港交所、纳斯达克等。

（4）行业协会官方网站

不同行业有其所属的行业协会或者行业期刊，从相应的协会或者期刊可以收集到行业报告。比如保险行业有中国保险行业协会，医药行业有中国医药协会，汽车行业有中国汽车工业协会等。

（5）专业知识论坛和社群

不同的行业有其对应的专业知识论坛或者专业人员社群，比如外贸行业有福步外贸论坛，安防行业有中国安防论坛，机械行业有中国机械社区等。同时，不同行业也有属于自己的社群圈，加入对应的QQ、微信、知识圈等社群也有可能收集到行业报告。

（6）金融财经数据报告

通过金融财经网站或者券商机构网站，可以搜索到比较热点的行业报告。金融财经网站主要有凤凰财经、新浪财经、东方财富、第一财经、财新网、FT中文网等。券商机构的研究报告可以访问各券商机构官网获取，也可以通过慧博投研资讯、巨潮资讯等综合平台获取。

（7）搜索平台或者文库

搜索平台或者文库主要包括百度、必应等综合搜索平台，知网、万方等学术类文库，百度文库、新浪爱问等共享文库，通过搜索的方式扩大寻找范围。

除此之外，空降管理者还可以通过付费方式定制行业研究报告。但是整体周期较长并且费用较高，一般不推荐刚入职的时候就推进定制行业报告等相关事项。

二、公司蓝图

了解行业信息只是对业务背景有了一定的了解，更核心的是要整理公司战略、市场、产品、技术等信息。空降管理者可以梳理公司的商业画布作为对于公司蓝图的答卷。

商业画布的全称是商业模式画布图，如表 11.1 所示，主要包括客户细分、价值定位、市场渠道、客户关系、收入来源、核心资源、关键任务、合作伙伴、成本结构等内容。

表 11.1　商业画布

KP 合作伙伴	KA 关键任务	KP 价值定位	CR 客户关系	CS 客户细分
	KR 核心资源		CH 市场渠道	
CS 成本结构			RS 收入来源	

（1）**客户细分**：主要指的是公司的目标用户群体，面向的是哪一群人或者是哪些人群。如果公司是酒厂，就要明确其主要面向的是商旅客户还是家庭客户，是一线城市还是三线城市等。

（2）**价值定位**：主要指的是公司的产品或者服务的价值定位，能为核心用户提供的价值，能解决用户什么样的需求，比如提供高端大气的礼品酒，提供性价比高的口粮酒等。

（3）**市场渠道**：主要指的是如何让用户知道公司的价值，通过直销、分销或者综合销售的方式进行产品或者服务的提供，如何进行渠道整合、如何优化市场渠道等。

（4）**客户关系**：主要指的是通过什么样的方式构建客户关系，如何让客户保持黏性，如何提高客户满意度，如何让客户认可公司产品或者服务的价值定位等。

（5）**收入来源**：主要指的是公司的产品或者服务如何获取收入，如何让客户付费，收入的结构如何，支付的方式如何，收入如何保持增长等。

（6）**核心资源**：主要指的是公司可用的核心资源以及为了实现目标所需要的核心资源的情况，包括但不限于资金、人员、场地、技术、品牌、渠道等。

（7）**关键任务**：主要指的是为了运转公司商业模式所需要执行的一些关键任务，包括但不限于设计和生产产品、提供和优化服务、市场宣传和公关等。

（8）**合作伙伴**：主要指的是公司可以进行合作的关联伙伴，包括但不限于可以提供产品、市场、渠道、技术、资金等支持的合作方、供应商或者投资方。

（9）**成本结构**：主要指的是公司的成本结构，包括但不限于资金、人员、场地、技术、渠道等情况，这些是否有可以优化的部分，以提升投入产出比。

三、部门情况

部门情况既包括部门的背景、目标、项目等信息，也包括部门的合作方的情况。

本部门的情况在工作初期的业务梳理中就应该收集完整，主要包括团队成立背景、团队组织定位、团队发展目标、团队发展阶段、团队考核标准、团队重点项目、团队面临的挑战、团队存在的管理问题等。其中比较关键的是要掌握核心指标，对于部门的核心指标要了然于胸，并且要围绕指标构建业务思维。

部门的合作方情况既包括内部的兄弟合作部门，也包括外部的合作企业的情况。这些合作方的具体情况，主要通过提前背景调查、日常业务沟通等方式获悉。

11.5 实现快赢

快赢（Quick Wins）是空降管理者立足的核心，通过快速建立起成功的形象，空降管理者能够在新的部门建立起信任关系。这种信任关系既来自上级主管，也来自团队成员。那么什么是快赢，又如何实现快赢呢？

核心公式

【实现快赢】=【目标设定】×【计划实施】×【成果传递】

【目标设定】实现快赢，第一步是界定什么是快赢，即空降到部门以后，第一个快速成功的工作事项是什么，如何选择目标。

【计划实施】设定好快赢的目标以后，接下来要做的是如何将设想转化为实际行动，如何真正地获取成果，建立口碑，树立威信，传递专业度和实现价值。

【成果传递】一旦快赢项目的目标达成了，就要迅速传递、迅速复制，总结成功的经验，并且争取更多的资源支持。当然，也要在项目进行中找到可以改进的地方。

一、目标设定

按照事情获得的回报和需要的投入，可以简单地把所有工作事项分成4种类型。

1. 重大项目

重大项目，高投入高产出，花费较多的时间、金钱或者人力，能够相应地获取较大的成果，通常也是部门员工日常重点努力的项目，如重点工程、重点客户维护。

2. 拖尾项目

拖尾项目，高投入低产出，花费较多的时间、金钱或者人力，但很难取得显著的成果，通常是各部门之间推诿最多的事情，如复杂的基础建设、安全管理等。

3. 快赢项目

快赢项目，通常低投入高产出，花费较少的时间、金钱或者人力，就可以获取较大的成果。这种类型的项目就是在空降新部门之初需要寻找的项目，通过快赢项目能够在短时间内获取成功，体现专业性，加深员工的成就感。

4. 琐碎项目

琐碎项目，低投入低产出，花费较少的时间、金钱或者人力，但很难取得显著的成果，通常是日常行政管理等方面的工作，如贴发票、登记工时等。

显然，快赢项目对于空降管理者而言非常重要，那么要怎样寻找快赢项目呢？快赢项目一般具有以下几个关键点。

（1）花费较少的时间，项目可以在60~90天内取得成果。

（2）需要较少的财力投入或者不需要额外的财力投入。

（3）需要较少的人力投入。

（4）问题已经暴露，知道明显的解决方案。

（5）项目可以圈定范围，并且工作计划易于实施。

（6）上级主管支持，对本部门有益。

（7）实施项目的风险较低。

（8）员工和主管对项目的完成有充分的信心。

快赢项目不需要完全匹配以上关键点，但至少要符合大多数的关键点，才可以作为空降管理者初期投入的快赢目标。快赢项目的信息可以从空降管理者对业务的了解、对上级期望的判断、与员工就工作分工的沟通中获取。最终形成的快赢项目，需要有量化的目标和工作计划，其中比较重要的是，需要与上级主管共同确定快赢项目及目标。

二、计划实施

快赢项目强调的是快速通过较少的投入获取较大的成果。计划实施的过程可以利用包以德循环（OODA）进行。包以德循环是由美国陆军上校约翰·包以德发明的，他凭借自己战斗飞行员的经验和对动力机动性的研究，发明了 OODA 理论，主要指的是事项的推进围绕观察（Observe）、调整（Orient）、决策（Decide）和行动（Act）循环推进。其中最为关键的是调整（Orient），即在观察信息的基础上及时做出调整。将包以德循环应该用到快赢项目中，具体如下。

1. 观察

观察是一个充分收集信息的过程，需要获取对于快赢项目有帮助的各类信息，并且了解上级对项目的反馈情况。

2. 调整

根据获取的信息，实时做出调整，比如明确哪些方面需要增加人力，哪些方面需要寻求跨部门合作，哪些方面可能需要调整策略等。

3. 决策

根据观察和调整，推进决策实施。如果决策需要上级支持，则推动上级支持，需要群体决策的，则利用已有信息推动群体决策。

4. 行动

根据决策制定具体的行动方案，并跟进行动方案的实施情况。

使用 OODA 可以在小范围内不断调整行动，以确保它符合预测的成果，并且可以扩大范围进行尝试。另外，计划实施的过程中，还需要确保项目团队中的每个人都了解快赢项目的好处和重要性，并且让项目成员作为重要的参与者和决策者，共同推进快赢的实现。

三、成果传递

一旦快赢项目的目标达成，就要迅速传递、迅速复制，总结成功的经验，并且争取更多的资源支持。快赢的成果传递主要包括以下 3 个方面。

1. 向上汇报

快赢成果首先要进行向上汇报，确认上级领导对项目的反馈情况，包括是否达到了上级的目标预期，是否符合上级的期望，项目的成功是空降管理者获得上级更多支持的基础。

2. 团队分享

通过快赢项目建立起和团队员工的合作关系，并且分享其中的经验教训。有成就感和有成长性的项目，总是更能赢得员工的信任。与此同时，可以组织小型的庆功会，感谢团队成员的贡献。

3. 建立合作关系

快赢项目的实施有时还存在一些合作方和支持方，可以把成果同时共享给他们。空降管理者在公司的立足既要本团队团结，也需要兄弟部门配合。快赢项目既有助于空降管理者和团队员工建立合作关系，也有助于空降管理者和兄弟部门建立合作关系。

总之，快赢项目的成功与否，决定了上级、团队成员和兄弟部门对空降管理者的认可情况。如果能够顺利完成，那么空降管理者将在接下来的工作中更为顺利，空降也能顺利着陆。

11.6　被排挤、被架空了怎么办

空降管理者最担心的情况是团队成员不接纳自己，甚至排挤或者架空自己，尤其是存在一些捣乱的老员工。空降之后一切顺利固然很好，但是被排挤、被架空了，要如何处理呢？

核心公式

【架空问题】=【稳住心态】×【建立权威】×【逐一击破】

【稳住心态】如果空降以后被部门员工排挤或者架空，那么首先要做的事情是稳住心态，保持平常心，不急于做出判断，更不急于做出行动。只有心态稳住了，才能更加理性地分析问题，找到应对之法。

【建立权威】无论是不是空降的情况，当自身已经处于管理者的位置时，就已经具有了这个位置应有的职责和权威，这个权威是上级领导赋予的，更是岗位本身赋予的，管理者要努力加强这种权威。

【逐一击破】对于被排挤或者被架空的情况，空降管理者要对下属员工采取团结一批、分化一批、"请"走一批的方式逐一击破。只要立脚点是为了公司和部门的整体发展，行动过程得到上级授予，则可以顺利解决被架空的问题。

一、稳住心态

心态是最重要的，只要没有被问题难倒，没有被困难打倒，那么终究可以解决问题，克服困难。调整心态有以下几种简单的方法。

1. 接受事实，客观看待问题

要正视当前存在的问题，不要忽略问题的存在，而是要接受被排挤、被架空的可能，并且分析原因。

2. 自我暗示，调整心态

暗示自己可以顺利渡过当前危机，自己是部门的管理者，能够处理当前面对的困难，暗示自己把重点放在事情的本身上。

3. 与朋友沟通交流

多和朋友交流沟通，一方面可以通过沟通释放情绪、减少焦虑，另一方面可以吸取建议，听听他人对当前形式的看法，从而获得参考。

4. 通过环境调节情绪

听一些舒缓的音乐，喝一杯咖啡或者茶饮，去健身房跑跑步等，换个场地和环境，通过环境的改变来调节情绪。

5. 冥想

放空自己，把注意力放在自己的呼吸上，专注呼吸的起伏和流转，通过冥想和呼吸来调整自己的状态。

二、建立权威

无论是不是空降的情况，当自身已经处于管理者的位置时，就已经具有了这个位置应有的职责和权威。管理者可以通过以下方式努力建立并稳固自己的权威。

1. 与上级领导在一起

始终要和上级领导充分沟通，无论是沟通团队方向、重点项目，还是沟通管理问题等，需要传递给上级领导这样的信息——"我们是可以帮助您解决问题的"，要获取他的信任、支持和帮助。

2. 利用事情去管理人

不要试图依靠关系去管理团队人员，而是要根据事情去管理，尤其是被架空的情况下，更要利用事情合理地要求团队人员进行配合，给其相应的任务、时间节点和交付要求，以产出作为管理结果。

3. 实现快赢

发挥自己的专业性，利用自己的经验优势，快速取得一些成绩，这是空降管理者在团队内部立足较为有效且重要的方法，当团队人员对空降管理者的信任感不足的时候，空降管理者尤其需要带领大家获得快赢。

4. 灵活调整工作分工

针对实际情况，灵活调整分工，空降管理者在管理岗位，就应该有分工和任免的权力。比较简单的方法是让两位员工同时负责一件事情，让他们形成制衡。另外，可以给严重不配合的员工调整工作内容，调整工作岗位，甚至直接开除。

5. 储备和培养信任的人

通过内部挖掘或者外部招聘的方式，储备和培养值得信任的下属，把一些重要的事情逐渐交到他们手中，利用重点项目，帮助他们成长并与他们建立更深层次的信任关系。

三、逐一击破

对于被排挤或者被架空的情况，空降管理者要对下属员工采取团结一批、分化一批、"请"走一批的方式逐一击破。

1. 团结一批

团结可以团结的力量，前提是对员工的诉求有清晰的把握和判断。一些刚开始工作或者刚加入公司的员工，比较容易受到影响，要让他们看到成长的空间；对于一些能力优秀但被忽视的员工，要让他们看到新的机会。

2. 分化一批

对于同一件事情，原本交给一个人就可以完成，现在可以让两个人一起来做，并且形成一定的竞争关系，从内部形成竞争机制，让更能够给团队创造成果的人脱颖而出。团队利益分配的时候，也可以按照实际情况做一些倾斜，对支持管理者并且高绩效的员工给予更多的激励。

3."请"走一批

对于反复沟通、反复调整仍然不能团结的员工，需要将其调离关键岗位，让更值得信任的员工接手他的工作。对于仍然不配合的，则可以将其淘汰。虽然重在动之以情，晓之以理，但是无可奈何的时候仍然要学会放弃。

11.7 接手时人员流动性大怎么办

从零开始组建团队，对于团队人员的情况肯定了如指掌。但是空降管理者对新接手的团队一般都比较陌生，存在一些沟通门槛。如果接手时发现新团队的人员稳定性差，人员流动性较大，要如何处理呢？

核心公式

【人员流动性大】=【离职分析】×【管理重构】×【交接备案】

【离职分析】人员流动性大，即人员频繁离职。处理该问题之前，首先需要分析造成这一现象背后的原因，是岗位特性还是公司管理问题等。只有找到了离职原因，才能有的放矢，着手解决。

【管理重构】一旦发现人员流动性大主要是公司或者部门管理问题引起的，就需要进行管理重构，通过制度、利益、文化等方面的改善减少员工的异常流动，并针对员工流动问题的管理措施及时向上级汇报。

【交接备案】管理重构往往需要一定的时间，但是团队工作需要正常运作流转，不能因为人员的流动而影响工作的交付，因此要通过工作的交接备案，度过这段特殊时期。

一、离职分析

如果人员流动发生在空降之前，即空降管理者还没有入职的时候，员工就已经提出离职，而空降管理者入职的时候，员工刚好要走，那么空降管理者可以借由员工离职，宴请整个团队，向在职员工传递友好的信号。同时，私下里找离职员工了解清楚其离职的原因。

如果人员流动发生在空降之后，那么空降管理者不要急于批示，而是要先了解原因。这个时候的离职不一定是真的要离职，可能是因为员工感到未来充满不确定性，空降管理者需要做的是打消他们的疑虑，挖掘他们的诉求，能挽留的尽量挽留。如果劝说无效，那么也要请他们协助完成工作交接。

一般而言，管理者空降之后员工选择离职的主要原因有以下几个。

1. 对新任管理者不信任

空降管理者入职之前，可能团队员工之间已经有些小道消息，员工对于空降管理者的上任存在不信任的情况，可能是因为空降管理者比较年轻，或者是跨行业上任。此时空降管理者需要做的是建立信任关系，尤其要通过快赢项目让员工更好地了解自己。

2. 对个人发展前途担忧

部分员工原本有希望竞争团队的管理者，在新任管理者就职以后，他们彻底打消了这方面的想法，也失去了信心，故选择离职。这个时候，空降管理者要尊重并理解员工的想法，同时也要针对对方的情况，提供可能的帮助和建议。

3. 可能受到他人鼓动

员工离职有时是受到其他人离职情绪的影响，自己也想离职；有时可能是前任管理者过来挖人，员工受到前任管理者个人魅力的影响，想要去投奔。无论是哪种情况，空降管理者都要帮助员工客观分析当前的发展情况。

4. 其他常规离职原因

常规离职的原因包括工资待遇问题、企业文化问题、劳动强度问题、发展空间问题或者员工家庭问题等。

二、管理重构

如果离职原因涉及管理问题，那么空降管理者需要阶段性地进行管理重构，包括但不限于以下几个方面。

1. 重构部门文化

最简单但也是最难的，是从部门文化的重构开始。难的地方在于部门文化受到公司文化的影响，存在一定的根基，很难重构；简单的地方在于部门文化受部门管理者的影响最为直接，可以从开放、包容、积极的自己做起，影响部门文化。

2. 重构工作环境

工作环境包括物理环境和人文环境，可以跟人力行政部门一起，提升员工的物理工作环境，在部门内部可以营造更简单的人文环境，发挥员工的创造力和积极性。

3. 重构工作分工

针对员工的工作分工进行调整，需要在完全适应和了解部门的运作以后进行大的调整。接手部门的初期，主要先熟悉当前的分工情况，并且围绕重点项目进行人员的布局。

4. 重构职级阶梯

如果部门原先不存在职级阶梯，那么需要建立职级阶梯，让员工看到向上的发展轨迹。如果部门原先存在职级阶梯，那么可以尝试应用并且优化它，不能让职级阶梯过于空洞，而是要实际落地，让员工真的有机会晋升成长。

5. 重构培训机制

可以从自己的分享培训开始，比如专业技能培训、重大项目分享等。这样既可以让员工了解空降管理者过去做过的事情，也可以让员工从培训中受益。后续逐渐建立起更加完善的部门培训机制，让员工各自发挥专长，参与其中。

6. 重构员工待遇

员工的待遇既包括员工的基础薪资，也包括员工的绩效奖励。有可能的话，空降管理者要尽早为了提升员工待遇而努力，推动更合理的绩效分配制度，让部门的员工获取更高的物质收入，而不只是停留在口头奖励上。

三、交接备案

面对人员流失较多的情况，需要做好以下3个方面的交接备案。

1. 设置 AB 角色

对重要事项设置 AB 角色，一旦其中一位员工因为各种原因离职，那么另一位员工可以随时做好替补工作，不至于团队运作受制于某一位员工。

2. 工作交接文档

对申请离职的员工要做好完整的工作交接，包括相对翔实的工作交接文档，以维持团队工作的正常进行。如果离职员工不配合，则可以通过合法的方式进行约束，比如不开具离职证明，对公司造成的损失进行索偿。

3. 寻找临时支援

积极协调外部支援，剥离一部分非核心职能给其他部门，同时也要尽可能地去抽调一些人手，积极参与过渡阶段。

与此同时，对于接手离职员工工作的员工需要进行情绪安抚和物质激励。在危机解除以后，也一定要给予当时做出贡献的员工更多的发展空间。

11.8 遇到部门财务问题怎么办

空降管理者有时会忽略部门的财务问题，不了解部门当前的财务状况，这才导致后期产生一系列的负面影响，甚至造成个人财物损失。那么，遇到部门财务问题时，空降管理者要如何处理呢？

核心公式

【财务问题】=【入职前查询】×【入职后交接】×【联合财务部门处理】

【入职前查询】入职之前，应该先查询公司的相关信息，确认是否存在证照问题、是否存在行政处罚、是否存在诉讼问题等。如果对其中一项或者多项存在疑虑，就要慎重考虑当下的机会。

【入职后交接】入职之后，接手部门时要确认财务资料移交的情况，包括部门的资金往来、借贷情况等，确认是否存在尚未结清的情况，界定财务问题发生的时间节点。不能因为过去的财务问题而拖累之后的发展，更不能因此而给个人造成财物损失。

【联合财务部门处理】无论发生什么样的情况，都要联合财务部门一起处理，并且要及时向上级汇报。业务部门往往更重视业务拓展，因此会产生一些财务风险，需要财务部门一起解决。除此之外，还要擦亮眼睛，避免掉入陷阱。

第 12 章

写给创业小团队

小团队管理者也许有一天会成为创业小团队的管理者,或者本身就已经是一位正在创业的勇者。创业小团队中有哪些特殊的情况呢?管理者又要如何面对和处理呢?本章将重点讨论创业小团队管理的相关知识。

> **本章涉及的主要知识点**
> ◇ **合伙人起冲突怎么办**:了解合伙人的冲突类型,解决冲突的方法。
> ◇ **合伙人退出怎么办**:合伙人退出的机制和协商方法。
> ◇ **提高团队积极性**:创业小团队的目标管理和多元激励。
> ◇ **维持团队人力稳定**:创业小团队的选人、用人和留人机制。
> ◇ **人才培养**:创业小团队人才培养的特点和方法。
> ◇ **找到一人多职的平衡点**:找到创业小团队的职能边界。
> ◇ **对员工掌握核心秘密的措施**:掌握创业小团队核心商业秘密的保护方法。
> ◇ **培养员工的成本意识**:成本意识的培养和成本制度的管理。
> ◇ **释放团队压力**:创业小团队日常解压和活动解压。

12.1　合伙人起冲突怎么办

创业小团队中最难管理的是合伙人,不同于下属的关系,合伙人一般情况下处于平级,共享很多的权力,不能直接指挥或者安排合伙人工作。合伙人之间发生冲突，要如何处理呢？

核心公式

【合伙人冲突】=【类型分析】×【求同存异】×【制度优先】

【类型分析】分析合伙人冲突的类型，是什么原因引起的冲突，冲突产生的影响如何。有些冲突是偶发性的且影响较小，有些冲突是根源性的且影响较大，针对不同的冲突应该采取不同的态度和解决方法。

【求同存异】求同存异是合伙创业解决冲突最基本的原则，各位合伙人聚在一起，为了共同的目标而奋斗，多强调大家的共性，并且让共性扩容。同时也要允许每个人的差异性存在，并且要利用这种差异创造更大的共同价值。

【制度优先】制度是约束冲突的基本保障，创业团队往往会忽略制度建设，一股脑儿地一拥而上，到了发生冲突、出现问题的时候又难以调和且一地鸡毛，合伙人甚至会因此而分道扬镳。无论合伙人私交如何，制度规则都要先于行动。

一、类型分析

创业合伙人团队的冲突随时都有可能发生，有些冲突是可控的，有些冲突则是难以调和的。具体而言，合伙人之间的冲突主要分为以下几种类型。

1. 情绪冲突

情绪冲突主要发生在一些小的摩擦和误解上，也有可能是合伙人受到工作以外的情绪影响而产生的冲突。情绪冲突发生以后，需要至少其中一方冷静下来，如果我们是起冲突的其中一方，则最好从自己做起，冷静下来；如果我们是旁观的第三方，则需要避免冲突升级。

2. 任务冲突

任务冲突主要发生在一般任务决策上，因为双方或者多方的意见相左而产生了冲突。通常这样的决策跟合伙人的背景、经历和思考方式有关，但是不造成根本上的方向性问题，也不会对公司造成巨大影响，可以根据任务归属人的决策做最终的任务解决方案。

3. 决策冲突

与任务冲突不同，决策冲突往往指的是关于创业公司发展方向、公司资源集中分配或者其他对公司造成巨大影响的冲突。这样的冲突问题比较严重，但如果合伙人的利益仍然一致，就可以多沟通多思考，最终按照投票情况来进行决策，并且一旦决策完成，就必须放下之前的冲突，全力按照决策结果执行。

4. 利益冲突

利益冲突的表现主要是股权分配不均或者利润分配不均。利益分配是合伙创业不可忽视的部分，很多创业团队都是可以共苦，但是不能同甘。一种情况是，利益分配在创业初期就应该商议清楚，之后按照发展阶段和公司实际情况执行；另一种情况是，创业初期有明确的分配方案，但是随着公司的发展壮大，部分合伙人对于贡献和收益的匹配情况提出了质疑，便有可能因此发生冲突，此时需要通过合伙人之间的沟通和利益的重新分配解决，当然，最差的结果是合伙人退出。

5. 方向冲突

方向冲突主要是指合伙人因为自身或者其他原因要求退出创业团队，合伙人之间存在发展方向方面的冲突。在这种情况下，按照最初设置的退出机制执行即可，如果没有退出机制，则需要多方共同商议决策，最终还是希望大家能够好聚好散。

二、求同存异

求同存异是合伙创业解决冲突最基本的原则，兼容并蓄才能更好地发挥团队的力量，寻求更大的成功机会。具体而言，创业公司的求同存异包括以下几个方面。

1. 合伙人团队求同

（1）目标相同

各位合伙人聚在一起，一定是为了某个共同的目标而奋斗。小的目标是希望公司能够存活并且越做越好，大的目标可能是在某个行业或者某个领域做出贡献。

（2）利益相同

有了共同的目标，也就有了共同的利益，一切围绕共同目标而存在的利益，就是合伙人之间的共同利益。对公司的损害就是对合伙人利益的损害。

（3）信息相同

尽量确保合伙人之间的信息是相通的，要开诚布公，没有疑虑。这里所说的信息，既包括商业信息，要互通有无、共同决策；也包括财务信息，要财务公开、账目透明。

（4）认知相同

尽量让合伙人对信息和决策的判断保持相近的认知，如果不能完全相同，那么也应该相互理解，并且要尽量缩小合伙人之间在认知上的差距。

2. 合伙人团队存异

（1）权责分配

合伙人之间的权利和责任应该按照每个人的投入、能力、特长和资源等情况进行划分，虽然最终的后果是大家共同承担，但是过程中要有明确的责任归属。

（2）工作方法

合伙人之间的工作方法可以存在差异，这种差异因权责分配而异。比如销售市场类型的工作方式与技术财务类型的工作方式本身就存在不同，这种不同是合理的。

（3）个人特质

合伙人与合伙人之间会有不同的个性和特质，不同的认知和价值观，在能力、视野等方面也会存在一定差异，如果这些差异不影响公司的决策和发展，则是可以存在的。

三、制度优先

1. 股权机制

为了有效处理合伙人之间的冲突，最基础的保障是股权机制。股权机制应该在创业团队成立之初，创业公司注册之时，就达成一致，并且形成书面的合伙协议，明确每位合伙人的股权情况，包括是资金入股还是技术入股等。需要注意的是，股权机制要包括合伙人的退出机制和新增规定，否则遇到出人不出力的股东，想要劝退都没有条款依据；又或者当需要有融资需求的时候，如何进行股权稀释最好提前说明。

2. 决策机制

如果合伙人之间发生决策冲突，要以实际的决策机制作为约束。决策机制指的是公司各合伙人投票权的情况，有些公司采用 VIA 架构，同股不同权。这些都需要在创业公司成立初期就制定好相关的制度，避免后续做重大决策的时候发生冲突，从而保障公司的决策能够顺利进行。创业团队的决策机制通常由公司的所有者或股东决定，有些创业团队会采用民主制度来进行决策，这种方式可以充分考虑所有人的利益，但决策过程较为漫长；有些创业团队会按照持股比例进行决策，通常大股东的意见直接影响决策，效率非常高，但有时不能对各种要素考虑周全。

3. 分配机制

针对合伙人之间的利益冲突问题，分配机制是很好的保障。分配机制主要指的是利益分配方案，包括分配的方式、分配的周期、分配的数量和分配的依据等。在实际满足分配条件的情况下，需要按照制度执行，以保障合伙人的权益，避免因为利益的问题而产生矛盾。利益分配机制需要根据团队的实际情况设计，不只是考虑当下，也要考虑发展。利益分配既包括现金或者实物分配，也包括期权、股权等其他方式的分配，针对合伙人中有突出贡献的，也要有额外的利益奖励。

12.2　合伙人退出怎么办

如果合伙人之间有人要退出，那么对于整个团队的伤害将是极大的。无论是对剩下的合伙人还是对在职员工，都会产生负面影响，甚至会影响整个创业项目的进展。那么面对这种情况，要如何处理呢？

核心公式

【合伙人退出】=【退出机制】×【退出协商】×【维稳优先】

【退出机制】合伙人退出有两种情况：一种是主动要求退出，另一种是因不符合公司发展要求而被迫出局。无论是哪种情况，退出机制都是保护全部合伙人权益的基础。合伙人在设计股权机制的时候，就应该依据法律法规，相互协商，制定合伙人退出的相关制度。

【退出协商】有合伙人要求退出时，首先要进行反复沟通，尝试留住该合伙人。如果合伙人的去意已决，则需要协商退出的时间、股权退出方案和限定条件等。同时，还需要该合伙人协助完成工作职责的交接，或者其他内容的交接。

【维稳优先】创业团队合伙人退出，对于整个团队来说都会产生极大的负面影响，甚至是毁灭性的打击，所以需要维稳，以确保公司正常运转，避免产生过大的波动。

一、退出机制

《中华人民共和国合伙企业法》对于合伙企业退伙有比较详尽的规定，具体如下。

第四十五条　合伙协议约定合伙期限的，在合伙企业存续期间，有下列情形之一的，合伙人可以退伙：

（一）合伙协议约定的退伙事由出现；

（二）经全体合伙人一致同意；

（三）发生合伙人难以继续参加合伙的事由；

（四）其他合伙人严重违反合伙协议约定的义务。

第四十九条　合伙人有下列情形之一的，经其他合伙人一致同意，可以决议将其除名：

（一）未履行出资义务；

（二）因故意或者重大过失给合伙企业造成损失；

（三）执行合伙事务时有不正当行为；

（四）发生合伙协议约定的事由。

第五十一条　合伙人退伙，其他合伙人应当与该退伙人按照退伙时的合伙企业财产状况进行结算，退还退伙人的财产份额。退伙人对给合伙企业造成的损失负有赔偿责任的，相应扣减其应当赔偿的数额。

退伙时有未了结的合伙企业事务的，待该事务了结后进行结算。

法律既保障了合伙人退出的权益，也约束了合伙人的义务。无论合伙人是个人原因主动要求退出，还是因为不符合公司发展要求被迫出局，都可以以最初的退出机制作为参考来执行，并且经过合伙人共同商议来决定，通常建议将退出合伙人的股权进行回购。

二、退出协商

如果有合伙人要求退出，那么一般从以下3个方面着手处理。

1. 尽量挽留

如果该合伙人对团队存在巨大价值，或者合伙人的离职会给公司造成巨大的损失，那么要尽量挽留，并通过沟通了解合伙人退出的真实原因。如果可以，则尽量协商解决。当然，这种协商不是妥协，而是在双方互惠共赢的前提下的沟通结果。

2. 商议退出方案

如果合伙人去意已决，或者因公司发展需要请该合伙人退出，那么要和该合伙人共同商议退出的方案，主要是股权清算方案，包括按照何种方式回收股权，按照何种方式进行财务交付，有哪些限定条件等。

3. 退出并交接

合伙人退出，其手头的工作还是需要完成交接的，这既是对团队的交代，也是对自己的负责。尽量与退出的合伙人沟通，希望其能够留足过渡的时间，完成交接工作，好聚也能够好散。

三、维稳优先

创业团队合伙人退出时，一定要努力维稳。

1. 资金流的稳定

创业团队最紧缺的资源就是资金，如果因为合伙人的退出，对现金流造成较大影响，则很有可能随时"爆雷"，甚至直接导致项目的失败。比较好的协商方式是，对退出的合伙人予以股权的补偿，采用分期的方式支付，哪怕支付一定的利息，也要尽量确保公司的主要资金是用于发展和运营的。

2. 团队人员的稳定

创业团队的人员一般都比较紧张，而且不太容易招到合适的人，因此保持现有人员的稳定也是十分重要的。如果有合伙人退出了，那么将对员工的情绪造成较大的负面影响。为了稳定人心，这时既要与合伙人协商退出方案，也需要跟员工开诚布公，告知员工合伙人退出的情况，而不是藏着消息，让大家无端猜测。需要向员工传递的信息是，即使有人离开，项目还会继续平稳发展，而且正是为了项目的发展，才有人选择离开。

3. 工作进程的稳定

如果能够稳定公司的现金流和团队人员，那么工作进程只会受到短期的影响，并且会在过渡以后恢复到正常状态。出于对工作进程稳定的考虑，希望合伙人退出的时候，能够留足过渡时间，发挥最后的余热。

12.3 提高团队积极性

创业小团队各方面的资源有限，人力、物力、资金、制度等都有所欠缺，能够给团队员工的福利和服务都不如大中型企业，甚至团队的未来都有很多不确定性。在这种情况下，要如何提高团队的积极性呢？

核心公式

【创业团队积极性】=【目标管理】×【多元激励】×【开放灵活】

【目标管理】良好的目标管理是提高团队积极性的首要条件，方向明确、设计合理、有发展空间的目标，能够引导创业团队员工前进，并且在遇到困难的时候，团队成员也可以迎难而上。如果创业团队缺少目标或者目标模糊，那么团队将是一盘散沙，没有办法完成聚力。

【多元激励】相较于成熟稳定的公司，创业小团队更要学会利用多元化的激励措施。简单来说，在物质激励没有竞争力的情况下，至少需要提供基本的保障收入，额外提供跟随公司一起发展的潜力收入，如期权奖励；同时要多进行精神激励，调节员工的情绪。

【开放灵活】创业小团队对员工不应有过多约束，对各项事务的处理也不应教条死板。在保证原则的基础上，要尽量释放员工的天性和天赋。只要员工行为没有触碰红线，如违法违规或者给公司造成损失，那么很多时候应该更加开放、灵活地进行管理。

一、目标管理

按照目标管理的设置要求，创业小团队的目标管理需要进行4个方面的工作，即清晰的目标、实现的计划、承诺对齐和奖惩机制。

清晰的目标一方面是指公司的愿景、发展方向，如致力于做某个领域内最专业的公司等，另一方面是指根据SMART原则设置的实际目标，即具体的、可量化、可实现、目标相关、有时间限定的目标。只有这样才可以让员工的工作保持方向感和节奏性。

实现的计划主要指的是根据SMART原则设置的实际目标，可以拆解到具体任务，可以具体落地执行，并且在执行过程中能够及时调整，确保计划的落地和目标的完成。只有利用事情来约束员工，才能让员工更加专注。

创业小团队的目标要落实到每个合伙人或者每个员工，需要每个人对自己的目标都清晰明了，且方向要与创业小团队的目标一致。相较于发展稳定的企业，创业团队的沟通门槛更低，频繁的思维碰撞，可以促使团队做到承诺对齐。

创业小团队的目标管理也要设置奖惩机制，但是建议尽量避免设置直接的物质惩罚，而是用活动方式的惩罚代替；而如果是奖励，则需要是实质上的物质奖励，这样更有利于调动创业小团队人员的积极性。

二、多元激励

创业小团队对于员工的激励，除了基本的收入保障，还有其他更多元的激励方式，主要包括以下几种。

1. 目标激励

目标激励主要通过目标、战略、愿景、梦想，激发员工对当下事业的热爱，让员工在目标达成的过程中体验到自我成长，满足员工目标达成和自我实现的动机。只有内在的动力充足，员工才能更全情地投入。

2. 期权激励

通过期权、奖金等其他形式的利润共享，可以让员工意识到公司的事业也是员工自己的事业，员工可以从公司成长中获得较多的个人收益，并且随着个人的努力和公司的发展，这份收益可以继续扩大。

3. 偶像激励

合伙人团队必须以身作则，身先士卒，时刻表现出积极向上的求胜欲望，并且要能够拿出结果，给员工树立榜样。同时，在员工中间，也需要树立典型，让其他员工意识到，只要有付出就可以有收获。

4. 情感激励

创业小团队需要让员工有更多的归属感，尊重员工，理解员工，时刻关心员工的动态；信任员工，提供机会，帮助员工成长，让员工了解到自己是团队不可或缺的一员；培养团队成员之间的革命友谊。

5. 荣誉激励

荣誉激励可以有多种表现方式：在周会、月会时进行成绩通晒，让大家有集体荣誉感，互相鼓励；在团队取胜的关键节点进行奖励，把奖励和荣誉进行绑定；制作一些荣誉锦旗和徽章，以文化标记的方式具象荣誉。

6. 活动激励

组织小团队内部的文化活动，劳逸结合，释放工作情绪。活动形式包括但不限于餐饮类、娱乐类、运动类、度假类、培训类和综合类等，注重员工精神休闲层面的激励。

7. 竞争激励

培养内部的竞争环境，如组织小组之间的竞争、个人之间的竞争，让大家形成压力互动，通过竞争来提高工作斗志，并且对竞争的优胜者要予以一定的物质奖励。

8. 语言激励

最简单但是最受用的激励方式是语言激励，要时不时地对合伙人或者员工的成绩进行语言上的肯定，多多点赞，多多夸奖。这样既表达了内心对他人的认可，也对合伙人或员工进行了正向的心理暗示。

三、开放灵活

创业小团队对员工不应有过多的约束：一方面，创业团队的规章制度本身是不健全的，很多时候很难有参考；另一方面，完全依赖规章制度并不符合创业团队的实际情况，不利于创业公司的发展。

更开放灵活的心态，更扁平化的管理方式，更具有人情味的工作氛围，才可以提高员工对公司的认同感和团队凝聚力。比如工作时间和考勤可以相对灵活；对非原则性的错误进行提醒，但不要深度追责；工作分工可以根据情况调整等。

12.4 维持团队人力稳定

创业小团队的人员流动性较大，有的人会因为更好的机会随时选择离开，有的人会因为内部矛盾或者发展问题而走人，也有的人会因为受不了创业团队的压力而放弃。那么，管理者要如何尽可能地维持团队人力的稳定呢？

核心公式

【创业团队稳定性】=【选人知心】×【用人小心】×【留人用心】

【选人知心】创业小团队招人难，但是越是难招，越是要找对的人。在招聘阶段就应该对候选人的稳定性进行充分的评估。如果候选人的发展要求与团队的实际情况偏差较大，那么即使该候选人加入公司，也会很快选择离开。

【用人小心】当员工已经是创业团队的一员时，就要尊重员工、信任员工，将员工当成团队的宝贵资产。另外，需要提升员工的自信心，挖掘员工的工作潜力，安排合适的工作内容，发挥员工的最大价值。

【留人用心】对于已经加入公司并且做出贡献的员工，需要注重多元化激励，让员工可以和公司一起发展成长。这样可以让员工既能通过目标的达成获得个人的成就感，也能从公司发展中获取实际的物质收益。

一、选人知心

在面试阶段，需要寻找更适合团队的人，而不只是最优秀的人。其中核心的判断标准是，候选人的个人理想和公司的理想是否一致，是否有足够的热爱和求胜的欲望。只有团队所有成员的愿景、目标高度接近，甚至一致，才能更好地落实团队任务，团队才能更好地融合，团队稳定性才能提高。

评估候选人稳定性时，主要从以下几个角度展开。

1. 候选人的个人理想

了解候选人的发展理想是什么，热爱做的事情是什么，是否有足够的成就动机和执行能力。

2. 候选人的工作目标

了解候选人工作的目标是什么，主要侧重点是个人收入、兴趣、理想、权力动机，还是其他方面。

3. 候选人的离职原因

了解候选人前几份工作离职的原因是什么，通过候选人的解释，了解其工作动机和适应情况。

4. 候选人的工作期望

了解候选人对下一份工作的期望是什么，希望从工作中获得什么，对工作氛围、工作薪酬有什么要求。

5. 候选人的创业动机

了解候选人为什么会选择加入创业公司，如何理解当前项目，如何最大化发挥个人价值。

二、用人小心

当员工已经是创业团队的一员时，便是团队的宝贵资产。在创业团队内，员工不只是简单的雇佣与被雇佣关系，相信员工选择加入创业团队，是因为对自己有更高的要求，对未来有更好的期待。因此，在用人的时候需要多注意以下几个方面。

1. 尊重员工

要对员工保持足够的尊重,包括对员工本人的尊重,对其专业性的尊重,对其喜好和性格的尊重,对其理想和未来的尊重。

2. 信任员工

要对员工给予充分的信任,放手让他们去做自己的工作,并且相信他们可以发挥自己的创造力和行动力,能够解决问题,能够给公司创造价值。

3. 重视员工

要重视员工的想法,重视员工提出的建议。员工把公司的事业当成是自己的事业,才会对公司的不足提出想法和建议。

4. 理解员工

要理解员工的行为和产出,不要推诿和表达不满。在创业团队管理中,管理者可能是最不被理解的一方,但管理者也是最需要理解别人的一方。

5. 关爱员工

把公司当作自己生命的重要部分,同样地,也要把员工当成公司的重要家人,要多在细节上体现对员工的关爱,多关心员工的心理和生活变化。

6. 员工的长远发展

既要注重员工的当下,也要注重员工的长远发展,希望员工和公司一起成长,并且实质上可以付诸行动。

三、留人用心

相较于成熟企业,创业公司虽给不出当前的利益,但是也绝不能不给利益。创业公司最大的特点是存在希望且更加灵活,所以对于能够留下的员工而言,重要的是成长性和团队氛围。

因而,创业小团队需要注重多元化激励,让员工可以和公司一起成长,让员工既能通过目标的达成获得个人的成就感,也能从公司的发展中获取实际的物质收益。同时,创业小团队还要提供更家人化的团队氛围,和谐共生。

12.5 人才培养

创业小团队始终是在成长的，既包括团队本身的发展壮大，也包括合伙人以及团队成员的成长进步。只有人员不断进步，公司才能继续壮大。那么，创业小团队要如何进行人才培养呢？

核心公式

【创业团队人才培养】=【以身作则】×【授人以渔】×【以战代练】

【以身作则】相较于大型企业有专人进行培训和人才培养工作，创业小团队往往是需要创业团队的合伙人以身作则，让员工从合伙人或者团队其他人员身上进行学习。

【授人以渔】创业小团队往往精力和资源有限，没有办法对同样的内容进行反复培训，对操作方面的培训也没有办法做到面面俱到。此时需要重视的是培训原理和工作原则，让员工自由发挥和成长。

【以战代练】创业小团队缺少比较完善的人才培训体系，以战代练是最好的培养人才的方法。实际的工作中，让员工从解决问题的过程中学习解决问题的方法，给予试错机会，才可以让员工在实战中进步。

一、以身作则

创业小团队的人才培养需要以身作则，这种以身作则主要包括以下两个方面。

一方面，要做好自我约束，做好榜样，言传身教，让团队人员从管理者身上学习遇到问题时的心态，学习解决问题的方法。如果管理者自己没有亲自带队，没有亲自经历，那么显然对团队其他成员的说教也是没有说服力的。

另一方面，要在人才培养，或者说内部分享这件事情上做到以身作则，能够组织内部的培训，营造内部分享的氛围。不只是管理者自己，也要促使团队其他成员主动分享，互相帮助，从不同的人身上取长补短，共同进步。

二、授人以渔

授人以渔强调的是传授做事的原则和方法，而不是直接告诉对方事情应该如何处理。对于创业小团队来说，人员的精力都是相对有限的，如果反复教授具体的做事方法，则效率将始终低下，而且团队成员也得不到应有的成长，故而授人以渔更适合创业小团队。具体而言,"授渔"的技巧如下。

1. 培养基础素质

培养团队员工的基础素质,包括但不限于责任心、同理心、目标感、职业素养等,根据员工的实际工作情况进行反馈和调整。

2. 培训通用原理

针对创业小团队所处行业的基础知识、市场拓展的通用技巧、正确行事的标准等进行培训,可以组织专题分享,并且让员工参与讨论。

3. 一次讲一件事

每次培训或者对员工进行指导的时候,重点讲清楚一件事情、一个原理,给员工一定的时间消化和吸收,而不是所有的东西都一下子灌输。

4. 实时进行指导

根据工作中实际发生的情况,实时进行指导,即告诉员工实际的操作方式,更为重要的是,讲述其中的原理和思考逻辑。

5. 留有思考空间

每次培训和分享都需要给员工留出思考空间。任务的布置不需要100%明示,而是要留20%自由发挥的空间,让员工说出自己的想法。

三、以战代练

创业小团队会暴露出各式各样的问题和挑战,其中一些问题可能已经有了解决经验,但更多的问题是没有接触过的。不只是团队员工没有接触过,甚至连管理者自己都难以预料。但这样的情况,反而给了所有人更多的成长机会。

以战代练,既能解决培训资源不足、培训体系缺失和培训缺少专员的问题,又能在更加贴合实际的案例场景中,通过对问题的分析、拆解、推进、解决和总结,让参与的人员得到成长和历练。而且除了能够实际解决问题,促进人才培养外,还有利于团队凝聚力的提升和整体的发展。

12.6 找到一人多职的平衡点

创业小团队往往存在一人多职的情况,比如一个人既要负责财务工作又要负责行政工作,甚至还要负责其他的工作内容。对创业小团队来说,要如何找到一人多职的平衡点，发挥人员的最大效用呢？

核心公式

【一人多职平衡点】=【专业边界】×【事务边界】×【权益边界】

【专业边界】一人多职的前提是有专业边界，任何一人多职的员工或者合伙人，都有其核心侧重的专业边界。

【事务边界】一人多职的职责分配需要围绕核心目标展开。将核心目标拆解成明细任务，并且各项明细任务是有归属人的，就任务本身来进行分工和问责，避免因为事务边界不清楚而出现无效的一人多职。

【权益边界】针对一人多职的平衡，归根到底还是在于执行多职的人。平衡一人多职的人的付出和回报情况，付出更多的精力、处理更多的事务，则回报通过事务串联起来的成长，以及通过事务的完结获得的多元化奖励。

一、专业边界

一人多职的前提是有专业边界，或者说一人多职的人是建立在一专多能的基础上开展工作的，具体的安排如下。

1. 由专业衍生职责

首先需要考虑员工或者合伙人的专业领域，并且基于专业领域展开其他职责的衍生。比如负责人事工作的可以以人事作为基础，开展行政工作。

2. 不兼任相互制约的岗位

专业边界和一人多职的划分需要是不相互制约的岗位，比如做市场的不能兼任财务，做财务的不能兼任采购，否则容易引发风险。

3. 考虑员工的承压性

不能超负载地进行一人多职的安排，不能超过员工或者合伙人能力或者精力范围安排多职内容，比如不能同时把生产、销售、市场等模块集中在一人身上。

二、事务边界

一人多职的职责分配，主要围绕事务边界展开，主要有以下几点建议。

1. 围绕核心目标开展分工

一人多职只是手段不是目的，职能最终是为了公司发展服务的，所有一人多职的分工都需要围绕公司的核心目标展开。

2. 将核心目标拆解成任务明细

将核心目标转化为实现路径，并且要拆解成工作任务明细，将工作任务进行关联性和延展性的分工。

3. 分清楚任务明细的轻重缓急

任务明细需要有轻重缓急之分，一人多职也要区分多职的轻重缓急，影响到核心目标的职能工作优先处理。

4. 同一时间段专注于一件事情

一人多职但不是同一时间做多件事情，而是一次专注于完成一件事情。可以参照番茄工作法，提高多职的工作效率。

5. 沟通进度和完成情况

工作任务拆解完成以后，需要定期沟通进度和完成情况。如果当前的一人多职工作无法及时完成，就要制定相应的替补方案。

6. 鼓励共同讨论，但需要独立完成

一人多职的分工可以经过团队的共同讨论来商议决定，但是具体任务的执行需要独立完成，需要协助的部分及时沟通。

三、权益边界

针对一人多职的平衡，平衡一人多职的人的付出和回报情况，具体而言，包括目标激励、期权激励、偶像激励、情感激励、荣誉激励、活动激励、竞争激励和语言激励等。

一人多职一定不是长期解决问题的思路，只是受制于当前资源和环境而进行的分工优化。长久而言，随着公司的发展，需要让独当一面的员工脱颖而出，并且可以逐渐从一人多职的执行向一人多职或者一人专职的管理方向进行转化。

12.7 对员工掌握核心秘密的措施

由于人员少、流程少、工作联系紧密，创业小团队的员工往往比大公司的员工能够接触到公司更多的商业信息，甚至对公司的收入、流水或者供应商信息都很熟

悉。面对员工掌握核心秘密这种情况，要如何处理呢？

核心公式

【员工掌握核心秘密】=【留住员工】×【协议约定】×【保密宣传】×【保密管理】

【留住员工】员工掌握核心商业秘密，甚至商业机密本身就是该员工所创造的，那么留住员工是最重要的事情，否则员工一旦离职，将给公司带来巨大的损失。

【协议约定】通过签署保密协议和竞业协议，与员工形成保密契约，以防员工外泄公司商业机密或者直接进入竞争对手公司。一旦发生泄密行为，可以合法地维护公司利益。

【保密宣传】通过对员工的职业培训，明确员工的保密职责，培养员工的保密意识，以防无意识的商业泄密。针对员工入职和离职的沟通，都要进行保密宣传。

【保密管理】针对核心商业秘密，通过制度管理、流程管理、技术管理和监督管理等方法，控制商业秘密知悉范围并且进行监控和溯源，减少泄密隐患。

一、留住员工

对于这些掌握甚至创造了公司商业秘密的员工，留住他们是最重要的事情，要通过公司愿景、多元化激励和开放式管理，让其个人的利益与公司的利益绑定，即公司的商业秘密，就是他自己的商业秘密，保护公司的商业秘密，就是保护自己的商业利益。一旦存在商业泄密，那么既是对公司利益的损害，也是对其个人利益的损害。

作为前置的管理措施，在小团队招聘的过程中，就需要对员工的职业道德进行考察，判断员工是否存在泄密风险，如果有，则坚决不予录用。

二、协议约定

通过签署保密协议和竞业协议，与员工形成保密契约，以防员工外泄公司商业机密或者直接进入竞争对手公司。对于创业小团队而言，更重要的是保密协议，主要是由于创业团队较少有多余的资金用来进行竞业协议的补偿，而且有竞业协议的创业小团队较难吸引员工入职。相较而言，保密协议的适用面更广，即使不存在实际的追诉行为，也能对团队员工形成一定的威慑力。

创业小团队签署保密协议，需要注意以下5点。

（1）员工入职时与劳动合同同时签订。

员工入职时便与员工达成保密协议的约定，而不是员工入职很长时间以后再开始进行约束，否则会引起反感，员工会选择拒签。

（2）可以要求全员签订，不针对特定人员。

由于创业小团队的特殊性，可以要求所有的员工签署保密协议，形成保密要求的文化氛围。

（3）协议本身需要合法，不能侵犯员工的权益。

保密协议需要符合法律规定，不能只考虑公司利益，而忽略了员工自由择业的权利和人身自由等。

（4）协议要明确保密的对象、范围和内容。

保密协议需要明确保密的对象、范围和内容，如果没有内容明细，则可以使用通用模板进行编辑。

（5）对于特殊岗位的员工，可以有单独的保密协议要求。

对于核心研发等岗位的员工，可以根据特殊要求，单独出具保密协议，提出保密要求。

三、保密宣传

侵犯商业秘密罪属于违反《中华人民共和国刑法》的犯罪，具体如下。

第二百一十九条　有下列侵犯商业秘密行为之一，给商业秘密的权利人造成重大损失的，处三年以下有期徒刑或者拘役，并处或者单处罚金；造成特别严重后果的，处三年以上七年以下有期徒刑，并处罚金：

（1）以盗窃、利诱、胁迫或者其他不正当手段获取权利人的商业秘密的；

（2）披露、使用或者允许他人使用以前项手段获取的权利人的商业秘密的；

（3）违反约定或者违反权利人有关保守商业秘密的要求，披露、使用或者允许他人使用其所掌握的商业秘密的。

明知或者应知前款所列行为，获取、使用或者披露他人的商业秘密的，以侵犯商业秘密论。

本条所称商业秘密，是指不为公众所知悉，能为权利人带来经济利益，具有实用性并经权利人采取保密措施的技术信息和经营信息。

本条所称权利人，是指商业秘密的所有人和经商业秘密所有人许可的商业秘密使用人。

对员工进行保密宣传的时候，一方面要宣传保密是员工的义务，是为了员工和公司的共同利益；另一方面要强调违反保密协议，给公司造成重大损失的，可能会面临刑事处罚。这种宣传既要在员工入职的时候进行沟通，也要在员工离职的时候再次强调，并且要在日常沟通过程中明确员工的保密职责，培养员工的保密意识。

四、保密管理

对于商业秘密的管理，核心是控制商业秘密知悉范围并且进行监控和溯源，具体的管理方法主要有以下 4 种。

1. 制度管理

保密制度和保密协议，可以对公司商业秘密进行分级保护，对员工的保密行为进行约束管理。

2. 流程管理

将一项工作任务拆分成若干部分，分属不同人员负责，使非核心员工仅能接触商业秘密的片段，而不能完整获取所有的商业秘密。

3. 技术管理

禁止含有商业秘密的电脑联网；用监控软件对人员、系统、数据、代码和图纸等进行监控和加码溯源。这样一来，如果有泄密发生，就能够在第一时间找到泄密来源。

4. 监督管理

加强监督和审计管理，如组织定期进行检查，及时发现泄密隐患，对涉及商业泄密的员工进行处理。

12.8 培养员工的成本意识

创业小团队需要对有限的资源进行最大化利用，一块钱要当成两块钱来用。这就需要员工和合伙人一样，对公司的成本有较强的节约意识，并且要将这种意识融入自己的工作习惯中。那么，要如何培养员工的成本意识呢？

核心公式

【成本意识】=【以身作则】×【培训教育】×【制度管理】

【以身作则】如果希望创业小团队建立成本意识,进行成本控制,那么首先要从管理者自身做起,以身作则才能影响他人。如果自己就没有成本意识,则很难对员工进行约束。

【培训教育】进行与成本相关的培训,有利于帮助员工学习成本相关的知识,了解影响成本的主要因素和实施手段,加深员工的成本意识。

【制度管理】通过制度管理方式,将成本意识融入日常工作中,培养员工良好的工作习惯,建设节约型的企业成本文化,帮助公司持久发展。

一、以身作则

创业小团队建立成本意识,进行成本控制,首先要从管理者自身做起。具体而言,可以从以下4个方面做起。

1. 形成成本意识

对创业小团队开展的各项工作都要形成成本意识,既要考虑收入情况,也要考虑利润情况;既要考虑团队当前的状况,也要考虑团队的发展。

2. 学习成本知识

学习与成本相关的知识,包括但不限于成本的构成、成本的内容、成本的优化方式等,从而对创业小团队的成本有相对清晰的认知。

3. 形成降本习惯

根据学习的成本管理知识,形成降低成本的工作习惯,包括但不限于随手关灯、废物利用、无纸化办公等。

4. 宣扬节约文化

对员工进行节约文化的宣传,进行成本意识的培训教育,并且对浪费成本的情况要进行劝导,严重的浪费案例要引起重视。

二、培训教育

进行成本相关的培训,加深员工的成本意识。具体而言,成本主要包括以下6类。

1. 费用成本

费用成本是指实际发生的业务费用、维修费用、办公费用等有明确支出的成本。节约费用成本的方法如无纸化办公，可以节省办公纸张成本；随手关灯，可以节省电费成本。

2. 效率成本

效率成本是指因为效率低下而导致的成本损失，比较典型的是无效会议。如果1个小时的会议延长到3个小时才开完，就会造成2个小时的效率成本损失。

3. 采购成本

供应商采购相关的成本，可以在采购过程中货比三家，选择价格、质量和服务的综合最优解，从而降低整体的采购成本。

4. 人力成本

人力成本指的是实际发生的人员成本，也包括占用人员时间导致的效率成本。做任何项目和事情都需要考虑人力成本，避免紧张的人力资源遭到浪费。

5. 技术成本

技术成本往往是最容易忽略的，这既包括相关的采购、开发成本，也包括效率和人力成本。针对同样效能的技术，要选择成本最低的技术方案。

6. 资源成本

资源成本包括公司资源成本和社会资源成本。公司资源成本的节约指的是公司的资金、技术、人力等需要最大化利用，而社会资源成本的节约指的是从"我"做起，响应"碳达峰"和"碳中和"的国家战略，节约社会资源。

三、制度管理

通过制度管理方式，可以将成本意识融入日常工作中。具体而言，主要包括以下3个方面。

1. 日常制度管理

通过日常的制度管理，可以约束员工的行为。比如出纳流程管理、无纸化办公要求、废料循环使用、租赁采购成本比较等，根据实际情况提出工作要求。

2. 成本优化激励

员工在实际工作过程中，通过流程、技术等实现的成本优化，或者发现重大纰漏的，予以精神和物质双重奖励，鼓励成本优化行为，树立优化典型。

3. 成本管控文化

建设创业小团队的成本管控文化，对于成本管理抠细节、抠执行，举办成本优化活动等，从"我"做起，形成节约的价值观和节约型的企业文化。

12.9 释放团队压力

创业小团队每天都要应付很多不同的人和不同的事情，有很多新鲜的问题和新鲜的挑战，事务复杂，压力巨大。如果不及时释放这些压力，则可能在创业成功之前就已经垮掉。那么，管理者要如何帮助团队和自己进行压力的释放呢？

核心公式

【压力释放】=【日常解压】×【活动解压】×【多元化激励】

【日常解压】创业小团队日常解压的核心是劳逸结合，即工作的时候要专注工作，同时也要注重员工情绪压力的调整，不能只有工作，否则会让人喘不过气来。

【活动解压】组织针对员工压力释放的团队活动，不仅可以让员工放松心情，调整情绪，释放压力，而且可以在活动中加深团队成员之间的情感。

【多元化激励】压力释放的通道离不开多元化激励，有激励并且有更高的追求，才能克服暂时的工作压力，并且取得更好的成绩，推动创业小团队的发展。

一、日常解压

创业小团队日常解压的核心是劳逸结合，主要的解压方式主要有以下 8 种。

1. 管理透明

更开放包容的团队氛围，更透明扁平的团队管理，更容易减少员工的压力和负面情绪，提高员工的归属感，让员工的工作更无拘束、更有效率。

2. 简单关系

简单的办公室关系能够降低员工之间的沟通成本，减少员工之间的不正之风，也能够在一定程度上减少员工的压力，并且可以提高员工的工作效率。

3. 轻松语气

可以用轻松的语气与团队成员沟通，如讲一讲笑话，在当事人不尴尬的情况下，聊聊发生在办公室的趣事，这样能够让团队在欢笑中工作，从而减少压力。

4. 专注作业

工作的时候要专注于工作本身，但是可以进行劳逸结合的安排。其中比较好的方法是参照番茄工作法，集中工作 25 分钟后，休息 5 分钟，以保持活力。

5. 重视假期

一方面鼓励员工正常休息，如下班后就要正常休息，而不是无效率地加班；另一方面要重视员工的假期，并且鼓励员工在不耽误工作的情况下进行休假。

6. 适当运动

鼓励员工在工作的间隙适当走动走动，呼吸呼吸新鲜空气，晒一会儿太阳，变更一下环境，帮助员工放松大脑，释放当前的工作压力。

7. 组织茶歇

组织日常的茶歇，可以让团队成员进行能量的补充和压力的释放。

8. 员工沟通

对于压力过大的员工，要及时进行沟通疏导，通过倾听的方式帮助员工释放压力，并且要尽量在实际工作中，帮助其解决压力的来源问题。

二、活动解压

组织针对员工压力释放的团队活动，让员工放松心情，调整情绪，释放压力，主要的活动类型如下。

（1）**餐饮类**：没有什么烦恼是一顿火锅解决不了的，如果有，那就是两顿。
（2）**娱乐类**：组织类似《吐槽大会》节目的活动，让团队成员通过吐槽释放压力。
（3）**运动类**：组织登山、羽毛球等大家喜欢的运动，通过运动释放工作压力。
（4）**度假类**：在条件允许的情况下，可以组织周边游或其他的度假类活动。
（5）**培训类**：组织心理类、生活类的培训活动，让员工在学习中释放压力。
（6）**综合类**：通过以上各类活动的组合，以综合类的活动释放团队压力。

三、多元化激励

压力释放的通道离不开多元化激励，可以以期权激励、情感激励、活动激励和语言激励为主，还可以以柔性的激励方式多鼓励员工，肯定员工的工作成果，为员工加油打气，为员工免除后顾之忧。有激励并且有更高的追求，才能克服暂时的工作压力，并且取得更好的成绩，推动创业小团队的发展。